中国海洋大学教材建设基金资助

大学生
凭什么找份好工作

How to Find a Good Job for College Students

大学生职业生涯规划

College Students Career Planning

主　编　张　静
副主编　王玉江　乔宝刚

图书在版编目（CIP）数据

大学生，凭什么找份好工作：大学生职业生涯规划／张静主编．—青岛：中国海洋大学出版社，2016.7（2021.1重印）
ISBN 978-7-5670-1182-3

Ⅰ.①大… Ⅱ.①张… Ⅲ.①大学生—职业选择
Ⅳ.① G647.38

中国版本图书馆 CIP 数据核字（2016）第 148889 号

出版发行	中国海洋大学出版社		
社　　址	青岛市香港东路 23 号	邮政编码	266071
出 版 人	杨立敏		
网　　址	http://www.ouc-press.com		
电子信箱	465407097@qq.com		
订购电话	0532-82032573（传真）		
责任编辑	董　超	电　　话	0532-85902342
印　　制	日照报业印刷有限公司		
版　　次	2016 年 8 月第 1 版		
印　　次	2021 年 1 月第 3 次印刷		
成品尺寸	170 mm×240 mm		
印　　张	17.5		
字　　数	279 千		
定　　价	45.00 元		

CONTENTS 目录 | 大学生，凭什么找份好工作

第一编　规划生涯,择业准备

01 职业生涯规划是什么 | 2
  1.1　规划——成功人生的起点 | 3
  1.2　初识职业生涯规划 | 5
  小结 | 7

02 职业生涯规划的意义 | 8
  2.1　应对你的人生关键期 | 9
  2.2　播种生涯规划的种子 | 11
  2.3　积极应对未来发展的趋势 | 13
  小结 | 14

第二编　知己:了解自我

03 兴趣:快乐的来源 | 16
  3.1　什么是兴趣 | 18
  3.2　兴趣的作用 | 19
  3.3　兴趣的培养——兴趣是可以培养的 | 20
  3.4　兴趣的探索 | 21
  3.5　霍兰德职业兴趣测验 | 22
  3.6　辩论赛:兴趣＝职业? | 25
  小结 | 30

04 性格：适应你的职场 | 31

- 4.1 什么是性格 | 33
- 4.2 关于性格的种种 | 35
- 4.3 认识独一无二的你 | 36
- 4.4 性格探索：MBTI 类型指标 | 37
- 4.5 性格决定你的高度 | 53
- 小结 | 63

05 技能：了解你的核心竞争力 | 64

- 5.1 能力是什么 | 66
- 5.2 三大职业技能 | 70
- 5.3 技能决定你的"坑" | 79
- 5.4 梳理你的技能 | 82
- 5.5 探索你的核心竞争力 | 85
- 小结 | 88

06 价值观：坚定的意义 | 89

- 6.1 什么是价值观 | 91
- 6.2 价值观的分类 | 93
- 6.3 什么是你不能放弃的 | 98
- 6.4 职业锚 | 103
- 小结 | 110

第三编 知彼：了解你的职场

07 揭开职业的神秘面纱 | 112

- 7.1 了解职业信息的方式 | 113
- 7.2 职业与行业 | 114
- 7.3 如何捕鱼——职业信息的搜集 | 116
- 7.4 打好求职信息战 | 120
- 小结 | 123

08 未来的可选项 | 124

- 8.1 仕途 | 125
- 8.2 为学 | 129

8.3　商途 | 131
　　小结 | 135

09　人脉：你的圈子，你的高度 | 136
　　9.1　人脉等于什么 | 136
　　9.2　社会支持系统：找到你的人脉网络 | 142
　　9.3　让你"怀才有遇" | 146
　　小结 | 148

第四编　决策：做出你的职业选择

10　我们的决定决定了我们 | 150
　　小结 | 154

11　发现你的决策风格 | 155
　　11.1　什么是决策风格 | 155
　　11.2　职业抉择的四个基本原则 | 159
　　小结 | 162

12　决策过程模型 | 163
　　12.1　进行决策的模式：CASVE | 163
　　12.2　评估如同解题——学会使用两种评估方法 | 166
　　小结 | 175

13　确定你的职业发展目标 | 176
　　13.1　目标与计划制定原则：SMART | 176
　　13.2　开始你的第一步 | 178
　　小结 | 182

第五编　行动：通往成功的真实之旅

14　你的行动决定你的未来 | 184
　　14.1　执行力的重要性 | 184
　　14.2　如何建立和提升求职目标执行力 | 185
　　14.3　帮你实现职业目标的方法——八卦图形策划技术 | 185
　　小结 | 187

15 简历:一份有力的自我介绍 | 188
   15.1 好简历的必备要素 | 192
   15.2 求职信 | 195
   小结 | 198

16 面试:用形象开始职场第一步 | 199
   16.1 面试三部曲 | 200
   16.2 面试的形式与类型 | 206
   小结 | 214

第六编 再评估:职业生涯无尽头

17 再评估——不断修正我的职场之路 | 217
   17.1 循环似乎是注定的 | 219
   17.2 职场道路的反复是正常的 | 221
   小结 | 224

18 结果——"我要的结果" | 225
   18.1 结果取向 | 226
   18.2 请给我你的结果 | 227
   小结 | 229

19 职业生涯规划之修正主义 | 230
   19.1 天下没有一锤子买卖 | 231
   19.2 开始生涯规划,抓住变化中的不变 | 232
   小结 | 238

附录 1 中国大学生职业成熟度量表 | 239

附录 2 职业兴趣测验(简版) | 243

附录 3 智力倾向测验 | 250

附录 4 职业技能测验 | 252

附录 5 尤金创造力测验 | 255

附录 6 职业分析清单 | 258

附录 7 四类人员的生涯访谈结果 | 260

附录 8 个人简历 | 270

参考文献 | 272

How to Find a Good Job for College Students
College Students Career Planning

第一编
规划生涯,择业准备

每个人来到世上,都希望创造出辉煌的成就,演绎好有个性的自我;每个人的内心都不甘平庸,都有梦想,但是又容易迷失在慵懒懈怠和找不到目标的现实生活中。追求卓越,渴望成功,应是大学生的不懈追求。今天你站在哪里很重要,但下一步你迈向何方更重要——成功的人生需要规划。

01 职业生涯规划是什么

> 吾十有五而志于学,三十而立,四十而不惑,五十而知天命,六十而耳顺,七十从心所欲,不逾矩。
>
> ——孔子

> 毕业了能干什么?入仕、为学还是创业?我心里没底。
>
> ——一名大四学生

职业生涯规划课上,老师进行了一个调查:"你对这门课的期待是什么?你的疑问是什么?"于是,同学们七嘴八舌地议论起来。"什么是职业生涯规划?""职业生涯规划有用吗?""目前我对择业没有明确的目标,不知道什么职业适合自己,也不知道自己喜欢做什么。"……问题集中于以下几个方面:

毕业了,我该何去何从?

怎样做职业生涯规划?

如何制定职业发展的步骤,我应该怎么做?

如何了解自己,了解自己真正想干什么?

如何发现并发展自己的兴趣爱好?

专业和职业的区别与联系是什么?

……

网络上有这么一首歌——《人生百年》:"一岁闪亮登场,十岁天天向上,二十远大理想,三十发奋图强,四十基本定向,五十处处吃香,六十告老还乡,七十打打麻将,八十晒晒太阳,九十躺在床上,一百挂在墙上"。

这虽然是对人生的一种调侃,但未尝不是许多人一生的真实写照。可见,一个没有规划的人生,缺少方向,也缺少一份精彩,职业生涯规划非常必要。

1.1 规划——成功人生的起点

◉ 案例

王华,某重点大学学生,市场营销专业。大一时一心想着毕业以后读金融学专业的研究生,于是买了很多关于金融学的教材和专著。两年以后,他发现自己对计算机更感兴趣,书包里的货币银行学、微观经济学便换成了C++、Java和数据库。到了大四快要考研报名的时候,他突然觉得考研其实并没有想象的那么重要,因此他决定找工作,但最终他并没有找到一份比较理想的工作。

◉ 案例分析

你是不是王华呢?像王华这样的大学生不在少数。在大学里,目标似乎很多,今天看着这个好,这个流行,就学这个;明天看着那个好,头脑一热,又学那个,忙忙碌碌又碌碌无为。为什么呢?怎么办呢?职业生涯规划将告诉你一个想要的结果。

1.1.1 决定一生的大学四年

大学,是大学生成长成才的舞台。有的人确立了人生理想和职业目标,通过四年的努力,为未来打下坚实的基础;有的人却浑浑噩噩,迷茫又无所谓,思考这个问题头疼,干脆选择遗忘;有的人东忙一点,西忙一点,上课、社团、讲座、逛街、发呆……但又不知道自己在忙什么,有时觉得累,有时又很茫然,有时有点沮丧,忙得无头绪,不知道什么对未来有帮助,做一天和尚撞一天钟。

大学是人生最美好的时期,却很容易沉醉而虚度。大学,对社会而言,似乎有一点世外桃源的色彩。但是,对大学生个人来说,却容易让你放松,忘却规划将来的道路。对于不思进取、自甘堕落的大学生,我们或许会"痛惜不止",而对于自强不息、奋斗不止的大学生,如果因为走了太多的弯路最终却一无所获,我们会更加"扼腕痛惜"。对于前一种人,我们很难使他们从自甘堕落转变成自强不息。因为"自助者天助",如果自己都放弃了自己,就算"天助"也没用了。对于后一种人,我们倒是要好好交流一下。努力了,没有获得自己想要的,能不怨吗?为什么会这样?那是因为你没有做好生涯规划,像无头苍蝇一样瞎撞一气,直到把自己撞晕。

毕业时,你会突然觉得四年大学时光就像一睁眼一闭眼那么快,你也会发出"so fast"的感慨。当你的脚步踏出校门的那一刻,可能会突然觉得肩上的担子重了,但头脑中的知识似乎没有增加,反而少了。暑假快乐地度过,新的学期开始了,你可能会对自己说:"这个学期我一定要努力一点,充实一点!"可是,感觉自己还没有进入状态,新年的钟声又已敲响,一个学期又一个学期,一年又一年,四年时光眨眼间过去了。如果说这是时间跟你进行的游戏,那你又如何在这场游戏中胜出?答案就是——做好职业生涯规划。

1.1.2 成功的人生在于规划

很多同学大学毕业后,往往有这样的经历:用三年的时间发现这家公司不是自己想要的,然后又花三年的时间证明这个职位不是自己想要的,最后又花四年的时间发现这个行业也不是自己想要的,眨眼间十年光阴已悄然流逝。可是,我们的人生有几个十年可以耽误呢?我们又有多少时间给自己的人生修正呢?

人生在世,谁都想拥有成功的人生、成功的职业生涯。然而,世事并不是总能遂人愿。在人生的舞台上,有人扮演主角,取得了很大的成功,演绎出精彩的人生,而有的人则只是端坐在观众席上,成为别人的观众,碌碌无为,混沌度日。原因何在?不是说没有经过规划的生涯就注定不会成功或出彩,而是说经过精心规划的人生,更容易成功。正如古罗马政治家、哲学家塞涅卡的那句名言:"如果一个人不知道他要驶向哪个码头,那么任何风都不会是顺风。"

1.2 初识职业生涯规划

✅ 小测试

——你了解职业生涯规划吗?
——你是谁?你对自己非常了解吗?
——将来自己想要从事的职业在你的大脑中有影像吗?
——你是个目标感很强的人吗?
——做决定时,你会很果断吗?
——你的执行力怎么样?
——你是个内省的人吗?

✅ 测试结果

请把小测试的结果写在下面。

✅ 测试分析

在这七个问题中,如果你能对五个或者五个以上的问题有明确的回答,那么恭喜你,这说明你对自己、对未来、对人生有一个相对明确的方向。如果回答得比较模糊,那说明你对自己未来的生涯有一定的了解,但不明确。如果对五个以上的问题不是太清楚,那么你对未来就比较迷茫。

1.2.1 何谓职业生涯规划

什么是"生涯"?目前得到普遍认可的是美国生涯理论专家唐纳德·舒伯(Donald Super)的观点。舒伯认为,生涯是个人终其一生所扮演角色的整个过程,生涯的发展是以人为中心的,只有个人在寻求它的时候,它才存在。

舒伯的主要贡献之一是"生涯彩虹图"。他提出了生活广度、生活空间的生涯发展观，并加入了"角色理论"，根据生涯发展阶段与角色彼此间交互影响的状况，描绘出一个多重角色生涯发展的综合图形（如图1-1）。

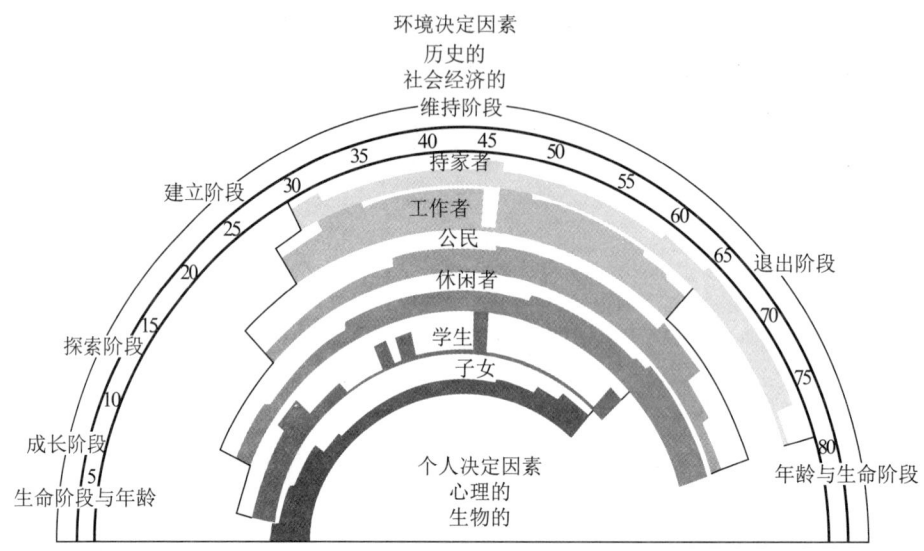

图 1-1　生涯彩虹图（Life-Career Rainbow）

在生涯彩虹图中，纵向层面代表的是纵观上下的生活空间，由一组职位和角色所组成，分为子女、学生、休闲者、公民、工作者、持家者六个不同的角色，他们相互影响而交织出个人独特的生涯类型。在个人发展历程中，每个人都会随年龄的增长而扮演不同的角色。在生涯彩虹图中，彩虹的外层显示人生主要的发展阶段和大致估算的年龄：成长期（约相当于儿童期），探索期（约相当于青春期），建立期（约相当于成人前期），维持期（约相当于中年期）以及衰退期（约相当于老年期）。内层彩虹部分的范围，长短不一，表示在该年龄阶段各种角色的分量；在同一年龄阶段可能同时扮演数种角色，因此彼此会有所重叠，但其所占比例和分量会有所不同。

✅ 小活动

绘制你的生涯彩虹图——我们能看到不一样的人生规划。

1.2.2 职业生涯规划的关键词

什么是职业生涯规划呢？职业生涯规划（Career Planning）是指个人结合社会，测定、分析职业生涯的主客观条件，对自己的兴趣、性格或气质、能力或技能、价值观、生理和心理的特点等各方面进行综合分析，结合时代环境，根据自己的职业价值观，确定职业奋斗目标，做出理性选择，并全力执行，实现目标，取得结果。

一言以蔽之，职业生涯规划就是知己、知彼、抉择、行动、评估这十个字，说白了就是认识自己，了解职场，选定目标，做出选择，付诸行动，评估反馈。

知己，就是认识自己。那么，怎样认识自己呢？知彼，就是面对变化万千、千头万绪的职业世界，你该如何理出头绪？抉择，人生就是一个不断做出选择的过程，在选择中得失该怎么处理呢？行动是最难的也是最有效的，你的执行力怎么样，是不是立长志而不是常立志？评估职业生涯规划的结果，将会使你目标更明确。

Chapter 01 小结 SUMMARY

大学生风华正茂，渴望自我价值的实现，希望获得自己和他人的认可，追求成功。但一个人的成功，特别是大学生的成功，离不开科学合理而又符合自己特点的人生规划。

你需要知道什么是规划，什么是职业生涯规划。应该记住，职业生涯规划就是知己、知彼、抉择、行动、评估这十个字。

02 职业生涯规划的意义

✅ 案例

李强,大四学生,快要毕业了,不知道该做什么工作,也不知道自己的未来在哪里,对前途比较迷茫,平时除了上课也不知道干什么好。来学校就业创业咨询室咨询的问题是:将来应该做什么?做职业生涯规划有用吗?

下面是他和咨询师的一段对话。

咨询师:"你了解你自己的专业吗?"

李强:"不是太了解,就感觉自己的专业不好,没有前途。"

咨询师:"你有没有和你的专业课老师谈谈呢?"

李强:"老师比较忙,怕打扰老师,没敢找老师。"

咨询师:"……"

李强:"职业规划有用吗?"

咨询师:"你满意你现在的状态?"

李强:"不!"

咨询师:"你现在的状态与你缺少规划有没有关系呢?"

李强:"……"

> **案例分析**

大四了,对自己的专业还是不了解,又缺乏主动性,还没做什么就先给自己设限,把自己限制死,其实是为自己的不作为找理由和借口。

从职业生涯规划咨询过程中,我们可以清楚地看到,李强对职业生涯规划持怀疑的态度,如果他明白职业生涯规划的重要性,不至于是现在的状态。现在不少大学生都缺乏紧迫感,热衷于追求一些所谓的潮文化,推崇时尚,沉湎于玩网游,看偶像剧,上网,谈恋爱,瞎逛,没有认真规划自己的将来。当然,有的人也想过,但只是偶尔,想完了也就算了。

有很多人会问:职业生涯规划真的有用吗?不是说计划不如变化快吗?即使规划好了,还是会有很多变化,那么规划真的有用吗?他们认为,船到桥头自然直,这世界变化太快,生涯规划只是一时的流行,很多事情既然无法预测,再规划也是枉然。

生涯规划的目的不是让你很快找到自己的人生目标,迅速做出决定,而在于对自我和环境的不断探索。通过生涯探索,更多地了解自己和环境,那就可能做更充分的准备,也更可能有意识地发挥出自己的潜能。以积极的态度面对人生,随时知势知时知己,才不会被淘汰。正是由于时代变化太快,生涯规划才显得更有必要。计划时代和"铁饭碗"时代是不用生涯规划的。没有变化,何须规划?因为变化,所以规划!

做生涯规划,并不是让你去控制变化,而是去预测变化,做好准备,在变化来临之前,已做好准备。

2.1 应对你的人生关键期

大学是人生的转折期。大一新生所面对的困惑,是来自于对未来目标的不确定。大四同学面对的就不仅仅是困惑了,有茫然,也有后悔。怎么办?最有效的办法是尽早进行职业生涯规划,带着目标,带着方向开始自己的大学生活。

大一是转折期,大四,也是一个转折期,这是你人生的两个关口,将各种道路都呈现给你,但不是每条路你都可以走,因为上路前的装备不同。有的人准备了,有的人偷懒了,所以,有准备的人步伐铿锵,没有准备的人就寸步难行。大四,对于一些人来说是人生的转折,对于另外一些人就是挫折,同样的时间、不一样的状态源于你是否及时做出了职业生涯规划。

大四,离开操场,进入职场。职场,也是人生必下的一局棋。人生如棋,棋局万变,棋势无定。因此,漫漫人生,也难免举棋不定。如何下好下一步棋,如何走好下一步路,这都是身为大学生的你应该思考的问题。作为一名大学生,如何规划职业生涯对自己的人生有着至关重要的影响。重要的是现在,关键的是未来。机会只会给予那些有准备的人。不积跬步,无以至千里;不积小流,无以成江海。在竞争异常激烈的今天,职业生涯规划就是你从象牙塔走向社会最好的铺垫和准备,同时也可以帮助你建立自信:相信自己,即使在失业率高达99%的情况下,你也会成为那脱颖而出的1%。大学四年是至关重要的一个转折阶段。成功或是失败,全看自己的努力和把握。

2.1.1 人生战略规划——人生关口

人在路上走,转弯最重要。不管是坐车还是自驾,你会发现在拐弯的时候,司机总要前后左右观察一下,降低速度,看好方向和环境条件后才加油门儿。现实生活中的路,如果走错了还可以退回去重新走,但人生的道路,一旦选定方向还能随便回来重新走吗?

图2-1 向左走,向右走?

大学生早晚要踏上工作岗位,大四毕业的时候,拐点到来。你选择的职业意味着你选择了自己未来的发展道路、生活方式、生活质量和社会地位。

2.1.2 选择职业就是选择一种生活方式

职业是什么?职业是你从事的相对稳定的、有收入的、专门类别的劳动。你从事的职业会反映你的生活方式、经济状况、文化水平、行为模式、思想情操等,也是你的权利、义务、职责以及社会地位的表现。不同的职业,通常意味着不同的发展机会与空间,也决定了不同的生活方式。

俗话说"女怕嫁错郎,男怕入错行"。职业的选择是人生成败的关键之一。这个关键性选择尽管受到很多因素的制约,但个人也是可以选择的。不同职业对于个人人生方向有着深刻的影响。

职业决定你的生活方式,因为生活方式是由工作性质决定的。例如,市场营销人员,工作的时间很难有明确的界限,生活自然也受到很大的影响,按时上下班通常是一种奢望。学校老师的工资不高,但生活一般比较稳定,生活质量也较高。

职业还直接决定了你的感受。农民在土地中劳作,却很难感受到接触自然的喜悦。而生活在混凝土房子里的城市人还要抽时间去野外郊游,他们体会到的是另外的感受。所以选择了职业,也就选择了相应的生活方式。

人生不是赢在起点,而是赢在转折点。转折点就面临选择,选择比努力更重要。选择不对,努力白费。只有把选择放在努力的前面,努力才会有结果,价值才会有体现。人生关键处的选择更重要。这个关键处的选择实际上就是人生目标的选择。人生就是一个不断选择、不断放弃的过程,至关重要的是选择前的慎重思考,要走好人生的每一步,尤其是关键的步骤。作为大学生的你,求职择业是关系到你人生和事业成功的转折点,是人生的拐点。

简言之,职业生涯规划就是为了拐好弯,驾驭人生关口!

不同的职业选择,决定你在什么地方工作或居住。

不同的职业选择,影响你的生活作息与工作时间。

不同的职业选择,决定了你与什么人一起工作,建立怎样的人际关系。

不同的职业选择,影响你未来的家庭生活形态。

2.2 播种生涯规划的种子

✓ **案例**

我是一个大二的本科生,英语专业,前几天听了关于职业生涯规划的讲座,深有感触。职业生涯规划对我来说是那么重要,我以前怎么不知道呢!我觉得不知道现在自己在干什么,从来没有规划过自己的将来,很迷茫,每天只知道玩,瞎忙,也不知忙了些什么。听完讲座,似乎有点感觉,听说学校还有职业生涯发展与规划课程,这真是个好消息。我希望自己能去上。

——未上过职业生涯规划课程的一名大二学生

没进大学之前,我以为上大学就意味着解放,没有家长的束缚,没有老师的监督,没有学习的压力,但是不久我发现自己错了。高中的努力是为了考上重点大学,但考上重点大学仅仅是新的开始。每年大批的毕业生,再加上往年没有找到工作的大学生,就业形势非常严峻。

刚上大学生职业生涯规划这门课的时候,老师就曾说过要规划人生,我也想过,自己到底喜欢什么,自己到底对什么有兴趣,自己应该做什么,自己的目标在哪里……但是好像也只是个大概,好像从未仔细认真地考虑过。就因为自己的规划太含糊不清了,所以日子也是在一天天混;曾经的激情、曾经的热血沸腾好像都不见了,这四年如果一直这样过下去,我想,不仅我的青春会虚度,我的人生也会错失良机。

——上过职业生涯规划课程的一名大二学生

◎ 案例分析

现在大多数高校,已经开设了职业生涯规划课程,并且经常举办相关的演讲、讲座、竞赛等活动,这不仅为激发大学生的职业生涯规划意识营造了氛围,而且也让大学生开始关注这方面的知识内容。

大学里流行这么一段话:"大一不知道自己不知道,大二知道自己不知道,大三不知道自己知道,大四知道自己知道。"还有,"学新闻的不想当记者,学师范的不愿做老师,问他们将来想干什么,都说不知道"。"大学生就业难"并非是说大学生找不到工作,而是找不到"理想"的工作。究其原因是许多学生根本就没有明确的职业理想。

"凡事预则立,不预则废",首先要有职业生涯规划的意识。

心理学上,意识产生在行为之前。只有产生意识了,才可能发生改变。意识活动具有目的性和计划性、主动性和创造性,能够指导我们的实践活动。精神分析心理学也说过,把潜意识的内容上升到意识层面,心理问题也就解决了。同样,在进行职业生涯规划时,知道要进行职业生涯规划了,产生迷茫了,疑惑了,这就对了。这恰恰说明了你的职业生涯规划意识的觉醒。恭喜你,你已经踏上成功进行职业生涯规划的第一步。

大学里职业生涯规划课堂的火爆,说明越来越多的学生开始关心职业的选择,关心生活质量的提高,希望通过职业生涯规划,了解并掌握自我认知的方式和方法,明确奋斗目标,提高职业素质和就业竞争力。

你的职业生涯规划意识觉醒,意味着你开始关注自己未来的职业发展,通过认真思考自己渴望的职业生涯,郑重地选择职业,并且决心为之付出足够的时间和精力。职业生涯规划意识的觉醒是职业生涯规划的必要准备。

2.3 积极应对未来发展的趋势

图 2-2　震撼的招聘会现场

看了图 2-2,相信你对"人如蝼蚁"会有全新的感受。

"现在最大的愿望就是天上掉下来一份工作,碰巧砸到我的脑袋上,这样就不用漫天撒网般地被动等待。"一大学生在微博上写道。这种"希望天上掉馅饼"的无奈,何尝不是大学生就业难现实的写照!如果让即将毕业的大学生说说找工作的感受,"难""烦""不逢时""无奈"等字眼出现的频率就很高。

就业形势严峻吗?请看图 2-3 中的数据。

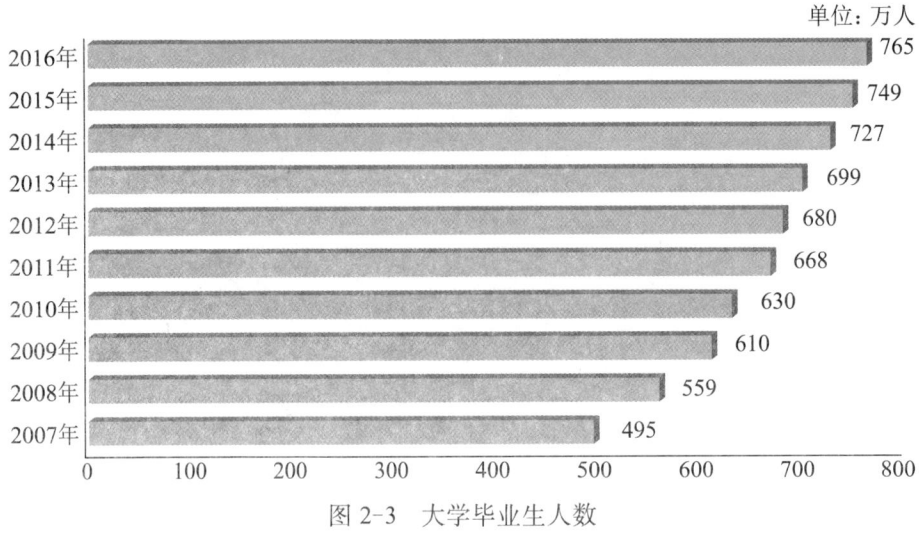

图 2-3　大学毕业生人数

大学毕业生人数从 2002 年的 145 万到 2009 年的 610 万，每年以超过 50 万的人数增加，2016 年毕业生人数达到 765 万。那么，如果按照这个速度，一年之后呢？两年、三年……之后呢？在你毕业的时候，那将是一个多么吓人的数字！

从现实的角度看，震撼的图片，吓人的数据，令人感到严峻的就业形势似乎就在眼前，作为大学生的你，要做点什么呢？

测试

进行职业生涯规划，首先需要了解一下你的职业成熟度，为职业生涯规划做好准备，详见附录 1。

Chapter 02 小结 SUMMARY

成功的人生在于成功的生涯规划。职业生涯规划就是"衡外力，析自己"。严峻的就业形势、人生的关口，你要意识到职业生涯规划的迫切性。

How to Find a Good Job for College Students

College Students Career Planning

第二编
知己：了解自我

老子曰："知人者智，自知者明。"很多时候人们预测别人的行动比预测自己的更加准确，很明显，大多数人是"智"大于"明"的。人们对自己的认识就像英文单词"me"的谐音字"谜"一样：我自己就是一个谜。所谓"知己知彼，百战不殆"，人生如棋，做一颗聪明的棋子，还是做一个高明的棋手，都应当从了解自我开始。挖掘自身的潜能，再与社会的需求有机结合，才能运筹帷幄而决胜千里！

大学生职业发展与生涯规划课的主要内容——知己、知彼、抉择、行动、评估十字方针中，知己是最重要、最核心的内容，全面地认识自己是职业生涯规划的第一步，也是最为关键的一环。

03　兴趣：快乐的来源

职业生涯规划的四大原则之一就是择己所爱，即从事一项你所喜欢的工作。如果工作本身就能给你一种满足感，你的职业生涯也会从此变得妙趣横生。兴趣是最好的老师，兴趣与成功概率有着明显的正相关性。所以我们在进行职业生涯规划时务必要考虑自己的特点，根据自己的兴趣，择己所爱，选择自己所喜欢的职业。

在职业生涯规划中，一些后来取得一定成就的人很早就知道自己想要什么，但是对于大多数人来说，却是懵懵懂懂，不知道自己该知道什么。但是找到真正能激发你激情的事情有时候可能要花上不少时间，甚至可能是许多年。

✅ 小测试

Who am I？——请在五分钟内尽可能多地写出"我是××"的答案，最好是不假思索的。

✅ 测试结果

（注意：先在下面写出结果，再看测试解释）

✅ 测试解释

从量上看，你给出了多少答案。

如果能写出 15 个及以上的答案，则可以认为你对自己比较了解。

如果能写出 9～14 个答案，则可以认为你对自己的了解处在中等水平。

如果只能写出 7 个乃至更少的答案，这可能就是不太了解自己或者不想了解的一种表现。

从质上来看，答案有：① 客观陈述式；② 主观解释式；③ 中性描述式。

如果被测试者有客观陈述和主观解释，则被测试者的自我观念是平衡的，偏向任何一方都是不平衡的。

做人最重要的是要先了解自己。在职业生涯规划中要了解自己的哪些方面呢？请回答下面四个问题。

你最喜欢的是什么？

你最适合的是什么？

你最擅长的是什么？

你最看重的是什么？

✅ 兴趣探索

Love makes one fit for any work.（爱使一个人适于从事任何工作。）

——〔威尔士〕乔治·赫伯特

我六七岁的时候就知道自己对投资有兴趣，应该说我挺幸运的，那么早就找到自己感兴趣的东西。

——〔美〕沃伦·巴菲特

如何找到自己的兴趣,特别是找到让自己着迷的职业兴趣,体验那份美好的感觉?

兴趣是最好的老师。但问题是,你的兴趣是什么?怎样发现你的兴趣?如何让这个"老师"起作用?

✅ **案例**

兴趣爱好,仔细想想,没有特别突出的,都是有点喜欢某项事情,比如说音乐、跑步、写日记。在这些小事上能找到很多乐趣,虽然没那么专业、优秀,但在闲暇的时候起码可以找到让自己开心的事,在郁闷的时候也可以放松一下,这样足够了!

——一名大一学生

✅ **案例分析**

这位同学所诉说的自己的兴趣其实算不上真正的兴趣,只能算是一种喜好,或者说是一种偏好,更谈不上是职业兴趣。那么,兴趣到底是什么呢?这些所谓的兴趣是不是最好的老师呢?

3.1 什么是兴趣

> 我和你没有什么差别。如果你一定要找一个差别,那可能就是我每天有机会做我最爱的工作。如果你要我给你忠告,这是我能给你的最好忠告了。
>
> ——〔美〕沃伦·巴菲特

对事情的好恶可以预测一个人的兴趣、一个人的职业。

请问:你最近常做的三件事是什么?

请问:你最近最应该做的三件事是什么?

请问:你最近最想做的三件事是什么?

兴趣是快乐的来源,是无论他人怎样评价,自己都会乐此不疲地去做的事情。兴趣是一种强大的精神动力,只有当一个人对所做的事情感兴趣的时候才能调动整个身心的积极性,并能主动克服种种困难。职业兴趣是职业发展中非常重要的一部分。

·人在什么时候最幸福？美国芝加哥大学心理学教授米哈里·希斯赞特米哈伊发现：当人们在专心致志地、积极地从事某种活动，并且忘记了时空和自己的时候，他们感到最为愉快和满足。做自己喜欢的事情，才能收获快乐。而对绝大多数人而言，工作、职业是一生中花费时间最多，也是花费最好时光的事情，不做自己喜欢的，行吗？不行的话，那就尽量做自己喜欢做的。

兴趣使我们更容易成功。当我们让自己的意识只接纳令人振奋的东西，但同时亦不拒绝不理解的东西时，我们就会以喜悦的心情去学习、去工作。当我们倾心于我们喜欢做和希望做的事情时，这些事情似乎就比较容易完成。

"兴趣为师"，是至理名言。不论是谁，没有兴趣是很难深入到问题中去的，只有出现了兴趣以后，才会想方设法地找到解决问题的办法。"爱好出勤奋，勤奋出天才。"兴趣能使我们的注意力高度集中，从而使得人们能圆满地完成自己的工作。

兴趣促使人去认识、研究、获得某种事物，并带有一定的情绪色彩。兴趣对人在某一方面的发展有启动、定向和调节作用。它可以推动人充满热情地认识研究有关事物，从事有关活动，着迷、上瘾、废寝忘食，从而获得极大满足，进而使人获得更好的发展，取得更大的成就。

✓ 兴趣的名片

兴趣指你对事物喜好或关心的情绪，是你认识一件事物和从事某种活动的一种选择性倾向和积极的情绪。

兴趣以需要为基础，人本主义心理学家皮亚杰说："兴趣，实际上就是需要的延伸，它表现出对象与需要之间的关系，我们之所以对一个对象发生兴趣，是由于它能满足我们的需要。"

3.2 兴趣的作用

子曰："知之者不如好知者，好知者不如乐知者。"

成功之路不是总要与痛苦相伴，成功之路一样可以与快乐相伴，因为在成功之路上我们找到了兴趣这个朋友。人的所有行为都是直接或者间接地受自己意志驱动的，而这一切都必须要有足够的动力。当然，可能环境的作用或者一时的发奋可以暂时充当这种动力，但是任何纯被动的行为都是无法持续太久的。只有有了内在的动力——兴趣,人的行为才能够高效地持之以恒。

兴趣对一个人的个性形成和发展、对一个人的生活和活动有巨大的作用,这种作用主要表现在以下几个方面:

(1)兴趣为你所做的事做好准备。例如,对于一名大学生来说,对心理学感兴趣,就可能激励他勤奋学习心理知识,研究众多的心理学现象,做更多的心理学实验,为将来研究和从事心理方面的工作打基础、提升能力。

(2)兴趣是你从事活动的发动机。兴趣是一种无形的动力,当我们做某件事情或某项活动时,就会很投入,而且会获得深刻的印象。"爱之切则知之深,知之深则爱之切。"如果你对所学的专业感兴趣,你自然会学得很快乐,收获也颇丰,当然更快乐!

(3)兴趣促进你的创造与成功。在你成功的道路上,除了挫折,还有快乐、满足,而且还有幸福。这就是兴趣的力量。兴趣能使我们对有关的事物和相应的活动,表现出积极的接受和深入的探究的态度,并且总是伴随着快乐、欢喜、满意等积极的情感体验。就大学生来说,如果你对计算机课程感兴趣,会促使你学习,不断实验,并在学习、实验过程中创造性地思维,不仅会使你的学习成绩大大提高,而且会大大地改善学习方法,提高学习效率,获得学习成果。

(4)兴趣促进你的个性成长。人的兴趣不仅是在学习、活动中发生和发展起来的,而且可以成为人个性发展的巨大动力。它可以使人的心智得到发展,知识更加丰富,视野更加开阔,人格更加完美。因此,兴趣确实对人的个性形成和发展有巨大作用。

经研究发现,在影响个人职业生涯规划与发展的众多主观因素中,兴趣就像一双强有力的手,所起的作用最大,影响也最深远。

3.3 兴趣的培养——兴趣是可以培养的

✓ 案例

大一已经过去了,在学校里,对什么都不感兴趣,更不用说对学习了。也不知道干什么,也不知道为什么。看着其他同学兴致勃勃地学习或者参加活动,我怎么才能培养点学习兴趣呢?哪怕是业余兴趣也好。

——某大二学生

兴趣是可以培养的!怎么培养?下面几点供你参考。

先尝甜头。要提起你的兴趣,就要先让自己尝到做你感兴趣事情的滋味。你想学习英语,那就从背诵最简单的单词开始。

其次要慢。社会已经比较浮躁了,所以要淡定,慢慢来,一点一点,一步一步,最后就"水到渠成"了。避免急躁情绪,不能操之过急,不能强迫自己。强迫自己会变得焦躁,不耐烦,产生压力,潜意识也会产生反抗情绪,记不住东西,会打击自信,不利于兴趣的培养。

再次是要自我表扬。多鼓励自己,鼓励能"滋养"兴趣。在兴趣培养的初期,当然要多多进行自我表扬,不能将兴趣扼杀在摇篮里。

3.4 兴趣的探索

兴趣是职业生涯规划中进行自我探索的一个重要方面。下面的旅游机会将打开你的兴趣之旅。

如果你获得了一次旅游的机会,有机会去下列六个岛屿中(图3-1)的一个,要求是你必须要在这个岛屿上至少待满三个月,请不要考虑其他因素,仅凭自己的兴趣挑出你最想前往的岛屿。

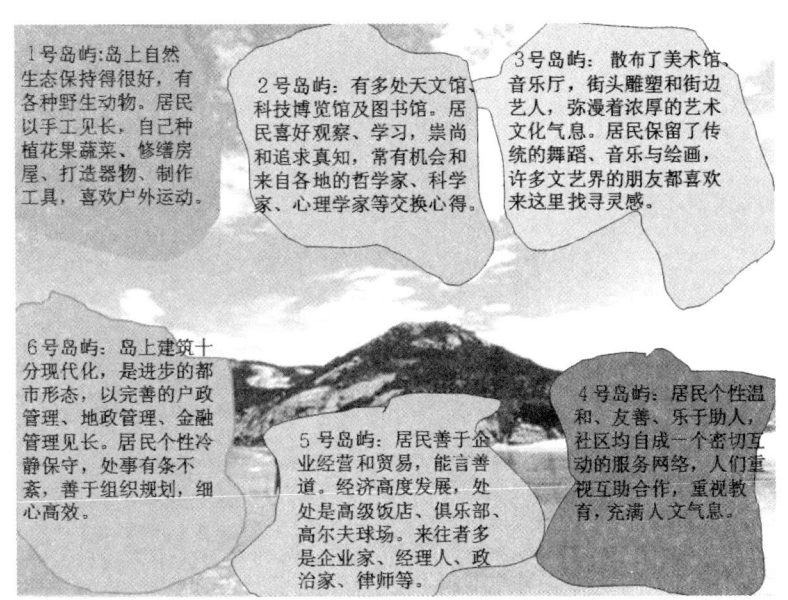

图3-1 霍兰德职业兴趣岛

请填空

你选择的岛屿:(　　　　)号岛屿。
选择这个岛屿的感受:(　　　　　　　　　　　　　　　　　　　　　　)。
给你选择的岛屿命名:(　　　　　　　　　　　　　　　　　　　　　　)。
你选择岛屿的特征:(　　　　　　　　　　　　　　　　　　　　　　　　)。
你还可以接受的其他两个岛分别是:(　　　　　　　　),(　　　　　　　　)。
如果旅游岛屿变成了终身定居,请重新选择:(　　　　　　)号岛屿。

兴趣岛游戏是对你职业兴趣探索的一种非正式的评估。这六个岛屿对应着六种职业兴趣类型,这就是著名的霍兰德职业兴趣理论的具体运用,你所选择的岛屿显示出你的兴趣类型。你可能很迫切地想知道所选择的岛屿对你来说意味着什么,具体解析请看下一节霍兰德职业兴趣测验。

3.5 霍兰德职业兴趣测验

案例

很多人说,要做自己喜欢做的工作。但这正是我所困惑的:到底什么是我喜欢的、感兴趣的工作呢?我现在仍然想不清楚。我也知道职业兴趣很重要,但是怎样才能找到自己的职业兴趣?

——一名大三学生的困惑

案例分析

作为一个学生,如何找到兴趣,进而找到自己的职业兴趣呢?找到兴趣的最佳方法是行动起来,开阔视野,尽可能接触众多的领域。唯有接触你才有机会去尝试,唯有尝试才能发现你的最爱。当然,探索自己的兴趣还可以做一做职业兴趣测试。

虽然我们做了几十年的研究,但是预测个人职业选择最有效的方法却是询问这个人自己想做什么。

——〔美〕约翰·霍兰德

图 3-2　约翰·霍兰德

约翰·霍兰德是美国著名的职业指导专家。他认为人的人格类型、兴趣与职业密切相关,职业选择是人格的一种表现,职业兴趣类型即人格类型。兴趣是活动的动力,从事自己职业兴趣所在的职业,可以提高人的积极性,促使其积极地、愉快地从事该职业,且职业兴趣与人格之间存在很高的相关性。人的兴趣千差万别,但概括起来有六种;职业也是千差万别,但概括起来同样也是六种类型。六种职业兴趣和六种职业类型是一一匹配的,这就是著名的人职匹配理论。

霍兰德认为人格(职业兴趣)的六种类型为:实际型、研究型、艺术型、社会型、企业型和传统型(表3-1)。与此相对应,人的职业兴趣对应着这六种类型。人以类聚,物以群分。同样,同一职业吸引有相似人格和兴趣的人,他们对工作内容会有类似的反应,因此,工作也可以与人格和兴趣类型的分类相呼应。

表3-1 霍兰德职业兴趣类型表

选择岛屿名	职业兴趣类型	特征
1号岛屿	实际型——R(Realistic Type)	喜欢具体的任务、工具使用,动手能力强,喜欢做体力工作、户外活动,更喜欢与物打交道。多从事技术性行业
2号岛屿	研究型——I(Investigative Type)	喜欢探索和理解事物,平静、深邃、内敛、有智慧、独立。多为科学研究人员
3号岛屿	艺术型——A(Artistic Type)	喜欢自我表达,富有想象力、创造力,追求美、自由、变化,喜欢多样性与展示。如艺术家、诗人、自由职业者
4号岛屿	社会型——S(Social Type)	对人感兴趣,有良好的人际交往技能、敏感的关系体验能力,乐于服务他人,善于微笑和帮助别人解决问题。如社会学者、教师等
5号岛屿	企业型——E(Enterprising Type)	善于向人推销自己的产品或观点,追寻领导力与社会影响,有抱负、责任感强烈,勇于承担压力,言语说服能力强。如企业经理、政治家、推销员
6号岛屿	传统型——C(Conventional Type)	喜欢有条理、程序化的工作,忠诚,乐于执行与服务,做事有组织、有计划、细致、讲究精确

当然，人的兴趣与职业关系也并非绝对一一对应。霍兰德在研究中发现，大多数人的兴趣类型可以主要地划分为某一类型，如果个人有着广泛的适应能力，其兴趣类型在某种程度上又相近于另外两种兴趣类型，则也能适应另两种职业类型的工作。也就是说，某些类型之间存在着较多的相关性，同时每一类型又有种极为相斥的职业环境类型。霍兰德有一个六边形模型简明地描述了六种类型之间的关系（图3-3）。

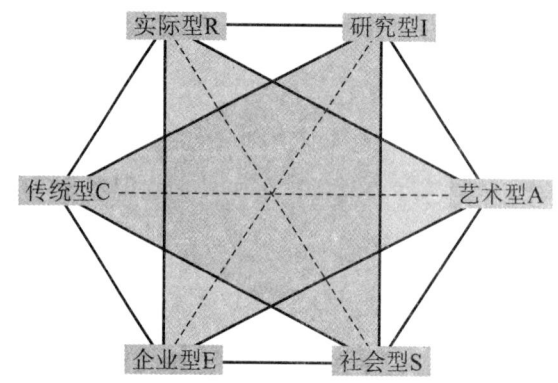

图3-3　霍兰德职业兴趣六边形模型

除了通过兴趣岛的游戏判断自己的职业兴趣外，还可以通过专业的霍兰德职业兴趣测验量表进一步明确分析自己的职业兴趣所在。

根据霍兰德的职业兴趣类型理论，在职业规划决策中最理想的是个体能够找到与其兴趣类型重合的职业环境。

在职业生涯规划的过程中，首先要通过一定的测评手段与方法来确定你的兴趣类型，然后寻找到与之相匹配的职业种类。霍兰德职业兴趣测验量表是你了解自己兴趣必做的测试之一。

霍兰德职业兴趣量表可以让你比较准确地了解你的职业兴趣所在，但是题量大，计分复杂，为了更快捷地了解你的职业兴趣，我们推荐给你另外一个职业兴趣测验，它可以帮你更快地了解你的职业兴趣。职业兴趣测验（简版）见本书附录2。

3.6 辩论赛：兴趣＝职业？

案例

我今年大三了,感觉前两年过得有些迷惑,上了职业生涯规划课程后,我了解到职业兴趣对我的价值。但是我怎样才能发现自己的职业兴趣、爱好是什么？我现在很痛苦,不知道自己的优势和特长是什么,因此我也不能根据自己的爱好、特长选择适合自己的工作。所以,我老在担心将来的就业问题,担心能否找到一份与自己兴趣相符的职业。如果能做一份自己感兴趣的工作当然很好,但是我发现很多人都不是这样,都在做自己不喜欢做的工作,从事没有多大热情的职业。职业只是他们的一种谋生手段。人都是这样矛盾吗？如果大学毕业后再发现自己向往的职业不是自己的兴趣所在会不会很糟糕？

——一名大三学生

案例分析

大学生似乎都很苦恼,想知道怎样才能将自己的兴趣与未来的职业结合起来,更重要的是怎样才能正确地认识自己,了解自己的兴趣,并将自己的学习生涯与未来职业相结合。

兴趣与职业有什么关系呢？毕业找工作,一定要找符合自己兴趣的工作吗？很多人会问这样的问题。如果一份职业是自己的兴趣所在,可是收入却差强人意,怎么办？或是,工作很无聊,可是收入还不错,为了生存不得不坚持下去,怎么办？当工作在生存与兴趣之间挣扎,究竟该做何选择？当自己的兴趣和职业发生矛盾时,该兴趣优先、职业优先还是生存优先？

下面我们来看一场辩论。

正方：兴趣优先的理由

兴趣是我们生存的内在动力和快乐源泉。

我们的满足感、幸福感往往来自于从事某种活动,而不是无所事事或单纯地享乐游玩,这也正是工作原本的意义所在。在日常生活中,你喜欢参加自己感兴趣的活动。同样,具有某种职业兴趣类型的人更倾向于寻找与此有关的职业,特别是在职业选择的外界环境比较宽松、选择比较多时,会选择自己感兴趣的职业。因为兴趣是人们职业选择的重要依据。

兴趣可以使你想方设法地获取那份职业,竭尽全力去搜寻你所喜欢职业的信息,提高自己的职业素养,开动脑筋,发挥智慧,创造价值。例如,对会计这份职业产生兴趣时,你就能发挥积极性,积极地感知和关注会计这份职业的相关知识、动态,并且积极思考,不断学习,同时这会使你情绪高涨、灵感迸发,你还会发现自己的记忆力突然增强了,更加有信心了。反之,"强按牛头难喝水",勉强接受自己不感兴趣的职业是不会取得好效果的,当然也就很难在该职业上发挥个人的优势、取得理想的成就。

找到一份职业,由学生转为职业人,新的角色需要你良好的职业适应性。兴趣是你乐此不疲地从事某件事的动力。当你对某一方面的工作有兴趣时,即使别人觉得枯燥乏味的工作你也会觉得乐在其中、趣味无穷。

兴趣使工作不再是一种负担,而是一种享受。因为兴趣可以调动人的全部精力,使你以敏锐的观察力、高度的注意力、灵活的思维方式和丰富的想象力投入工作,可以促进你能力的发挥。

兴趣和能力的合理结合会大大提高工作效率,提高职业适应性。请看下面的数据:从事自己感兴趣的职业,可以发挥80%～90%的才能,而且长时间保持高效率却不感到疲劳;从事没有兴趣的工作,仅能发挥其20%～30%的才能,而且会感到种种不适。

(1) 兴趣会让你的工作更容易产生职业成就感,在某些情况下,甚至具有决定性作用。对职业,对工作感兴趣,就愿意深入进去,就容易做出成就——兴趣的作用正是如此。找到自己的兴趣是你职业生涯规划的一个基本内容,兴趣可以为职业生涯选择提供有效的信息。

(2) 兴趣可以预测你的工作满意度和工作稳定性。真正的兴趣不是转瞬即逝的。兴趣作为一种认识倾向,本身具有相对的稳定性。就是说,人的认识指向于某一事物,只有在持续时间较长、比较稳定的时候,才能构成个性心理特征之一。在一定条件下,从事自己感兴趣的职业不但会让你对此职业感到满意,而且能够使你对工作单位感到满意,并愿意长期和稳定地工作下去。而从事自己不感兴趣的职业很难让人感到满意,并由此会导致工作的不稳定,更重要的是自我价值感的降低,没有成就感,感到疲劳。

因此,兴趣与工作满意度、职业稳定性和职业成就感之间存在着明显的关联。

喜爱你的工作,哪怕工作再累再辛苦,你都不会觉得是在工作,而是在游戏,在放松。

做自己感兴趣的事,不但舒心,而且成就也大。

兴趣的魔力就是这么大。

反方:兴趣服务于现实

现实生活中,很多人迫于压力,很难"率兴而为"。在现实面前,当兴趣和职业发生碰撞时,兴趣和职业,你选谁?兴趣往往退居二线,真是理想很丰满,现实很骨感。所以,许多毕业生也许会说:我们当然愿意按照爱好选择工作,但现在的就业形势不允许我们选择,只能赶上哪班车就上哪班车。求职就像求偶,如果你根本不爱他(或她),但他(或她)貌美多金,你会不会义无反顾地以身相许,甚至一生相许呢?就像哈姆雷特说的:"To be or not to be."并不是所有的兴趣都应该或能够在职业生涯中得到满足的。兴趣也可以通过其他的方式获得满足,如业余活动。但是在选择职业的时候,兴趣是一个无法回避的因素。在现实的基础上择业,在择业的基础上培养兴趣。

所以,你也要明白,兴趣虽然是最好的老师,但兴趣不是万能的。只要找到我的兴趣,我就一定能够成功,这是一种不合理的信念。找到自己的兴趣,不见得一定能成功,但至少做起来令人感到快乐。而培养自己对事物感兴趣的能力,将会使自己更容易成功。兴趣和能力是两码事。有兴趣而无能力,只会增加挫折感;无兴趣而有能力,心中会缺乏满足与喜悦。因此,兴趣和能力要同时考虑。兴趣是调料,能力是主菜。所以我们应该了解自己的兴趣,加强自己的能力。

看完这场辩论赛,你支持正方还是反方?

兴趣可以划分为职业兴趣和非职业兴趣,但几乎每一种兴趣都可以与某种职业联系起来。并不是所有的兴趣都应该在自己的职业中体现,关键在于如何在工作和生活之间协调与平衡,以及怎样在工作与个人爱好之间适度统一。

当你的兴趣对象指向职业活动时,这就形成了你的职业兴趣。职业兴趣主要回答"我喜欢做什么"的问题。一份符合自己兴趣的工作常常能够带来愉悦感、满足感。在择业时，兴趣是不能回避的考虑因素，有时甚至是决定性的。

因为我们都知道，人的发展，是需要动力的，而兴趣是人职业发展中最重要的动力，是内在动力的来源。但是，在现实中，很多人在选择职业时嘴上说要"做自己喜欢的"，实际选择的却是"看似不错的行业""容易进入的企业""待遇不错的工作""听上去有发展前景的事业"。尽管这些选择并没有错误，但是如果缺乏了兴趣——动力的来源，很可能出现的情况就是聊以度日，缺乏成就感、价值感，或者在面临困境和压力时不能坚持工作下去。

兴趣和职业的匹配是一个渐进和艰难的过程，很多时候不得不暂时放弃自己的兴趣。所以在成功的道路上，更多的时候很难做到兴趣和职业的匹配。比如，你喜欢自由，但是职业会有很多约束；你喜欢管理，但是经常被别人管；你喜欢创意，但是经常要循规蹈矩。

职业规划的道路上，大多数人面临着"如何接纳一个自己不喜欢的职业"的挑战，有的时候甚至要改变自己的价值观。所以你必须要明白一个事实，那就是：兴趣是可以培养的，兴趣也是可以管理的，千万不要"干一行，怨一行"。有人说："不成熟的人把爱好当事业，成熟的人把事业当爱好。"你觉得呢？

　　选你所爱，爱你所选，把握每一个选择兴趣的机会，忠于自己的兴趣，找到最佳结合点。

　　　　　　　　　　　　　　　　　　　　——李开复

根据兴趣规划生涯，才会获得一个真正属于自己的无悔人生。

✓ 练习

阅读下面的咨询案例。如果你是职业规划师，你将会给出什么样的咨询建议？请写下来并和同学进行交流，认真对比你们之间的不同，从交流中也许可以学到完善自我的方法。

工作不错仍想跳槽

大卫是学英语专业的，毕业时，凭借一口流利的英语很幸运地进了一家全球著名的快速消费品企业，但不到十个月就跳槽了，去了一家港资公司，一年后又跳了槽，在一家美资公司做销售。这家企业的实力在行内是数一数二的,产品有明显的优势,所以他经常是在办公室通过电话联系业务,一个月的收入有五六千元,也比较稳定。

虽然许多业务会自动找上门来,大卫还是很积极主动,经常四处出击,多方寻找机会,业绩在公司即使算不上最好,跟其他人也不相上下。有时接到客户的订单,觉得时间紧,就直接找一个工程师做这个项目,并安排客户服务人员等相关事项,他因此多次被上司批评。之后,他知道这样做是侵犯了技术部经理等主管的职权范围,但他有时还是这样做。他总感觉自己的能力没有得到充分发挥,那些主管的能力很一般,而老板又看不到自己的能力。他说一直困扰自己的一个问题是:他在公司的影响力不够大,想进一步扩大自己的权限,又担心影响到技术部经理的权限而遭排斥。这样做了一年多,大卫有时会产生"不得志"的压抑心理,觉得晋升到管理层的可能性不大,自己在公司很难成为一个举足轻重的人物,现在能够发挥的影响力很有限,所以想要寻找更好的发展机会。

他就是在这种情况下来找职业规划师咨询。

大卫是一个很典型的"概念主义者"。"概念主义者"对待工作非常认真负责、积极主动,有很强的进取心,对工作的标准要求很高,对自己、对别人的要求都很高。他们喜欢与高素质的人一起工作,而又常常发现周围的同事,甚至老板的水平并不高。他们非常自信,一般的人和事都很难动摇他们的自信心。他们很有主见,有时他们给人的印象是自我感觉太好、骄傲,而他们自己往往并不这样认为。一位"概念主义者"的太太这样描述自己的先生:"不喜欢应酬,却有隐隐的权利欲望。"他们很想让别人看到自己的能力,喜欢表现自己以证明自己的能力。他们不断进取,却又不注意人际交往中的礼节,他们中的许多人有"终生不得志"的感觉,所以我们经常见到"概念主义者"频繁跳槽。

"概念主义者"的主要问题在于:他们的确自我感觉太好,他们没有意识到正是自己的骄傲阻挡了自己与上司的沟通、与同事的相处以及自己的晋升之路;他们进取心太强,太急于求成、锋芒毕露,不懂得怎样让老板自然地看到自己的成绩和能力;他们有一种不顾一切地表现自己的倾向,从而招致了同事以及上司的嫉妒和反感,而不是获得对自己能力的认同和赏识;他们有一种不切实际的权力欲望,如大卫,只是一个销售人员,接到订单后的任务就应该是在项目开始时把客户及其项目交给公司指定的技术人员、客户服务人员,然后跟进进度、收款,而大卫对自己工作内容的描述是"领导客户服务部和工程师完成客户交给的项目",无意识中扮演了领导的角色,因此常常越位、越权而不自觉或不能自拔。

他们应该认识到每个人都有自己与众不同的天赋、特长,不要只看到自己强的那些方面。他们要看到老板之所以成为老板,自有他过人的地方;经理之所以被老板任命为经理,自有他的长处,自有老板的道理。他们应该反思自己的天赋到底在哪里,应该怎样发挥自己的特长,应该在哪里发挥自己的特长。

通过这些反思,他们要真正学会谦虚。如果他们真正做到谦虚,那便是他们对自己的认识更深入,标志着他们更成熟,也就是他们走向成功的开始。

职业规划师建议大卫先不要跳槽,不仅是因为现在的工作不算太差,更重要的是现在首要的是要提高自己的修养,加强自己的专业知识。建议他在工作稳定的条件下,准备研究生考试,以进一步提高自己的专业技能。

Chapter 03 小结 SUMMARY

要在自己的兴趣上下足功夫。兴趣是最好的老师,兴趣是事业发展的内在动力,兴趣是你快乐的源泉。要做自己喜欢的事情,将自己的长处最大化,塑造自己的个性。选择职业时,应尽可能地选择自己感兴趣的工作。霍兰德职业兴趣测验量表和职业兴趣测验(简版)可以帮助你深入了解自己的职业兴趣所在。

你的兴趣是什么不重要,重要的是你为自己的兴趣做了什么。

同时,要知道你是有特质的,职业是有特性的,二者之间的适配将增加个人的工作满意度、职业稳定性和职业成就感。你的职业兴趣可以为你的职业选择提供非常具体的参考,但是也不能过分强调结果或与之相匹配的具体职业,从而给自己设定太多的限制。

04　性格:适应你的职场

　　刚进入大学的时候,我们会在各种场合做自我介绍,每人都会提到自己是一个什么性格的人。随着学习的深入,我们又开始考虑:我的性格适合我的专业吗？大学毕业以后我是继续读研,还是工作呢？我的性格适合什么样的工作呢？我内向、不善于交际,能在工作中有所发展吗？我外向、充满好奇心,能耐得住寂寞,做得了科研吗？

　　读完这一章,你会发现,原来你真的不了解自己的性格,或者说,你真的不了解自己性格的优势所在。有本关于性格的书十分畅销,书名令人震撼,《性格决定命运》,它分析了很多性格与成功的关系,是一本很不错的励志书。要说我们每个人都是独一无二的,那得感谢我们的性格是如此的千差万别。不过,无论性格差别有多大,这一章我们只想说,性格本身没有好坏之分,如果能将性格的优势一面在你的职业生涯中充分展现,那么你将是一个高效率的工作者。为了迎合上级、同事、同学、朋友、家长等外界环境对我们的期望,我们不断地调整自己的性格来适应。有些方面即使你改变了,但是你心里似乎总有个声音在喊:这不是我想要的！而如果工作环境能够和你内心的真实想法相一致,你是不是能够更轻松自如地面对和处理?所以想要找到你的性格本色,为职业生涯的发展起到促进作用,那就请你在本章的性格探索之旅开始前,忘掉外部因素的影响,回归你的本心,看看真正属于你的性格解说。

✅ 案例

本科毕业四年就能当上大区经理?

小郭是一个来自农村的男生,家庭条件比较困难,长相普通,属于扔进人堆里就找不见的那种类型。开始由于他说话语速偏快,加上咬字不清,经常让刚接触的人听不懂他在说什么。但是小郭很上进,也是个爱交流的人。在大一的《语言表达艺术》课上,小郭是最认真、最积极发言的一个,从来不怕同学们在背后偷笑。由于热情为班级服务,他被大家推举为班长。大学四年,他充分利用各种机会锻炼自己的组织能力和语言表达能力,与此同时,还大量地积累了自己的人脉,广泛结交了各个专业的任课老师、兄弟班级的同学。

毕业的时候,由于和专业课老师建立了深厚的师生感情,通过自己的努力,也让老师看到了他身上的认真和闯劲儿,经老师介绍,他进入一家在业内比较有名的跨国公司做销售。班里的同学都认为这份工作可能不适合他,因为小郭虽然热心、爱聊天,可是他经常愿意对你讲一些大道理,让不怎么接触社会的同学们觉得他谈论的都是些很遥远、很空洞的东西,所以大家一致认为,他做销售,一定会把客户侃晕了、侃烦了。

四年过去了,小郭现在已经是这个跨国公司的大区经理了,事业做得蒸蒸日上,得心应手。在一次同学聚会上,小郭的风采折服了在场的所有同学。他依然比较喜欢谈论大道理,但已经有了很多个人感悟在里面。他依然和大学的老师和同学们保持着密切的联系,只要你想了解的情况,他基本都能知晓。他还是那么热心,已经能够利用自己的资源为同学介绍工作了。

现在的小郭,早已靠自己的拼搏改善了家里的经济状况,工作闲下来的时候,就背上包,跟着驴友出去散散心。比起班里的其他同学,小郭在职业道路上走在了前面。

✅ 思考

你认为小郭的性格有哪些特点呢?请用3~5个词来描述。

小郭现在职业发展得这么顺利,与他的性格有什么关系呢?

职业规划师说,小郭其实是个有全局观的人,同学们觉得他不适合销售,是因为大家对外面的工作世界很陌生,小郭的公司正是看中了他能够从宏观上为客户着想的能力。你觉得呢?

4.1 什么是性格

什么是性格?可能好多人都会脱口而出:许三多性格固执,孙猴子性格叛逆,林妹妹性格忧郁……案例中的小郭,大家会认为他性格外向,爱讲大道理,而许三多可能会说"我其实是个随和的人",孙猴子也许会说"其实哥很保守",林妹妹也许会说"我也很阳光"。小郭对自己的评价则是:"我喜欢宏观地把握全局。"

为什么别人的评价与我们的自我评价会有大相径庭的可能呢?因为,随着年龄的增长,我们的性格越来越被人格所掩盖。

心理学认为,性格是一种个体内部的行为倾向,是每个人特有的,可以对个人外显的行为、态度提供统一的、内在的解释。简单点儿说,性格更像是你为人处世的一种习惯化的行为方式。这种方式,由你本人的特质和环境对你的影响结果构成。更有学者认为,你的性格定格在六岁,之后的表现,不过是你六岁之前行为的反复和强化。

性格到底是什么时候出现在我们生命里的呢?科学家通过研究发现,刚出生没几天的小 baby 们就能够在行为方式上表现出不同,有的爱哭爱笑爱动,有的安静得好像是个假娃娃,科学家们认为这些差别可能就是我们后来性格差异的最初来源。随着年龄的增长,婴儿的某些表现就会不断地被强化或者被改变。但实际上,在生命最初的几个周内,性格所表现出来的不同特点将会持续下去。也就是我们后来性格的一些差异,比如内向与外向之间的差异,在我们生命的最初几年中就可以观察到。

其实我们性格的初步形成是从幼儿园时候开始的。当我们还是幼儿园小朋友的时候,已经能够对特定的事物表现出兴趣、爱好和能力方面的差异。比如有的小朋友很喜欢上图画课;有的小朋友有着天籁般的声音,特别会唱歌;有的小朋友则对上手工课异常兴奋。用性格的定义来说,幼儿园时的我们已经初步地形成了对人、对事、对自己、对集体的一些比较稳定的态度和一些习惯化的处理方式。也就是说,我们已经会回家跟爸爸妈妈说哪位老师好,哪个小姑娘可爱之类的话了。

等到上了小学,在大人们有意识、有目的地为我们设立的一些集体活动中,我们的自我意识有了进一步的发展,比如春游、课堂小游戏、秋季运动会、红领巾学雷锋等。逐渐地,我们形成了自己特有的一些原则,待人接物的态度也得到了进一步强化。这个时期,我们的集体荣誉感开始进一步发展,对道德原则和信念的理解也发展到比较好的水平。老师和家长很容易成为我们模仿的对象和心里认定的权威。

当进入少年期,我们逐渐会认识和评价自己的个性品质和内心体验,也能够自觉地了解别人的个性特点。稳定的道德理想与道德信念开始形成,我们在道德行为方面更加有原则性和自觉性。这个时期的我们,富有激情,同时还会冲动。强烈的自我意识,使我们更认同自己的想法。

到了青年期,随着知识经验的积累、抽象逻辑思维的形成以及道德意识和道德情感的发展,我们的各项价值观已经初步稳定并有了一定的系统性。这个时候我们的性格发展趋于平稳,接人待物的态度和习惯化的行为方式更加稳定,但是直觉的情绪体验明显减少,开始有意识地控制自己的行为方式。我们会在外界的期待下,对自己的性格进行完善或者伪装,以便使我们能够与外界和谐相处。

✓ 体验

假设你现在"穿越"回了幼儿园时代,看到那时的你和自己的几个好朋友正在玩跳皮筋的游戏。有个小朋友犯规了,大家为此争论了起来。

✓ 思考

设想一下你们当时的表现是什么?是对原则绝对坚持,还是认为这只不过是游戏,快乐就行,不用非得坚持游戏规则?

你和你的好朋友现在都已上大学了,想想现在面对类似情景的你们,和幼时的行为方式是否一致?如果不一致,是你们彻底改变了呢,还是你们觉得现在的做法更符合别人的期待?

从这个"抚今追昔"的体验中,想让大家看看,是不是我们的某些性格,比如对规定的遵守程度,可能是从小就形成并且不变的。如果有变化了,很有可能是你受环境影响的一种结果。但是你心里的第一反应可能依然与儿时的反应是一致的。

4.2 关于性格的种种

一直以来,性格都是心理学家研究的重点领域,目前在性格理论方面西方形成了三大学派:精神分析学派、行为主义学派、人本主义学派。这三大学派的性格理论构成了个性心理学的主要发展脉络。

4.2.1 精神分析

精神分析学派的代表人物主要有弗洛伊德、阿德勒、荣格、埃里克森。他们认为,人格由本我、自我、超我三部分组成。本我与潜意识相对,遵守快乐原则,主要有性欲、食欲、安全欲等生理欲望。自我是人意识到的部分,遵守现实原则即人的欲望的满足要符合社会规范以保护自己不受侵害。超我是道德的我,遵守理想原则,是人格中促使人完美、道德的部分。并且,他们认为人的性格在幼年就形成了。精神分析理论对心理学产生了重大影响。

4.2.2 行为主义

行为主义学派的代表人物有斯金纳、多拉德和米勒等。他们反对将难以捉摸的概念用于心理学,主张心理学研究对象是可以观察到的行为,通过对行为的描述和研究,来揭示人的心理状态。他们提出了学习理论,认为性格是由后天学习形成的。生活中的大部分行为都是部分强化的条件反射,通过对反应动作的强化,人们形成了惯常的行为模式,也就是性格。

4.2.3 人本主义

人本主义学派以马斯洛和罗杰斯为代表人物。马斯洛最大的理论贡献是需求层次论和高峰体验论。其中,高峰体验主要指创造潜能的发挥和自我实现给人带来的最高程度的喜悦感,表现为紧张和激动(发狂、跑上跑下、无睡意、无食欲),或者是平静甚至进入深度睡眠状态。高峰体验能推动人进一步的自我实现。罗杰斯认为自我是人对自己的感觉和认识。自我实现则是自我在遗传限度范围内潜能的发挥。

✅ 体验

性格对我们的接人待物到底有什么样的影响呢？现在请闭上眼,伸出你的双手,十指交叉。睁开眼睛看看,哪个手的拇指在上？

然后请换个方式重新交叉十指。也就是说,如果刚才左手拇指在上,那么第二次交叉时,请将右手拇指叠在最上面。反之亦然。

✅ 思考

当你第一次交叉十指的时候,你是否是不假思索,很快就做了出来？

当你第二次交叉十指的时候,你有没有犹豫,动脑子想了几秒钟,同时手指还有着那么一丝别扭与不舒服？

第一次十指交叉的方式,其实就是你习惯性的动作,不需要动脑去想,直接就会做出来。这就好比我们的性格。但是,第二次十指交叉的方式并不是你习惯的,你需要动脑子想一下才能控制双手的动作,同时,双手也不会像刚才那样舒服。这就好比你做了不适合你性格的工作,这样你就需要多付出一些努力。所以我们会期待工作环境是适合我们性格的,这样,我们不需要消耗能量、不需要伪装便可以游刃有余地去完成工作。

4.3 认识独一无二的你

"不识庐山真面目,只缘身在此山中。"这也可以用来形容我们对性格的理解。既然我们自己和别人对我们性格的评价往往千差万别,那么到底是你的看法对,还是别人的看法对？刚才在"穿越"回幼儿园的体验中,你是否看到了性格会发生变化？是心甘情愿地变化还是对外界期许的妥协？你是不是在外界的评判标准下,觉得自己的性格不招人喜欢,觉得自己的性格找不到工作？本节将介绍几种性格探索的方法,帮助你客观地认识自己的性格,认同自己的独一无二,发现自己的性格优势。

✅ 体验

别人眼中的我

写下自己的五个特质,分别找同学、朋友、家人及其他熟悉自己的人,请他们也列出你的五个特质,看看他们对你的认识和你自己的看法有何异同,并和他们讨论这些异同。

> ✓ **思考**
>
> 看看别人眼中的你,是你想成为那样的人还是你本来就是那样的人?

某专业读大二的文文同学一向觉得自己性格内向,属于"慢热"型,比起别的同学来,她在与人相处方面常常显得不够热情,不能很好地和陌生人建立联系,遇事容易慌张,常常思前想后考虑很多,所以她用"慢热""内向""不善表达""优柔寡断""没有毅力"来形容自己。但是她在同学和朋友的反馈表中,看到了"可爱""平易近人""随和""好商量""宽容"等词。文文感到惊讶,原来自己的性格在别人的眼里还有这么多的优点。于是,她和同学们进行了沟通,发现其实自己在接人待物上已经表现出了足够的热情和亲切,而她所认为的不够热情,其实是她害怕自己成为那样的人,并且为了表现出热情,她还是消耗了一定能量的,她的天性可能就是习惯淡淡的相处。

可见,我们对自己性格的否定,更多源于自己的担心,而实际上在外界看来,我们所否定的可能是他们能够理解和接受的。另一方面也可以看到,我们对自己性格的描述并不一定是客观的,而别人的描述,也有可能接近你的人格,也就是你受外界环境影响而包装了的性格。所以在本章中,你一定要利用几种测试方法,找到自己内心最本质的性格,并且也要努力借外力来发掘自身性格的优势。

4.4 性格探索:MBTI 类型指标

4.4.1 解密史上最流行的性格测试——MBTI 测试

从古希腊、古印度的哲学家,远至公元前 450 年的希普克里兹(Hippocrates),到中世纪的帕拉萨尔斯(Paracelsus),他们都注意到所有的人可以归纳为四种:概念主义者、经验主义者、理想主义者和传统主义者。同一种类型的人的性情具有惊人的相似之处。

1921 年,心理学家荣格(Carl Jung),弗洛伊德的正宗门徒,发表了他经典的心理学类型学说。他在书中设计了一套性格差异理论,认为性格差异会决定并限制一个人的判断。他把这种差异分为内向性/外向性、直觉性/感受性和思考型/感觉型。同时,他认为这些差异是与生俱来的,并且在一个人的一生中相对固定。

荣格把感知和判断列为大脑的两大基本功能,前者帮助我们从外部世界获取信息,后者则使我们以特定的方式做出决定。它们在大脑活动中的作用受到个体生活方式和精力来源的限制,从而对人的外部行为和态度产生各不相同的影响。正是在这个意义上,性格被视为一种人与生俱来的天性。

20世纪40年代,美国一对母女伊莎贝尔·迈尔斯(Isabel Myers)和凯瑟琳·布里格斯(Katharine Briggs)在荣格的心理学类型理论的基础上提出了一套个性测验模型,并以她们的名字命名这套理论模型为Myers-Briggs类型指标(Myers-Briggs Type Indicator, MBTI)。

荣格　　凯瑟琳·布里格斯　　伊莎贝尔·迈尔斯

图4-1　与MBTI相关的三位心理学家

MBTI对个性进行判断和分析,是一个理论模型,从纷繁复杂的个性特征中,归纳提炼出四个关键要素——动力、信息收集、决策方式、生活方式——进行分析判断,从而把不同个性的人区别开来。MBTI人格分类模型和理论的意义在于"解释人与人之间的差异现象"以及优化决策,对决策流程"进行理性的干预"。

心理学家大卫·凯尔西(David Keirsey)发现,这些由不同文化背景和不同历史时期的人各自独立研究得出的四种不同性情的划分,对性格的描绘惊人的相似。同时他发现,MBTI性格类型系统中的四种性格倾向组合与古老智慧所归纳的四种性情正好吻合。这四种组合是:

直觉(N)+思维(T)=概念主义者

触觉(S)+知觉(P)=经验主义者

直觉(N)+情感(F)=理想主义者

触觉(S)+判断(J)=传统主义者

4.4.2 职场都在用它——MBTI对职业生涯规划的贡献

它是一把深入、系统地了解人的本我的奇妙钥匙。它揭示了不同类型的人有不同的、本能的、自然的思维、感觉、行为模式。同一种类型的人的本能的、自然的思维、感觉、行为模式又是何其相似，从而使我们明白为什么不同的人对不同的事物感兴趣，为什么不同的人擅长不同的工作，人们有时为什么不能相互理解、有效配合。所以，对于选择学习的专业、进行职业定位和职业规划，MBTI性格类型系统是最好的工具。这个工具已经在世界上运用了几十年的时间，夫妻利用它增进融洽，老师、学生利用它提高授课、学习效率，青年人利用它选择职业，组织利用它改善人际关系，进行团队沟通、组织建设、组织诊断等。在世界500强中，有80%的企业有MBTI的应用经验。

4.4.3 了解它，学会它，利用它——性格的四个维度

第一部分：我们与外界相互作用的程度以及自己的能量被引向何处——我会搭讪吗？（E型还是I型）

外向还是内向，往往是一个人最明显的性格特征，我们似乎一眼就能看出这个人是外向的还是内向的。但是在MBTI测试里，外向与内向是说：你更喜欢将自己的注意力集中于何处？你从何处获得活力？一个我们平常看上去很活泼外向的人，实际上他的性格可能是内向。外向的人的注意力和能量主要指向外部世界的人和事，从与人交往和行动中得到活力。内向的人，注意力和能量集中于自己的内心世界，从对思想、回忆和情感的反思中得到活力。你可以通过下面的小分类活动，来初步探索下你是哪个类型。

外向 E	内向 I
善于表达	通常保留
自由地表达情绪和想法	情绪和想法不轻易流露
听、说、想同时进行	先听，后想，再说
朋友圈大	固定的朋友
主动参与	静静反思
大家	个人
许多	少数
广度	深度

选择E多于选择I的人，更倾向于是外向型（Extravert）。外向型的人往往更关注自己如何影响外部环境：将心理能量和注意力聚集于外部世界和与他人的交往上，如喜欢聚会、评论、聊天。这样的人往往是同学聚会的发起人、召集人和焦点，他（她）有着很多可以和大家分享的话题，时常讲个笑话把聚会的气氛点燃。就像案例中的小郭，他在本科的时候常常会组织班级联谊等活动，在不同的专业和年级中都有大把的熟人。

外向型的一些典型表现：

"在课堂上老师问'Any volunteers'，我总是第一个举手，因为我在认真听课的同时，脑子就在飞速地旋转，预测老师可能会有什么问题提问，所以我总能在老师提问的第一时间举手，不过好多想法都是在我回答问题的时候形成的，还有就是我很乐意和同学们分享自己的观点，与同学们的讨论往往能让我获得更多的启发，更有利于我的知识积累。"

"我们暑期组织了个社会实践活动，都是同一年级的老乡，我不是负责人，但是我主动担当了队秘的职务，因为大家分散在不同的专业，上课遇不到，我就负责业余时间把大家都召集在一起。很喜欢老乡们在一起讨论问题，大部分老乡都是经由我的介绍加入进来的，我是比较喜欢交朋友的。"

选择I多于选择E的人，更倾向于是内向型（Introvert）。内向型的人关注外部环境的变化对自己的影响：将心理能量和注意力聚集于内部世界，注重自己的内心体验。例如，喜欢独立思考、看书，避免成为注意的中心，听的比说的多。还以同学聚会为例，这样的同学在聚会中往往是那个从不单独讲演的人，经常会看到他（她）在角落里，和某个同学在低声谈论着什么，有欢笑也有惊讶，但总是那么波澜不惊。虽说没有得到全桌的焦点，但是一场聚会下来，他（她）似乎也和一半的人有过单独交流，特别是坐在一起的同学，往往会和他们谈论很多专业、社团之类的细致问题。

内向型的一些典型表现：

"我一般不会在课堂上发言，因为我一般要在老师提出问题以后想一阵儿，等觉得想法成熟了，才会想要发表自己的看法，但是这个时候往往已经被一些反应快的同学抢去了发言机会。如果小组讨论的话，我一般也是最后发言的，我总是想要把自己的想法再完善些，如果不是必须发言，我甚至更愿意自己思考。"

"我比较喜欢自己在宿舍里上网,或者去图书馆看书,在图书馆没有人打扰的安静环境里,更能够学进去,往往比参加一场报告会或者讲座要学得多、记得多。如果逛街,我也宁愿自己一个人,或者只和我的一个好朋友一起。其实我的朋友想起来也不是特别的多,但是我们的关系都很好。"

如果上面的两栏选项还不足以让你确定自己的这一维度,请做下面的趣味测试。同样的,通过统计 E 和 I 的数量,来确定你更倾向于哪个维度。

1. 我倾向于从何处得到力量:
(E)别人。
(I)我自己的想法。
2. 当我参加一个同学聚会时,我倾向于:
(E)一旦我开始投入,也许就是最晚离开的那一个。
(I)在夜晚开始的时候,我就疲倦了并且想回家。
3. 下列哪一种听起来比较吸引人?
(E)与我的 BF(男朋友)/GF(女朋友)到有很多人且社交活动频繁的地方。
(I)待在家中与我的 BF/GF 做一些特别的事情,例如说看个电影或美剧,享用我最爱的零食。
4. 在约会中,我通常:
(E)整体来说较健谈。
(I)较安静并保留自己的想法。
5. 过去,我倾向于这样结识我的大部分朋友:
(E)在餐桌上、工作中、社团活动时,或当朋友介绍我给他们的朋友时。
(I)通过私人的方式,例如人人网、校内论坛或是由亲密的朋友和家人介绍。
6. 我倾向于拥有:
(E)很多认识的人和很亲密的朋友。
(I)一些很亲密的朋友和一些认识的人。
7. 过去,我的家人和我的舍友倾向于对我说这些:
(E)你难道不可以安静一点吗?

(I)可以请你从你的世界中出来一下吗?

✅ 体验

上大学以后,每年的寒暑假似乎都是和以前的同学、死党聚会的好时候。如果今年寒假有一个初中毕业五年的同学聚会,从早上9点开始,先是到初中班主任家里拜年、聊天;中午去市里吃自助火锅,大约下午2点结束;之后接着去KTV唱歌,一直唱到晚上8点。由于中午自助大家都吃得很多,晚饭不做统一安排,在KTV用零食解决。晚上8点以后各回各家。

✅ 思考

对于这样的一个同学聚会,你会怎么处理呢?你会从聚会三天前就开始兴奋,在人人网、qq签名、微博上到处写着"期待五年的相逢",还是直到聚会前一天才跟父母说明天有聚会,中午不回家吃饭?

到了聚会这一天,你是呼朋引伴,叫着你的死党们一起打车奔赴班主任家里,还是一个人默默地骑着自行车去了?

一到聚会的地点,你是跟每个人都亲热地打着招呼,还是默默地坐到沙发上,跟身边恰巧坐在一起的同学聊聊大学生活?

经过一天的聚会,你是一直很high,直到结束仍然恋恋不舍,还是吃完午饭就先走一步,回家后昏昏然,扑到床上睡了一觉?

外向型的同学一般就是"party动物",最喜欢人多、欢乐多。往往在人堆里待着,聊天、娱乐都会让他们感到精神愉悦,精力充沛。反之,如果宅在家里一天,只与电视相处,他们可能就昏昏然,没精打采了。而内向型的同学一般是喜静不喜动,比起这样热闹的场景,他们更喜欢独自看书、上网,或者与一两个知己找个安静的地方,谈谈心或者上网聊聊。对他们来说,更大的兴趣来自于独处。如果参与讨论,他们往往是最后发言的那个,在别人发言的时候他们在用心倾听,仔细思索,等他们发言的时候,往往也会说得头头是道。

第二部分:我们自然注意到的信息类型——树仅仅是树吗?(S型还是N型)

这个维度我们关注的是你如何获取信息。比如说,如果你是一个感觉型的人,那么你可能更倾向于用自己的五官来获取信息。喜欢收集实实在在的、确实已出现的信息。对于周围所发生的事件观察入微,特别关注现实。而一个直觉型的人,往往通过想象、无意识等超越感觉的方式来获取信息。喜欢看整个时间的全貌,关注事实之间的关联。想要抓住事件的模式,特别善于看到新的可能性。看看下面的分类活动,或许可以帮你看清自己的维度。

感觉 S		直觉 N
明确、可测量	⊕	可发明、改革
细节、细致	⊕	风格、方向
现实、现在	⊕	革新、将来
看到、听到、闻到	⊕	第六感
连续的	⊕	任意的
重复	⊕	变化
享受现在	⊕	预测将来
基于事实、经验	⊕	基于想象、灵感

选择 S 多于 N 的同学,更倾向于是感觉型(Sensing)。感觉型的人关注由感觉器官获取的具体信息:看到的、听到的、闻到的、尝到的、触摸到的事物。例如,关注细节,喜欢描述,喜欢使用和琢磨已知的技能。如果班级组织去爬山春游,感觉型的同学会在一路上不断发现惊喜:石头缝里的小草,路边的一朵野花,嬉戏的小鱼,拂面的微风。一趟春游,是他(她)整个身体都在享受的过程。如果是在学习驾照的过程中,感觉型的同学会对教练所教授的各个考试点记得很认真,一定会把细节抠得很细,希望在每个项目上都有比较长的时间练习,以保证确实掌握了这项技能。

感觉型的一些典型表现:

"别人向我问路的时候,我常常压力很大,因为我总想把路线说得很详细。可是往往问路的人会说:'哦,好吧,谢谢,我到第一个拐弯的地方再问问别人吧。'大概是我描述得太详细了,可是我说的确实是我脑子里的路线。"

"讨论工作的时候,我总是能够关注到问题的细节,可是也会有只追求细节而忽略了全局的时候;如果要提出一个解决方案,我更倾向于向已经有过相关经验的人去请教,不太相信凭空想象出来的方案。"

选择 N 多于 S 的同学，更倾向于是直觉型（Intuition）。直觉型的人关注事物的整体和发展变化趋势：灵感、预测、暗示，重视推理。例如，重视想象力和独创力，喜欢学习新技能，但容易厌倦，喜欢使用比喻，跳跃性地展现事实。同样是去爬山，一名直觉型的同学会看到山上绿化不错，池水是来自山下的自来水管，这个时间来爬山游客比较多，或许再过几天会是个比较不错的选择。如果在学习驾照，直觉型的同学一定是那个急于让教练展示全部考试项目的人，对于教练教给的考试点，直觉型的同学更希望知道为什么要这么做。

直觉型的一些典型表现：

"曾经有个师妹说，对我的第一印象很差，因为在她刚入学的时候向我打听餐厅怎么走，而我对她说向左，向左，十分钟就到了。她说，对于一个新生来说，我的这段指路的话实在让她觉得很迷茫。可是我直到现在仍然这样给别人指路，我觉得挺清晰的啊。"

"有一次我们要布置一个会场，当同事在讨论桌椅选择什么颜色的时候，我已经在关心那个会场是否能够容纳下这么多的桌椅。当我的同事在讨论嘉宾几点入场的时候，我已经在考虑如果当天听众来得太多，会场拥挤怎么办。当我的同事在考虑说还是请教下别人吧，我在想要办出自己的特色和展现创新点来。"

如果上面的两栏选项还不足以让你确定自己的这一维度，请做下面的趣味测试。同样的，通过统计 N 和 S 的数量，来确定你更倾向于哪个维度。

1. 我倾向通过以下方式收集信息：
（N）我对有可能发生之事的想象和期望。
（S）我对目前状况的实际认知。

2. 我倾向相信：
（N）我的直觉，我的第六感。
（S）我直接的观察和现成的经验。

3. 当置身于一段关系中时，我倾向于相信：
（N）永远有进步的空间。
（S）若它没有被破坏，别修补它。

4.当我对一个约会觉得放心时,我倾向于谈论:

(N)未来,关于改进或发明事物,以及生活的种种可能性。例如说,我也许会谈论一个新的科学发明,或用一个更好的方法来表达我的感受。

(S)实际的、具体的、关于"此时此地"的事物。例如说,我也许会谈论洗衣服的好方法,或我即将要参加的科研助理工作。

5.我是这种型的人:

(N)喜欢先看整个大局面。

(S)喜欢先掌握细节。

6.我是这种型的人:

(N)与其活在现实中,我选择活在我的想象里。

(S)与其活在我的想象里,我选择活在现实中。

7.我通常:

(N)偏向于去想象一大堆关于将来的事情。

(S)偏向于拘谨地想象下一分钟就要发生的约会,只期待让它自然地发生。

● 体验

看图说话。

请同学们观察下面的图片3~5秒钟。

图 4-2

● 思考

请描述一下你在图里都看到了些什么并写在纸上。

和你的同学一起来做这个游戏,认真倾听每个同学的描述,根据每个人的描述,来判断哪些同学可能是感觉型的,哪些同学可能是直觉型的。感觉和直觉是我们获取信息的两种方式。感觉型的人更倾向于关注细节,通过五官来获取信息;而直觉型的人则习惯于看到事物的整体,更关注事情的含义、象征意义和潜在意义。

在这个看图说话的游戏中,对第一幅图的典型描述有:

A:"看到了美人鱼、大海、海鸥、悬崖。大海的远处与天空融为一体。"

B:"海鸥组成了英文单词'love',这幅图是用来赞扬爱情的,图画很美,美人鱼和海鸥,还有天空和大海组成了一派和谐、美好的景象。"

A:"果然有'love'啊,你不说,我还真没看到。"

对第二幅图的典型描述有:

A:"好茂盛的一棵树,下面还有个墓碑。"

B:"这不会是拿破仑的墓吧?那两棵树之间的空隙,像极了拿破仑。这是个风水宝地啊,依山傍水。"

A:"连两棵树的缝隙你都能看出个花儿来……"

这两幅图都有着比较吸引人的细节部分,同时如果你是一个愿意从全局来把握事物的人,或许你就不会被细节吸引,而是远远观望,看到这幅画里埋伏着的一些信息。

第三部分:我们做决定和得出结论的方法是以情动人,还是以理服人?(T型还是F型)

这个维度我们将关心你处理信息的方式,即你是如何做决定的。通常思考型的人通过分析某一行动或选择的逻辑后果来做出决定,会将自己从情景中分离出来,对事件的正反两方面进行客观地分析。从分析和确认事件中的错误并解决问题中获得活力。目标是要找到一个能应用于所有相似情景的标准或原则。而情感型的人喜欢考虑对自己和他人来说什么是重要的,会在头脑中将自己放在情景所牵涉的所有人的位置上并试图理解别人的感受,然后在此基础上根据自己的价值判断做出决定。从对他人表示赞赏和支持中获得活力。目标是创造和谐的氛围,把每一个人都当作一个独特的个体来对待。通过下面两栏分类选择,来看看你更倾向于哪个型。

思考 T		情感 F
客观、公正	⊕	主观、仁慈
批评、不感情用事	⊕	赏识、也喜欢被表扬
头脑清晰	⊕	协调
基于分析的原则	⊕	基于体验的原则
规范	⊕	价值、人情
理智、冷酷地关注事情和联系	⊕	善良、善解人意、关注人和关系
情有可原,法不容恕	⊕	法不容恕、情有可原

选择 T 多于 F 的人,更倾向于思考型(Thinking)。思考型的人重视事物之间的逻辑关系,喜欢通过客观分析做决定评价,例如,理智、客观、公正。当要投票选出优秀毕业生的时候,思考型的同学一定会把票投给那个最符合评审标准的人。

思考型的一些典型表现:

"我可能在有的时候表现得不是很近人情,好几个朋友都这样跟我说过。我自己也能认识到,但是我始终觉得在规则面前,人情是要退后的。如果每每遇到问题,都要让规则在人情面前低头,那么这个社会的秩序可能就乱了。当然我心里也是觉得人情上过不去,但是总会有办法来弥补的,规则是不能轻易改变和违背的。"

"在我的大学生活里,经历过好几次大事,因为我的头脑清晰和理性,被团总支的老师委以重任,来帮助引导同学们向正确的方向前进,避免事态的扩大。而我的同学由于平时信任我的理性分析,也往往都愿意听取我的建议。我觉得自己在关键时候还是能够保持冷静、不被感情冲昏头脑的。"

选择 F 多于 T 的人,更倾向于情感型(Feeling)。情感型的人以自己和他人的感受为重,将价值观作为判定标准。例如,对行为对他人情感的影响敏感,认为圆滑和坦率同样重要。在选优秀毕业生的时候,情感型的同学可能会站出来说,把票投给那些需要找工作的同学吧,考研了的同学最好能够放弃,因为优秀毕业生似乎对读研没有什么作用。

情感型的一些典型表现:

"我是一个耳朵根子很软的人,那首《心太软》就是唱给我的。往往在遇到问题的时候,我总是先想到当事人心里会是什么感受,这种换位思考常常让我难以做出判断和决定,那种原则和人情不能兼顾的情况实在让人太纠结了。如果在原则允许的范围内,我总是尽最大可能地从人的角度出发。这也让我在调节同学矛盾、协调集体冲突的时候比较有优势,因为我的感同身受可以更好地获取他们的信任。"

"我很喜欢别人表扬我,也特别喜欢赞美别人。因为我觉得小小的脱离事实的赞美和表扬可以让人心情愉悦,自信大增,从而更好地激发人们的动力。如果不及时给予别人肯定,那我会觉得亏待别人了。即使这是他分内的事,我觉得也应该受到鼓励和赞扬。"

如果上面的两栏选项还不足以让你确定自己的这一维度,请做下面的趣味测试。同样的,通过统计 F 和 T 的数量,来确定你更倾向于哪个维度。

1. 我倾向于如此做决定:
(F)首先根据我的心意,然后依据我的逻辑。
(T)首先根据我的逻辑,然后依从我的心意。

2. 我倾向于比较能够察觉到:
(F)当人们需要情感上的支持时。
(T)当人们不合逻辑时。

3. 当和某人分手时:
(F)我的情绪会深陷其中,很难抽身而出。
(T)虽然我觉得受伤,但一旦下定决心,我会直截了当地将过去恋人的影子甩开。

4. 当与一个人交往时,我倾向于评量:
(F)情感上的兼容性:表达友谊和对另一半的需求很敏感。
(T)智能上的兼容性:沟通重要的想法,客观地讨论和辩论事情。

5. 当我不同意舍友的想法时:
(F)我尽可能地避免伤害对方的感受;若是会对对方造成伤害的话,我就不会说。
(T)我通常会毫无保留地说话,并且对我的舍友直言直语,因为对的就是对的。

6. 认识我的人倾向于形容我为:
(F)热情和敏感。

（T）逻辑和明确。

7. 我把大部分和别人的相遇视为：

（F）友善及重要的。

（T）另有目的。

✓ 体验

你该如何决策

某高校规定，考试作弊者，一经发现立即给予开除学籍处分。有一名同学在大四上学期的一次选修课考试中作弊。这位同学已经签了一份很好的工作，家里经济还比较困难，他的工作可以帮家里减轻经济负担。

✓ 思考

如果你是这所高校主管学生工作的老师，你会怎么办？为什么？

A："太恶劣了。都大四了，难道还不知道考试不应该作弊吗？怎么老是抱着侥幸心理呢？虽说已经签约了，但是没办法，只能这样按照规定给予处理了。要不然这件事让他侥幸逃脱了，以后遇到大是大非问题的时候，是不是还会这样侥幸呢？家庭上的经济困难，我来协调下院系和学校两方面，看看能否帮忙解决下。也让辅导员注意观察他的心理状况，虽说按规定对他进行了处理，毕竟还是挺遗憾的，尽量从别的方面安抚下吧。如果对此网开一面的话，那么后面的工作就不好管理了，对以前被处分过的同学也明显不公平了。"

B："唉，太让人心痛了。怎么能在大四的时候犯这样的错误呢？简直要功亏一篑了。如果真的给开除了，那么他的工作就没了。还是算了，给予批评教育吧，毕竟是大四了，家里这么困难，能找到这么好的工作也实属不易。让他自己也写下承诺书，好好记住这个教训。相信经过这样一次'历险'，他也能够长记性，在以后的日子里遵守规矩。"

从两个不同的解决思路来看，这两位负责人的态度差别还是比较明显的。如果是你，你会怎么做？

思考型的老师，对原则的把握，对公平公正的坚持是会贯彻在他工作的方方面面的，虽然他心里也会有这样那样的不忍，但是最终促使他做出决定的，依然是原则。而情感型的老师，遇到问题的时候第一反应是当事人的感受，他会考虑作弊学生的家庭情况、心理感受、就业问题等，他深深地以为这样的一个处分会影响到这个学生的一生，所以从长远来看，他更倾向于在原则下的变通。给年轻人一个机会，或许不是纵容而是拯救。

第四部分：我们喜欢以一种既定的方式生活（或做决定），还是以一种更自然的方式生活（或获取信息）？——"为什么束缚我？"（J型还是P型）

这个维度主要关注你的行动方式，你是如何与外部世界打交道的。如果你是个判断型的人，你更喜欢将事情管理得井井有条，过一种有计划的、井然有序的生活，喜欢做出决定，完成后继续下面的工作。照计划和按日程安排办事对他们来说很重要。而知觉型的人，喜欢以一种灵活自发的方式生活，更愿意去体验和理解生活而不是去控制它。详细的计划或最后的决定会使他们感到被束缚。愿意对新的信息和选择保持开放，直到最后一分钟。足智多谋，善于调节自己适应当前场合的需要，并从中获得能量。通过下面的分类游戏，看看你属于哪一型吧。

判断 J		知觉 P
按部就班	⊕	随遇而安
随时控制	⊕	不断体验
明确规则和结构	⊕	确定基本方向
有计划、有条理	⊕	灵活的、即兴的
快速判断、决定	⊕	喜欢开放、获取
确定	⊕	好奇
最终期限	⊕	新的发现
避免"燃眉之急"的压力	⊕	从最后关头压力中得到动力

选择J多于P的人，更倾向于判断型（Judging）。判断型的人喜欢做计划和决定，愿意进行管理和控制，希望生活井然有序。例如，重视结果（重点在于完成任务），按部就班，有条理，尊重时间期限，喜欢做决定。如果一个班里有这样一位班长或团支书，那么你们班在这个学期里会有什么样的大活动，可能在学期初的班会上就会被提出来讨论。如果新年聚餐的地方有了不同的意见，他（她）可能会当机立断地指定一个方案并说服大家。

判断型的一些典型表现：

"我很喜欢接受任务，我在学生会任实践部部长。每年冬天我就已经在为来年春天的运动会赞助做计划了。我会列一个详细的任务表，包括完成的时间进度,然后在我们部内分配好。定期开会,讨论进度以及可能出现的问题。对于办事拖拉的干事,我觉得有些不能容忍,但是会婉转地跟其强调按时完成任务的重要性。我在自己的个人生活中也差不多,喜欢提前计划,让我感到事情都在自己的掌握中。我好像是男生宿舍里的收纳高手,不太能够忍受东西乱摆乱放。"

"我喜欢学习和生活都能够有条不紊。我曾经做过一份兼职,指导我的那位前辈每天忙于各项工作,疲于应付。观察了一段时间以后,我发现他可能不喜欢管理任务。我就根据自己的观察和思考,帮他做了一个工作计划表,标明了任务、紧迫性和完成时间,这样我和他一起把任务做了分门别类的处理,工作效率明显提高。这个经历也让我对自己的这个优点特别骄傲。可是有的时候我也会过于专注于按时完成而错过一些突发的事情。"

选择 P 多于 J 的人,更倾向于知觉型(Perceiving)。知觉型的人较灵活,试图去理解、适应环境,倾向于留有余地,任事情自由发展。例如,重视过程,随时调整目标。这样的一位班长或者支书,通常会在某个节假日来临前的一两周才提议一项班级活动,往往会根据学院或者学校的大动作来随时调整。如果聚会的地方发生分歧,他(她)会说:"那么我们投票决定吧,少数服从多数就好。"

知觉型的一些典型表现:

"我是在最后一刻才能把作业交上的那种,从小到大都是。我是很典型的那种不愿意做计划的人,其实我更倾向于多项工作同时开展,因为我的状态是随时变化的嘛,可能此时我的状态适合任务 A,下个时段我就适合任务 B 了,所以我觉得要随时保证自己有一个弹性,这样效率高,还能应付突发的事情。不过有时这种开放性会让我在时间截点快要到来的时候感到焦虑,我可能就会集中精力开始做马上要交上的事情。我的小组长不是特别喜欢我这样的成员,因为我似乎从来没有提前完成过任务。可是我的舍友很喜欢,因为我随时都能够抽身去给他们帮忙。"

"我好像比较容易随遇而安,对计划的打乱没有什么特别的反感和不适,甚至有的时候我在做一项工作的同时,会很期待有别的事情插进来。我常常会在上自习的时候被校园里的促销活动吸引。我有一次被邀请去做经验分享,没有提前准备发言稿而是临场发挥,因为我觉得会场会给我很多灵感。"

如果上面的两栏选项还不足以让你确定自己的这一维度,请做下面的趣味测试。同样的,通过统计 J 和 P 的数量,来确定你更倾向于哪个维度。

1. 若我有时间和金钱,我的朋友邀请我到国外度假,并且在一天前才通知,我会:

(J)必须先检查我的时间表。

(P)立即收拾行装。

2. 在第一次约会中,我:

(J)若我所约的人来迟了,我会很不高兴。

(P)一点都不在乎,因为我自己也常常迟到。

3. 我偏好:

(J)事先知道约会的行程:要去哪里、有谁参加、我会在那里多久、该如何打扮。

(P)让约会自然地发生,不做先前太多的计划。

✓ 体验

如果现在是周六上午,你在本周日上午要参加TOEFL考试,你为了这次考试付出了很多的时间和财力。你仍然感觉到有些东西还没准备好,你还想守在网上,看看最新的考试经验。但是,你突然接到电话说一个好朋友从国外回来了,你们已经两年没见面了,他这次来也仅仅有三天的访问时间,明天就要返回国外了。他邀请你今天晚上到市中心去聚会。

✓ 思考

这个时候,你会去吗?为什么?

和你的同学交流下答案,看看别人是如何想的,从他们的回答中,判断下列哪些同学是判断型的,哪些可能是知觉型的。

A:"肯定去啊,好久没见的死党,想死他了,这回要是不去见,下次又得两年以后了。再说,人家好容易回趟国,不去见一面,多说不过去。明天的考试就看人品了,晚上这一会儿工夫也看不了多少的。明天早点起来看看最新的考试经验好了。"

B:"天啊,怎么这时候来了啊。把我的计划全打乱了。如果去聚会的话,半天的时间就搭进去了。还是别去了,这考试实在太重要了,不能让昂贵的报名费和培训费打水漂啊。以后还会有机会呢,现在科技这么发达,网上视频聊天一样的。"

A:"这半天还能决定明天考试的成败啦?未必吧……去了正好和他练练

口语,还有助于考试呢。再说,万一从国外给我带小礼物了呢,哈哈……"

显然,A是知觉型人,他没有特别不可更改的计划,对于突发事件总能有种随遇而安的淡定,因为他可能在做计划的时候已经留有了一定的弹性,所以对空降的任务很能泰然处之,也许聚会用掉的半天时间会促进他们在有限的时间里更高效地复习呢。而B是比较典型的判断型的人的回答,他不太喜欢这类"空降兵",发生这样事情的时候往往会想怎么不提前说一声,起码给我一周的时间来做好计划和准备嘛。对时间的失控是他们接受不了的,所以他们更倾向于坚持执行自己原定的计划,向着自己既定的目标努力。至于不能临时处理的事情,他们也会想到很多事后弥补的办法,并且有力地说服自己和对方。

4.5 性格决定你的高度

通过上面的测试,你应该已经粗略地获得了四个维度的代码,这就组成了你的MBTI性格编码。推荐你的舍友也一起做,你会发现一个宿舍里有相同性格编码的情况比较少,即使一致了,也可能在选择依据上有所不同。这就是本章前面提到的,性格使我们每个人都独一无二。

你的性格类型对你的职业适应性有什么样的参考价值呢?你可以从下表中找到答案。

表4-1 MBTI性格类型及适合职业列表

MBTI 性格编码	适合职业
ISTJ 型 严肃,少言,精力集中和有始有终。注重实践,有秩序,实事求是,有逻辑,现实,值得信赖。设法组织好每样事情。负责任,他们自己决定该做什么便坚定不移地去完成,并不愿他人进行反对和干扰。以做事有次序、有条理为乐——不论在工作、家庭或者生活上。重视传统和忠诚。	·首席信息系统执行官 ·天文学家 ·数据库管理 ·会计 ·房地产经纪人 ·侦探 ·行政管理 ·信用分析师 或者其他能够让他们可以利用自己的经验和对细节的注意完成任务的职业

续表

MBTI 性格编码	适合职业
ISFJ 型 少言，友善，负责任又认真。尽心地工作以尽职责。可以使任何项目和群体更加稳定。周到，刻苦，准确。他们的兴趣通常不是技术性的。能对必要的细节有耐心，忠贞，体谅人，有洞察力，关心别人的想法，往往能记着自己所重视的人的种种微笑事情，努力创造一个有秩序、和谐的工作和家居环境	· 内科医生 · 营养师 · 图书/档案管理员 · 室内装潢设计师 · 客户服务专员 · 记账员 · 特殊教育教师 · 酒店管理 或者其他能够让他们运用自己的经验亲力亲为帮助别人的职业，这种帮助是协助或辅助性的
INFJ 型 依靠坚韧不拔取得成功，富创造力，希望做需要做和想要做的事情。全力投入自己的工作。坚强，责任心强，关心他人。希望了解什么可以激发人们的推动力，对别人有洞察力。因其坚定的原则而受尊重。由于他们在如何最好地为公共利益服务等方面的明晰的洞察力，别人可能会尊重和追随他们	· 特殊教育教师 · 建筑设计师 · 培训经理/培训师 · 职业策划咨询顾问 · 心理咨询师 · 网站编辑 · 作家 · 仲裁人 或者其他能够促进他们情感、智力或精神发展的职业
INTJ 型 具有创造性的思想并大力推动他们自己的主意和目标。目光远大、对外部事件能迅速找到有意义的模式。在吸引他们的领域，他们有很好的能力去组织工作并将其进行到底。不轻信、具批判性和独立性、有决心，对能力和行动有高的标准。一旦做出承诺，就会有条理地开展工作，直到完成为止	· 首席财政执行官 · 知识产权律师 · 设计工程师 · 精神分析师 · 心脏病专家 · 媒体策划 · 网络管理员 · 建筑师 或者其他能够让他们运用智力、创造力和技术知识去构思、分析和完成任务的职业

续表

MBTI性格编码	适合职业
ISTP型 冷静的旁观者。少言,自制,以独有的好奇心和出人意料的有创意的幽默观察和分析生活。当有问题出现时,能够迅速行动,找出可行的解决办法。往往对起因和结果感兴趣,也对机械的事物怎么或为什么奏效及用逻辑原理组织事实倾注兴趣。擅长抓住实际问题的核心并寻求解决办法。能够以理性的原则把事实组织起来,重视效率	·信息服务业经理 ·计算机程序员 ·警官 ·软件开发员 ·律师助理 ·消防员 ·私人侦探 ·药剂师 或者其他能够让他们动手操作、分析数据或事情的职业
ISFP型 羞怯、不事声张的友善、敏感、仁慈、和谐、谦虚看待自己的能力。回避争论,不将自己的观点和价值观强加于人。一般说,无意于做领导工作,但常常是忠实的追随者,因为他们享受眼前的乐趣,所以事情做完后经常松懈而不愿让过度的紧迫和费事来破坏这种享受。做事喜欢有自己的空间,又有把握自己的时间。不喜欢争论和冲突,不会强迫别人接受自己的意见或价值观	·室内装潢设计师 ·按摩师 ·客户服务专员 ·服装设计师 ·厨师 ·护士 ·牙医 ·旅游管理者 或者其他能够让他们运用友善、关注于细节的相关服务的职业
INFP型 沉稳的观察者、理想主义者、忠实,看重外在的生活和内在的价值的一致。有求知欲,有好奇心,能迅速发出各种可能性,很快看到事情的可能与否,常常起到促进实行一些主张的作用。只要某种价值观不受到威胁,他们都善于应变、灵活地接受。愿意谅解别人和了解充分发挥人的潜力的方法。对财富和周围的事物不太关心	·心理学家 ·人力资源管理 ·翻译 ·大学教师(人文学科) ·社会工作者 ·图书管理员 ·服装设计师 ·编辑/网站设计师 或者其他能够让他们运用创造力和集中价值观的职业

续表

MBTI 性格编码	适合职业
INTP 型 沉默寡言,易满足,有弹性,适应力强。特别喜欢理论或科学方面的追求。对任何感兴趣的失误,都要探索一个合理的解释。喜爱用逻辑和分析解决问题。有怀疑精神,有事喜欢批评,常常善于分析。主要兴趣在于出主意,不大喜欢聚会和闲聊天。倾向于有明确范围的爱好。谋求他们的某些特别的爱好能得到运用和有用的那些职业	・软件设计师 ・风险投资家 ・法律仲裁人 ・金融分析师 ・大学教师(经济学) ・音乐家 ・知识产权律师 ・网站设计师 或者其他能够让他们基于自己的专业技术知识来独立、客观分析问题的职业
ESTP 型 擅长于现场解决问题。喜欢行动,对任何的进展都感到高兴。往往喜好机械的东西和运动,并愿意朋友在旁边。善应变、容忍、重实效,集中精力于取得成果,专注于"此时此地",喜欢主动与别人交往,喜欢物质享受的生活方式。不喜多加解释。最喜好能干好、能掌握、能分析的交际事务。能够通过实践达到最佳的学习效果	・企业家 ・股票经纪人 ・保险经纪人 ・土木工程师 ・旅游管理者 ・职业运动员/教练 ・电子游戏开发员 ・房产开发商 或者其他能够让他们利用行动关注必要细节的职业
ESFP 型 外向,开朗,随和,友善,喜欢一切并使事物由于他们的喜好而让别人感到更有兴趣。热爱生命,热爱人,热爱物质享受。容易接受新朋友和适应新环境。喜欢行动并力促事情发生。他们了解正在发生的事情并积极参与,能够使工作富有趣味性。认为记住事实比掌握理论更为容易。在需要丰富的知识和实际能力的情况下表现最佳。与别人一起学习新技能可以达到最佳的学习效果	・幼儿教师 ・公关专员 ・职业策划咨询师 ・旅游管理者/导游 ・促销员 ・演员 ・海洋生物学家 ・销售 或者其他能够让他们利用外向的天性和热情去帮助那些有实际需要的人们的职业

续表

MBTI 性格编码	适合职业
ENFP 型 极为热心,极富朝气,机敏,富于想象力。几乎能够做他们感兴趣的任何事情。对任何困难都能迅速给出解决办法,有信心按照他们所看到的模式去做,并随时准备去帮助任何一个遇到难题的人。常常依靠他们自己的能力去即席成事,而不是事先准备。经常能对他们想做的任何事情找到令人信服的理由	·广告客户管理者 ·管理咨询顾问 ·演员 ·平面设计师 ·艺术指导 ·公司团队培训师 ·心理学家 ·人力资源管理者 或者其他能够让他们利用创造和交流去帮助、促进他人成长的职业
ENTP 型 敏捷,发明天才,擅长许多事情。有鼓励性的伙伴,机警,直言。可能出于逗趣而争论问题的任何一个方面。在解决新的、挑战性的问题方面富有机智,但可能忽视日常工作。易把兴趣从一点转移到另一点。能够轻而易举地为他们的要求找到合乎逻辑的理由。对日常例行事务感到厌倦。甚少以相同方法处理同样事情,能够灵活地处理接二连三的新事物	·企业家 ·投资银行家 ·广告创意总监 ·市场管理咨询顾问 ·文案 ·广播/电视主持人 ·演员 ·大学校长 或者其他能够让他们有机会不断承担新挑战的工作
ESTJ 型 讲实际,重现实,重事实。由于有天生的商业或机械学头脑,所以对抽象理论不感兴趣,希望学习以便可以直接应用和立即应用。通常能做优秀的领导人,喜欢组织和参与活动,果断,迅速行动起来执行决定,考虑日常事务的各种细节。有一套清晰的逻辑标准,会系统地跟着去做,也想别人跟着去做。会以强硬态度执行计划	·公司首席执行官 ·军官 ·预算分析师 ·药剂师 ·房地产经纪人 ·保险经纪人 ·教师(贸易/工商类) ·物业管理者 或者其他能够让他们运用对事实的逻辑和组织完成任务的职业

续表

MBTI 性格编码	适合职业
ESFJ 型 热心,健谈,受欢迎,有爱心,有责任心的天生的合作者,积极的委员会成员。喜欢与别人共事,能准确地、准时地完成工作。忠诚,即使在细微的事情上也如此。要求和谐并可能擅长于创造和谐。经常为别人做好事。能得到鼓励和赞扬时工作最出色。主要的兴趣在于那些对人们的生活有直接和明显影响的事情	·房地产经纪人 ·零售商 ·护士 ·理货员/采购 ·按摩师 ·运动教练 ·饮食业管理者 ·旅游管理者 或者其他能够让他们运用个人关怀为他人提供服务的职业
ENFJ 型 敏感,万年青,有同情心,反应敏捷,负责任。真正地关心他人的所想所愿。处理事情时尽量适当考虑别人的感情。能提出建议或轻松而机智地领导小组讨论。喜社交,受欢迎,有同情心。对表扬和批评敏感。喜欢给人以方便并使人们发挥其潜力	·广告客户管理者 ·杂志编辑 ·公司培训师 ·电视制片人 ·市场专员 ·作家 ·社会工作者 ·人力资源管理者 或者其他能够让他们帮助别人在情感、智力和精神上成长的职业
ENTJ 型 直率,果断,各种活动的领导者。发展并完成完整的体系去解决机构的问题。很容易看到不合逻辑和缺乏效率的程序和政策,从而开展和实施一个能够顾及全面的制度去解决一些组织上的问题。擅长需要论据和机智谈吐的任何事情,如公开演讲之类。往往很有学识并喜好不断学习知识,又能把知识传给别人。能够有力地提出自己的主张	·公司首席执行官 ·管理咨询顾问 ·政治家 ·房产开发商 ·教育咨询顾问 ·投资顾问 或者其他能够让他们运用实际分析、战略计划和组织完成任务的职业

❂ 体验

根据以上几个分类游戏和趣味测试,初步探索你的性格编码。然后在下面写下自己的 MBTI 类型:

我的 MBTI 编码

能量倾向：_____

接受信息：_____

处理信息：_____

行动方式：_____

◆ **思考**

通过表 4-1，看看你的性格编码是否与你相符？推荐的适合职业是否有你了解的并且是你认为自己适合的？

在运用 MBTI 编码对性格进行解读的时候，我们应该注意到：

（1）人和人的性格往往是千差万别的，尽管我们的编码有可能相同，但是我们的倾向程度还是不一样的，有的维度我们倾向明显，有的维度我们倾向不明显，这正是性格的魅力所在，是性格让我们成为独一无二的人。

（2）性格编码的分析中，大部分看到的都是优点，也就是我们平常说的"报喜不报忧"。这是为了帮助大家确立性格没有好坏之分的观念。每一种性格都有其独特的优势，这些优势可能是我们自己意识不到的，但是都是我们的潜在实力。通过性格编码的分析，你应该充分认识到自己性格的长处，并在日常生活中注意发掘和发扬，同时也要注意避短。

（3）通过性格编码，我们还可以了解到别人的性格特点，从而理解身边的同学或朋友为什么总有和我们不合拍的时候。比如他为什么那么能折腾，她为什么那么不爱发表意见，他为什么总要把任务留到最后，她为什么非得在执行前列个计划，他为什么临场发挥的本领那么强，她为什么那么善解人意。

（4）性格编码的分析并不是绝对正确的，是建立在普遍调查研究的基础上的。评价性格的标准也不止一个。这个性格编码的解释是否符合你的实际情况，最终还是由你自己说了算。所以不要以此为标准来给自己贴标签。因为性格的探索是为了让我们更好地了解自己，理解自己接人待物的特点，根据自己的性格特点来选择如何更好地工作，而不是给我们自己找到一个逃避问题的借口。

（5）推荐的职业群只是一小部分，你所适合的职业是需要你结合职业群的共同特点不断探索的。但是也要记住，世界上鲜有一份工作能够完全适合你的性格同时又能满足你对职业的其他诉求,要学会辩证地来看职业的选择。

✅ 案例——MBTI测试解读1

苏点点的困惑——到底要不要转专业?

苏点点现在大三,英语专业。在高中时她的各科成绩都比较均衡,但心里一直倾向于在大学时读个理科专业,在报高考志愿的时候犹豫了,怕理科的女生将来就业难,最后报了一个理工大学的英语专业。入学以后发现可以通过自主选课来决定最终专业,可由于对理科的就业依然迷茫,所以也就耽误了转专业。

现在她觉得自己专业本科就业也不是特别理想,就想继续读研深造,但是跨专业考研对她来说压力很大,很害怕失败。综合考虑后,想选择英语口译方向,因为她对英语语言学和词汇学不感兴趣,只想考口译。

她的MBTI编码是"INTJ"(内向　直觉　思考　判断)。原来的性格还是比较外向的,不知道为什么上了大学以后就变得内向了,不是特别愿意和别人分享自己的想法,她觉得这样很不好,不知道选择继续深造口译是否合适。

✅ 案例分析——MBTI测试解读1

苏点点同学对自己的未来比较纠结,从她的叙述中可以看到她一直对理科恋恋不舍,从她的性格编码来看,这一类型的职业群里大都偏向于理工类。但是这只是一个参考,最终的职业选择还是要根据自己的实际情况来综合考虑。

对于内向这一维度,点点说她本来还是很外向的,但是现在越来越不愿意与人交流。这可能是受到外界环境的影响。小的时候无忧无虑,压力也小,性格显得外向。也许是大学生活中没有特别让她兴奋和激动的事件发生,也许是她受到周围人对其期许的影响变得越来越安静。

但是内向这一维度并不说明了一个人是否乐于交流与表达,一个人的语言表达能力和与人际交往能力并不取决于性格的内向还是外向,这一维度更多的是表明你是一个更关注内在而非外在的人。

点点获得知识和精力的来源更倾向于自己,例如,比起参与课堂活动,她更倾向于自己读书来获得知识。而其他三个维度的编码,NTJ表明她可能对研究具体细致的项目是非常深入的。从英语口译这个专业来看,更多的工作机会或许是在与人接触中,或许是在公开的大会上,这些场合对苏点点来说可能需要消耗能量来适应,并不是那么得心应手。

如果苏点点同学愿意在这方面锻炼自己的话,那也许在研究生期间可以通过积极参与实践来获得提升。但英语口译专业,也有科研方向,在锻炼自己的翻译技能和技术内容深入上,苏点点的性格都是很有优势的。或许将来从事英语口译方面的教育、培训工作对苏点点来说是一个不错的选择。

✅ 案例——MBTI 测试解读 2

林博士的舍与得——博士毕业不做科研可惜吗?

林博士就读于国内一家"985"高校,今年面临毕业,在应聘的过程中,林博士发现自己的就业前景不太乐观。

首先,她的专业目前对口的工作机会很少,集中在科研单位及其附属机构。其次,根据她与老师们的交流,发现现在科研机构里女性的工作压力比较大,没有明显的优势。

是坚持专业对口的工作还是舍弃十年的专业背景去做别的工作的选择,林博士很痛苦。身边的人都跟她说,这么多年的专业放弃了很可惜,倘若找个不限专业的工作,恐怕就失去了专业背景的优势。

最近她投出去的简历中,仅有三家著名的房地产公司给她发出了面试的邀请,而那些专业对口的单位都没有回复。林博士读博期间科研工作做得不错,文章发了不少,但就是没有这样的工作机会。

在纠结中,林博士想到了性格测试,她想通过测试来帮自己下定职业选择的决心。通过测试,她的性格编码是 ESFP,林博士认为这个测试还是很符合自己的性格特点的。

她说:"我觉得自己的性格的确是比较在意细节,对事物背后的联系不是特别的敏感,比较缺乏全局观。我是个典型的外向型的人,原来在实验室做一天试验,不和别人说话,一天结束后我就会感到很疲惫,但是如果每天能够有哪怕一小时的时间和同学交流交流,我会觉得这一天都很开心和轻松。我觉得我的博士学业能够按时完成,主要是我做事比较有条理,喜欢制订计划并按时去完成,同时又留有足够的弹性时间,以应对突发事件。看了我的性格测试后,我觉得自己可能更适合做行政助理、秘书之类的工作。科研这条路,如果继续走下去,我想我整个人都会枯竭的。"

✓ 案例分析——MBTI 测试解读 2

林博士对自己的性格特点比较明确,也很客观,对自己性格的优劣势也很了解。可以看出,她在做职业选择时,更倾向于做一个快乐的工作者,即性格和职业相匹配。

好多硕士和博士在择业时都会有这样的舍与得的痛苦,衡量是否应该放弃自己学了这么多年的专业。性格测试可以在这个抉择中提供一定的参考价值。正如本章开头所述,做与行为习惯不符的工作,可能会消耗更多的能量,但是职业选择时其实也有很多个人价值观的决定因素在里面。或许最终的职业选择,还是会取决于你更看重职业带给你哪些收获。

对于林博士,我们建议她可以在科研单位找一下是否有行政岗位招聘的需求,在科研单位做科研项目的管理,或许可以兼顾她的专业与性格特点。

性格探索的其他方法

问卷法,也叫量表法,这是一种常用的评定性格的方法。它的特点是向被试者提出一系列标准化的问题,要求被试者按照自己的情况做出回答。现今,国内外常用的量表测验有下列几种:明尼苏达多相人格问卷(MMPI)、艾森克个性问卷(EPQ)、YG 性格问卷、16 种人格因素测验(16PF)等。也可以用投射法和行为评定法。

✓ 体验

到就业指导中心去,找到那里的老师,在他们的帮助下,完成以上一种或几种测试。

也可以进行 360 度评估。让你的老师、家长、同学、学弟、学妹分别对你的性格进行描述。

✓ 案例回读

看到这里,我们再回头分析一下案例里的小郭,会发现,他的性格和目前从事的职业还真是比较"搭"的。他的爱交流、爱表达,和善于交际,说明他有很好的与人沟通的技巧,并且能够广泛积累人脉,为自己的职业发展提供帮助。他总是爱谈论一些大道理,其实并不空虚,说明他是一个习惯于从宏观角度看问题的人,这也使他能够站在一定的高度上分析自己的职业,从而四年之内就做到大区经理的位置。正是因为性格和职业相匹配,他才能够游刃有余地完成工作任务,获得充分的发展。

✓ 练习

请结合性格理论和各种探索方法,分析下自己的性格,并找出适合自己的职业群,和同学交流下自己属于哪种类型,是否符合自己的认识,对适合自己的职业群有何发现。

Chapter 04 小结 SUMMARY

性格类型没有对错,而在工作或人际关系上,也没有更好或更坏的组合。每一种性格类型对每一个人都能带来独特的优点。

哪一种性格类型最符合你,是由你自己来做最后判断的。你的性格分析结果是根据你回答问题的选择来建议你最有可能属于哪一种性格类型,但是,只有你自己才知道你真正的性格类型。

你可以用性格类型去理解和原谅自己,但不能把它作为你做或不做任何事情的借口。不要让性格类型左右你考虑选择任何事业、活动或人际关系。

要留意自己对类型的偏见,借此避免负面地把别人定型。

05 技能:了解你的核心竞争力

通过兴趣探索,你明确了自己的内在动力和快乐的源泉;通过性格探索,你进一步确定了自己的职业适应性,相信这时候的你对心仪的工作已经有了一个大致的轮廓了。

但是,你心意所属的雇主到底希望招聘什么样的人才?面对"买方独大"的就业市场,你能否打动目光挑剔的雇主呢?你又该如何精心包装自己的"卖点"呢?

或许,你会回答:必须依靠自身的优秀素质、足以胜任工作的能力,要拥有扎实的理论和专业基础、较强的实践和动手能力……

这也是本章要重点探索的内容。本章会帮你初步认识不同职位对技能的要求,和你一起找到自己拥有但可能尚未觉察到的技能,帮助你全方位地证实自己的优秀。

✓ 案例

国内某银行应届毕业生招聘信息

招聘岗位及任职要求:

1. 外贸会计岗位

◇工作职责：

·负责外贸结算前后台各项结算业务的处理、资金清算、账户管理等。

·防范基本业务风险。

·做好客户服务工作。

◇应聘要求：

·全日制本科或以上学历。

·会计、财务、金融或相关专业，英语能力强。

·服务意识强、有良好的口头沟通技能和团队协作精神。

·形象、气质佳，具有较好的亲和力。

2. 客户维护岗位

◇工作职责：

·负责为客户设计金融服务方案，进行客户开发与维护。

·对拟授信客户开展贷前调查、贷后管理，撰写授信报告和贷后检查报告。

◇应聘要求：

·全日制本科或以上学历。

·市场营销、财务、会计、经济、金融或相关专业。

·具有高度的执行力和开拓能力，并具有一定的文字功底和分析能力。

·善于沟通协调，具有良好的团队合作精神。

3. 风险管理岗位

◇工作职责：

·负责客户贷前调查，授信项目风险评价，撰写风险评价报告。

·管理、指导、监督和检查客户经理开展授信后的管理工作。

◇应聘要求：

·全日制硕士以上学历。

·财务、会计、法律、金融专业。

·耐心细致，能够把握全局并注重细节，善于全面分析，撰写报告能力强。

·善于沟通协调，具有良好的团队合作精神。

4. 人员总体要求

·具有强烈的求知精神和学习能力，要求学习成绩本专业前30%。

- 优先考虑曾担任过班干部或学生会职务、具有一定活动能力和组织能力的学生。
- 五官端正,谈吐、气质较好。
- 事业心和责任感强,能吃苦耐劳。

✓ 案例分析

这是一则要求比较明确的招聘启事,方便应聘者一一对应地来检查自己是否符合这些要求。不妨多找一些与案例类似的招聘信息,帮助我们来寻找自己应该具备的求职条件。

刘文珺在某重点大学学习会计专业,大学期间各门专业课成绩平平,好在能够顺利毕业。但是她对英语却天生敏感,在大学期间也非常注重对英语的学习,尤其是在会计及金融、外贸专业英语课程上,投入了大量的时间和精力,当然也取得了不错的成绩。求职过程中,她恰恰是因为自己专业英语方面的优势,在应聘案例中的银行外贸会计岗位中胜出,而同她竞争的既有平时专业成绩远胜自己的同学,也有名牌大学的研究生。

是什么帮助刘文珺敲开了这家银行的大门?你计划如何使自己变成"明天的刘文珺"?

就让我们带着这几个问题一起进入下面的探索吧。

5.1 能力是什么

5.1.1 能力是什么——能力的概念

原本可以在校园里不修边幅、穿牛仔和T恤衫的你,因为求职,一夜之间就要改头换面变成衬衫领带、西装革履的职场新人。但这些可能都是"浮云",因为你的雇主更关注的是你有没有才或者如何让他看到你有才,也就是你表现出的能力。

能力就是你依靠自我智力、知识、技能等认识世界和改造世界时所表现出来的身心能量,是顺利完成某一活动所必需的心理条件,它直接影响你的活动效率。能力是先天和后天共同作用的结果,像语言能力等就是与生俱来的,而写作、表达、演讲等就是通过后天学习才获得的,但所有能力都是可以通过你在学校期间持之以恒的学习和多种多样的实践活动而不断提高。同时,它不仅仅是指你现在已经达到的水平,更包含了你所具有的潜力。

职业生涯规划中,能力和你之前探索的兴趣是两个截然不同、相互独立却又相辅相成的概念。兴趣表明你喜欢或讨厌某事,体现了你的偏好,而能力则表明你是否能做某事以及你具有的本领。或许你很喜欢李白的诗、苏轼的词,但这并不代表你可以像他们一样妙笔生花。能力和兴趣的一致性则体现在你虽然拥有多项能力,但其中有些是你感兴趣的,而有些则是你一点都不感兴趣的。你对自己感兴趣的能力,肯定会更加愿意去使用、去提高,而不感兴趣的能力则会因为不愿意使用而变得越来越弱。比如说你既擅长游泳,同时也非常擅长做网页,而你对做网页非常感兴趣,对于游泳则没兴趣甚至还有些厌烦,尤其是在参加过多场游泳比赛后,你就很容易把更多精力放在学习和提高做网页的水平上。

与能力相关的还有一个重要的概念,就是自我效能感(Self-efficacy)。所谓自我效能感,通俗来讲就是指你对自己利用自身能力,完成一项工作所拥有的信心或者把握程度,是你对自己是否有能力完成某一行为所进行的推测与判断。有关研究发现,在实际生活和工作过程中,对个人具体行为起决定作用的往往不是个人实际能力的高低,而是个人的自我效能感。

自我效能感是你预测自身能力的第一风向标,如果你是一个相信自己能处理好各种事情的人,在生活中就会更积极、主动。这种"我能做什么"的认知反映了你对环境的控制感。你的自我效能感在外在体现上,常常等同于你的自信感,也就是你自信心的高低。

5.1.2 先天有智力,后天有努力——能力的分类

从上面的招聘启事中,你会发现雇主看重的既有形象气质佳等先天条件,也有较强组织能力、较高的专业学习成绩等后天条件,因此,对自身能力的探索必须以对能力的分类为基础。每个人拥有的能力按照其获得的途径和方式(先天具有与后天培养),都可以分为能力倾向和技能两大类。

(1)能力倾向(Aptitude),又称为智力,它是指上天赋予你的特殊才能,是与生俱来的,也有可能因为没有充分开发而荒废。比如,你的朋友可能会说:"你具有演讲方面的天赋。"在这里,能力倾向就意味着你学习的能力,就好像说:"你现在可能还不具备这项能力或者不能熟练掌握这项能力,但你比他人有潜力更容易地去掌握它。"所以,能力倾向指的是你的潜在能力。上面提到

的"天赋""天资""潜能"和"才能"这些词汇也经常用来描述你在某一知识或行为领域先天具有的异于他人的能力或倾向。能力倾向代表着你现在的能力可能是有限的,但可挖掘的潜力却是无限的。此种潜能予以训练后,容易使你获得某种知识或行为的能力。因为这种潜能是与生俱来的,所以在职业生涯规划中,并不是你需要探索的重点,不过你也绝不可以忽视对它的开发和培养,你完全可以避免成为下一个"仲永"。

对于人的能力倾向或者智力的研究,传统的理论认为人类的认知是一元的、个体的、智能是单一的、可量化的,并且通常以语言能力和数理逻辑能力为整体评判的标准。而美国哈佛大学教授、教育家、发展心理学家霍华德·加德纳认为,智力是多元的。他的研究表明,人类至少有七种不同的智能:言语—语言智力、逻辑—数理智力、视觉—空间智力、音乐—节奏智力、身体—动觉智力、交往—交流智力和自知—自省智力。

图5-1中的七种智力在个人的智力结构中都占有重要的位置,处于同等重要的地位。每个人都同时拥有相对独立的七种智力,而这七种智力在每个人身上以不同方式、不同程度的组合使得每个人的智力各具特点。

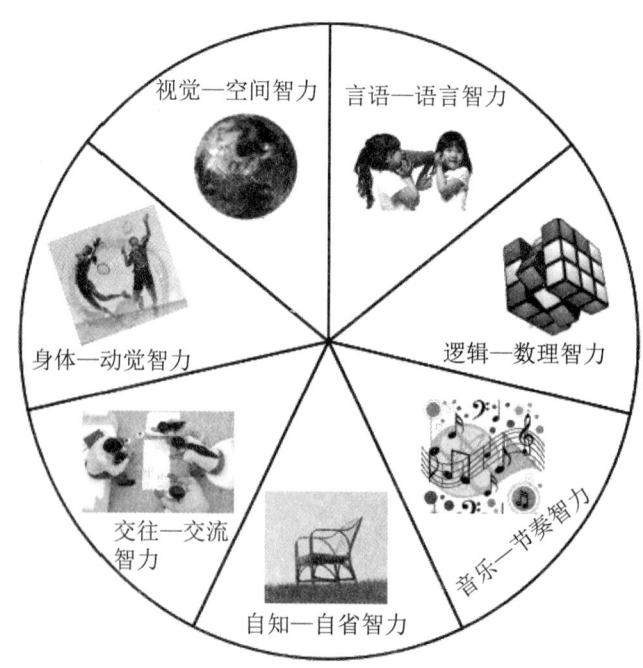

图 5-1 多元智力结构图

✅ 测一测

你可以通过下面介绍的方法对自己的智力进行测试。本测试分别针对七种智力设计,每组给出五道题目,测验时,请仔细阅读每一题,果断进行评定。评定结果由弱到强分为五级,分数相应为 1~5 分:弱(1)、较弱(2)、一般(3)、较强(4)、强(5),每种智力总分相加再除以 5,得到平均数,便为该智力的得分。再将结果与日常生活中的自己进行对照,看有哪些相符和不符的地方。如果情况允许,可以让自己的同学、朋友评价一下。测试有关内容见附录3。

以上的研究也表明:人与人之间不存在谁更聪明的问题,只存在不同的个体在不同方面的聪明及聪明的方式问题。你是独特的,也是出色的,正是"天生我材必有用",你需要做的就是不要浪费上天对你的赐予。

(2)技能(Skill),指只有经过后天学习、练习和培养才能形成的能力,通常表现为你的某种动作系统和动作方式,如你现在可能拥有的演讲能力、英语能力、数学分析能力等。在你成长的过程中,从什么都不会做的婴儿到成为现在能够独立生活、倾听、观察、表达、行走、写字的普通成年人,你其实已经学会了许多技能,只是你并没有意识到,所以才经常说:"我上了四年大学,可是什么技能都没有掌握。"

当然,更多的情况下,能力水平往往是智力和技能两方面的结果,任何事情都既需要良好的先天条件,又需要后天的不懈努力。正如上面案例中的刘文珺,她能够将专业英语学习好,这既因为她天生对英语学习敏感,也离不开她在大学期间对英语在时间和精力上的投入。但是,你不能将两者混为一谈。现实生活中,你经常会听到某人说:"我这方面的能力不行啊!"这种情况下,他是真的不具备这方面的天赋,还是由于缺乏条件和机会没有得到有意识的培养和训练,就要具体问题具体分析了。事实上,像人际交往能力、表达和沟通能力等,主要是依赖于后天的培养和练习。我们中国有句俗语——"勤能补拙",先天的不足是可以通过后天的加倍努力得以弥补的。

读到这里,你应该已经知道技能是经过后天学习和培养而形成的,因此,对技能的探索是本节能力探索的重点,尤其是职业技能的探索,经过探索你会发现自身已经拥有和欠缺的技能。

5.2 三大职业技能

> 📌 **案例**

一份应聘国内某银行的简历

刘文珺

地址：××××××

TEL：××××××

E-mail：chris……@163.com

◇ 教育背景：

2006年9月至今　　××大学经济学院　　　　国际经济与贸易专业

　　　　　　　　　成绩：GPA＝3.48/4

主修课程：××××××××××××××××××××

◇ 获奖情况：

国家励志奖学金（2007.11）	仅奖励思想政治素质为优、学习优秀的同学
优秀学生干部（2007.11）	社团学生干部中，年度唯一获得者
学习优秀奖学金（2007.11和2008.11）	两次获得校级学习优秀奖学金
社会实践奖学金（2006.11和2007.11）	两次获得校级社会实践奖学金
优秀团干部（2007.4）	班级中唯一获此荣誉称号的团干部
×××社会工作奖学金（2007.12）	奖励社会实践方面成绩突出的同学

◇ 实践和实习经历：

・2007年10月至今参与国家创新性实验计划"中国超市自有品牌发展可行性分析"项目

　　负责关于超市规模的问卷设计，并在青岛和北京两地做问卷调查

　　完成问卷90份，撰写关于利群、沃尔玛、大润发的调查报告三篇

　　提高了分析问题、解决问题的能力，增强了团队合作意识

・2007年5月参加×××大学"赢在×××"大学生创业大赛

　　调研分析校园消费环境、目标顾客群的需求以及原材料价格

完成参赛作品"蓝调咖啡屋",并获优秀奖
将所学知识应用于实践,提高了动手能力
·2007年4月举办超级演说
设计赛事方案,协调各部的活动:物品采购、场地申请、邀请嘉宾等
46名选手参加比赛,现场气氛活跃,最终三名选手晋级校级复赛
勇于应对挑战,提升了沟通技巧
·2007年6月举办英语口译讲座
与社员一起联系罗布林卡老师举办讲座以及安排宣传等准备工作
分发罗布林卡学校的宣传单页,并提供简单的咨询
兑现对罗布林卡学校的承诺,该学校表示愿意再次与我们合作
◇英语及IT技能:
·国家英语等级考试　　　　CET-6　能够进行日常交流尤其是商务沟通
·专业英语
·计算机国家三级证书　　　熟练运用 MS OFFICE 办公软件
·注册会计师考试　　　　　通过经济法科目的考试
◇个人评价:
有责任心,一丝不苟,服务及保密意识强,具有很强的责任心和进取心
具有良好的团队协作意识和沟通协调能力,具备良好的时间控制和管理意识

案例分析

刘文珺在这份简历中,分别通过教育背景、实践经历、个人评价三个部分表述了自身具备的不同能力,并通过获奖情况和英语及计算机技能对自己的陈述进行了证明和强化。

通过这份简历,你发现技能应该如何分类了吗?

也许通过兴趣和性格探索,你发现自己喜欢并且适合的岗位恰好是银行的风险管理岗位,接下来无论是简历还是面试,其实要达到的目标都是向用人单位证明:你有足够的能力胜任该项工作。因此,面对"我为什么要雇用你"这样的问题,你在简历和面试中的回答都应当以自己与工作相关的技能为主线。你所谈到的任何能证明你能力的事情,都将增加你得到工作的机会。

要做到这一点,你需要对自己拥有什么样的能力有清楚的认识,同时还要了解具体职业所要求的技能是什么。最后,你还需要在简历和面试中将自己与岗位或者职位相关的技能以恰当的语言和事例充分地表达出来。

对个人技能的认识,建立在对技能分类的了解上。辛迪·梵和理查德·鲍尔斯将技能分为三种类型:① 专业知识技能;② 可迁移技能(或通用技能);③ 自我管理技能。通常你会比较容易想到自己所具有的专业知识技能,但实际上后两种技能对你而言更为重要。它们使你有可能不局限于自己所学的专业,可以在更广的范围内选择职业;它们对于你在竞争中胜出具有关键性作用,并且使你能够在工作中得以更长久地发展;而用人单位对它们的重视程度,也往往超过了对单纯专业知识技能的重视。

5.2.1 术业有专攻——专业知识技能

专业知识技能是指那些需要通过专门的教育或者培训才能获得的特别的知识或能力。在本部分开头的招聘启事中,银行提出的财务、会计等专业,本科以上学历,学习成绩本专业前30%等要求,考察的都是专业知识技能。

这些技能涉及学习的专业科目,它们是你所懂得的专业知识。比如,你是否掌握英语的语法、自然科学的研究方法、打篮球的游戏规则。专业知识技能一般用名词来表示,案例中刘文珺所掌握的会计、金融和外贸英语都是非常重要的专业知识技能。

✓ **练习**

理清你的专业知识技能

你在大学期间学习过很多重要的专业课程和通识课程,这是你掌握的最重要的专业知识技能。请列出你认为最重要的3~5门课程,并思考通过这几门课程的学习,你掌握了哪些专业知识技能和掌握的程度如何?

例如,你学习了金融市场学课程,较为系统地掌握了金融市场的原理及运行机制,并重点加强了对期货市场的了解和学习。

_____

_____

_____

专业知识技能是不能举一反三的,它们一般需要经过有意识、专门的培训和学习才能掌握。比如,你知道了英语的语法,但不一定知道法语的语法;你掌握了化学知识,但并不一定能掌握物理知识。事实上相关调查也显示,专业知识技能有超过80%的部分是需要通过在校期间的课程和系统学习来获得的。它们常常与专业学习或工作内容直接相关。正因为如此,你可能会由于不喜欢自己的专业,在找工作时陷入两难的境地:一方面,认为找工作必须"专业对口",但又不喜欢自己的专业,不想将之作为从事一生的职业;另一方面,如果"专业不对口",自己不是"科班出身",则担心自己与专业出身的应聘者相比缺乏竞争力,甚至觉得很难跨越专业的鸿沟。在这种情况下,似乎唯一可行的方式就是通过"考研"来改换专业。

其实也并非如此,专业知识技能并不是只有通过正式的专业教育才能获得。除了学校课程,课外培训、专业会议、讲座、研讨会、自学、资格认证考试等方式都可以帮助你获得专业知识技能。正如上面案例中的刘文珺,就是通过自己努力,通过了经济法考试和国家计算机三级考试等。此外,公司为新员工提供的相关上岗培训,也可以帮助你发展专业知识技能。例如,专业的公司在对新员工的培训中,第一年的主要内容就是针对非专业学生补充专业知识技能。实际上,越是大的公司,越是看重综合素质(也就是"自我管理技能"与"可迁移技能"),而不那么在意你是否已经具备专业知识。不少外资企业在校园招聘时都已不再区分应聘者的专业背景。

因此,如果你想从事本专业之外的工作而又不愿或不能重新选修一个专业课程的话,仍然有许多途径可以帮助你获得相关的专业知识技能。而且在招聘中,专业知识技能也并不是用人机构所重视的唯一技能。现实中,你感觉就业难在很大程度上也与此有关。因为你在校时往往更重视专业知识技能的学习和提高,而忽视了可迁移技能和自我管理技能的培养。

需要注意的是,技能的组合更为重要。通常我们所说的"复合型人才",正是指具有不同知识技能的人。技能的组合使得你在人才市场上更具竞争力,也更有可能将工作完成好。例如,前面案例中的刘文珺。如今会计专业的毕业生很多,但是擅长外贸及金融英语的会计专业毕业生就少了。而在银行日常的国际结算业务中,非常需要这样的人才。从这个角度来说,不论你现在学习的专业或是你将来要从事的是否是你所喜爱的,你从中获得的专业知识在某个时候就有可能派上用场。甚至一些看上去似乎并不那么起眼的知识,都有可能使你在面试的时候显得与众不同、比他人略胜一筹。比如,你有很强的数学功底,可能没有任何工作是直接运用数学知识完成的,但是在金融风险的控制上,如果能通过数学模型进行分析,那就事半功倍了。

5.2.2 放之四海都能用——可迁移技能

可迁移技能又称为"通用技能"或者"变通技能",是指你在某种特定环境下获得的,并可以有效地迁移运用到其他不同环境和情况中的技能,通俗来讲就是指你会做的事,如搜集、调查、演讲、沟通、美化、培养等。假设你是一位优秀的教师,讲话非常有感染力,能吸引同学们的注意力,大多数同学都会觉得听你讲课是一种享受,那你的讲话技能同样可以用于公开演讲、做企业宣传等。由此可见,可迁移技能主要是在日常生活和活动中获得并不断得到提升的技能,且可以在不同的多个领域内得到进一步完善和增强。所以,你可以通过多种途径来发展可迁移技能,比如,正式培训,参与社会实践并认真归纳总结,平时观察学习和模仿体会,实习、见习等。

可迁移技能的特征主要体现为可通用性、普遍适应性和实用性。用人单位在招聘过程中比较关注和重视的可迁移技能主要包括以下几种。

(1) 表达沟通能力:是指个体通过口头、书面等各种形式,有效表达和接收信息。这是双向沟通(甚至多项交流)必需的能力,主要包括表达、倾听、说服等具体能力。

(2) 组织管理能力:是指个体的计划组织、协调配合、任务指派等能力。它要求个体具有关注细节、综合考虑、有效分配职责、迅速应对突发问题等具体能力。

(3) 问题解决能力:是指个体面对复杂问题的分析、解决能力,能从多视角、多层面提出解决方案,并且可以将抽象问题具体化,可以在多个方案中找出最优方案的能力。

(4) 良好的人际关系能力:是指个体在日常工作中尊重他人、与他人有效合作、善于协作的能力。它主要包括合理评价、主动诉求等具体能力。

(5) 学习与自我提高能力:指善于发现并记录,坚持不懈克服困难、持续学习,并在学习和工作中自我归纳和总结,找出自己的强项和弱项,能够扬长避短,不断加以自我调整和改进的能力。

基于以上原因,可迁移技能就成为你最能持续运用和最可长久依靠的技能。随着信息时代的到来和新技术日新月异的发展,知识的更新换代不断加快,这意味着你需要不断学习专业知识技能才能跟上时代的发展。正因如此,当今的时代越来越强调"终身学习"。"学习能力"(可迁移技能)已经比拿到任何一个"含金量"高的证书或认证(知识技能)更为重要。

而与专业知识技能相比,可迁移技能不需要更新换代,而且无论你的需求和工作环境怎样变化,它们都可以得到应用。例如,在电脑营销过程中所用到的统计和比较分析的工作技巧,同样可以应用于对牙膏产品的营销中。随着我们工作经验和生活阅历的增加,可迁移技能还会得到不断的发展,在许多工作中都会用到,其重要性不容忽视。索尼技术中心市场部经理曾说:"我在聘用一个人时,最为看重的是他的人际沟通能力。这项能力极其重要,因为必须有能力与人交谈才能获得需要的信息……我把80%的时间用在与索尼其他部门打交道上,我的员工也花费大量时间与本部门之外的人打交道。"

事实上,专业知识技能的运用也都是在可迁移技能基础之上的。举例来说,你的专业知识技能也许是英语,但你将怎样运用它?是做一名翻译工作者,还是做一名英语教师?是做一名英语文学创作者,还是做一名外交工作者?翻译工作需要你有搜集整理的能力;英语教师和外交工作者都要求你有良好的表达能力,才能将英语知识传授给学生或使谈判成功;英文作家更需要你有调查研究能力。无论选择以上哪项工作,都是通过可迁移技能来运用你的英语知识技能。

从这个意义上说,在求职的时候,你可能并未从事过将要应聘的职务,但只要你具备这个职务所需求的各项技能,你就可以证明自己完全有资格去胜任它。因此,无论你是"科班"出身还是"半路出家",都完全可以跨专业从事你理想中的职业,尤其是那些对知识技能要求不是很高而可迁移技能占重要地位的职业。比如,你并不是营销专业的学生,但凭着良好的人际交往技能,你曾经担任过某杂志的校园代理,并在地区销售评比中取得过第二名的好成绩,从可迁移技能的角度看,这样的经历足以使你成功地应聘一个公司的销售职位。

✓ 练习

理清你的可迁移技能

优秀的你在大学期间一定参加过大量的社会实践活动,但请不要全部列出,而是选择 3～5 次你认为很成功或印象很深的实践活动,一定详细描述你在这几次活动中负责的事务以及具体参与了哪些工作,如果可以量化的话更好。

例如,在学校大学生艺术节系列活动中,你作为摄影协会会长,利用三周时间独立组织了一场 500 余人参加的大型摄影比赛。

_____

_____

请思考一下,你通过完成活动的各项工作展现了自己的哪些可迁移技能。比如说,以上的活动展现了你的运筹策划、协调组织以及审美能力。

✅ 自我测试

图 5-2 反映了工作中常用的可迁移技能,并将可迁移技能根据作用的对象分为数据、人和事物三类,请在你认为已经拥有的技能上画圈;在你非常希望拥有,但尚不具备的技能上做三角形标记,其余的不做标记。

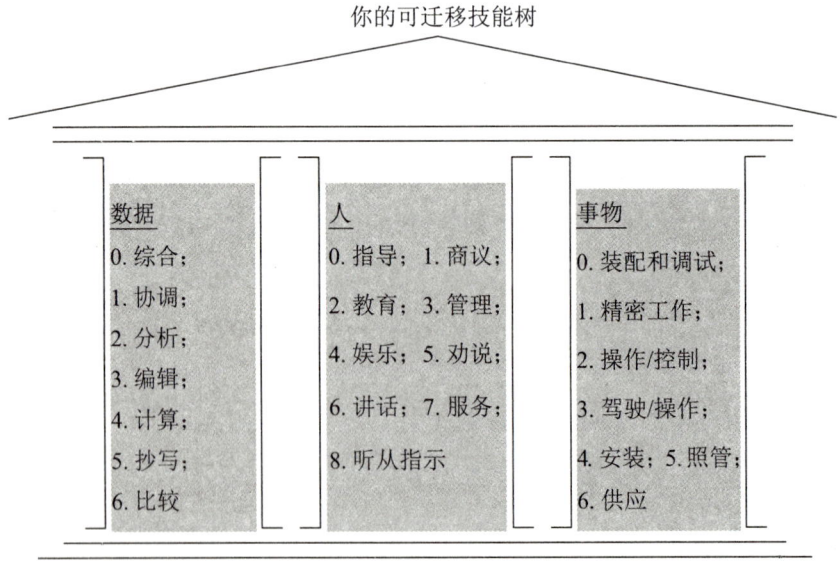

图 5-2 可迁移技能图

通过上面的练习,可以知道你拥有了哪些可迁移技能,而那些做了三角形标记的技能,就是你今后努力的方向了。

5.2.3 态度决定一切——自我管理技能

自我管理技能经常被看作个性品质而非技能,因为它主要被用来描述或说明你具有某些特征,包括你在不同环境下如何管理自己:是勇于创新还是循规蹈矩,是认真细致还是敷衍了事,能否在压力下保持镇定,是否对工作有热情,是否自信等。自我管理技能往往以形容词或者副词的形式出现(表5-1)。"精力充沛""注意细节""与人友好相处""有主意""妥善处理工作压力""有恒心"就是典型的自我管理技能,虽然不能通过它们直接完成工作,但是它们是完成各项工作的积极态度,而且有时候,"态度决定一切"。

表5-1 自我管理技能列表

诚实	正直	自信	开朗	合作	耐心
细致	谨慎	认真	负责	可靠	灵活
幽默	友好	真诚	热情	投入	高效
冷静	严谨	踏实	积极	主动	豪爽
勇敢	忠诚	直爽	现实	执着	机灵
感性	善良	大度	坚强	随和	聪明
稳重	热情	乐观	朴实	渊博	机智
敏捷	活泼	灵活	敏锐	公平	宽容
勤奋	镇定	坦率	慷慨	清晰	明智
坚定	乐观	亲切	好奇	果断	独立
成熟	谦虚	理性	周详	客观	平和
有创意	有激情	有远见	有抱负	有条理	想象力丰富
善于观察	坚韧不拔	足智多谋	精力旺盛	头脑开放	多才多艺
彬彬有礼	善解人意	吃苦耐劳			

自我管理技能也被称为"适应性技能"。良好的自我管理技能能够帮助你更好地适应周围的环境、应对工作中出现的问题。你在学习和工作过程是如何使用自己的专业知识、以什么样的态度从事工作的,这有时候甚至比工

作内容本身或者专业技能更为重要。正是这样一些品质和态度,将你与许多其他具有相同知识技能的候选人区别开来,使你最终得到一份工作,并能够适应新的环境和规则,在工作中取得成就,获得加薪和晋升的机会。因此,有人称它们为"成功所需要的品质、个人最有价值的资产"。

对于你来说,在大学期间培养良好的自我管理技能显得尤为重要。因为你从小受到父母、老师的呵护,在处理工作和生活中的各种问题和人际关系方面显得很不成熟,很多时候以自我为中心,不能很好地适应用人单位对人员的基本要求。在大学期间,需要自己独立处理学习、生活问题及与老师、同学的关系,是培养和形成较为固定的良好自我管理技能的最佳时间。

提升自我管理技能的途径和方法有:拥有健康而丰富的精神生活,向身边好的榜样或同学学习,进行责任意识训练等。而且,无论你的自我管理技能是与生俱来的,还是后天训练得到的,都需要不断地练习。自我管理技能可以从非工作(生活)领域迁移转换到工作领域,也就是说谨慎、负责、热情这些技能并不一定必须通过专门的课程来进行学习,而是可以在日常生活中随时随地培养的。

事实上,被解雇或离职时,更多的时候并非是因为自己的专业知识技能和可迁移技能无法胜任工作,而是因为缺乏自我管理技能(比如,由于个性上的原因与他人发生摩擦等,造成用人单位内部的不和谐,无法融入大团体)。在用人单位对大学生的意见中,经常听到的就是缺少敬业精神、没有服务意识、眼高手低、不认真、不踏实、没有主动进取精神等。因此,专业知识技能和可迁移技能能够帮助你顺利敲开用人单位的大门,而要想在单位里有良好的发展前景,自我管理技能将起到非常关键的作用。

✓ 自我测试

你愿意与_____样的人共事

请在一张纸上列出你愿意与之共事的人的特征(自我管理技能),并组成小组进行讨论,看看你们最重视和最认可的特征都有哪些?

_____

_____

_____

请进一步思考:你是不是这样的人?是不是符合每个人所描述的理想同事?你将采取什么措施完善或者改变自己,使自己成为别人的理想型同事?

5.3 技能决定你的"坑"

在大学里,我们更重视专业知识技能的学习,而忽视了可迁移技能和自我管理技能的培养。在实际招聘中,专业知识技能往往并不是用人机构所重视的唯一技能。麦肯锡咨询公司曾在一份咨询报告中指出:"在庞大的毕业生群体中,极少有人具备从事服务业的必备技能。""中国工程类职位的求职者存在的主要缺点是教育体系偏重理论……缺乏参与项目或团队协作的实际经验。""实践经验和英语口语水平的欠缺,使求职者中不到10%的人能够满足跨国公司的要求。"从报告中可以看出,雇主更加看重的并非是你的专业知识技能,而是你的可迁移技能和自我管理技能。例如,你在学校期间担任过某品牌电脑的促销员,并经过长时间统计、分析,对不同电脑产品进行了对比,有完备的分析资料(专业知识技能),并因此取得了很好的销售业绩,虽然这些分析资料对你现在应聘某日化公司市场营销专员岗位而言,没有任何作用,但真正起作用的是你注重统计、分析的工作态度(自我管理技能)和你的统计分析方法(可迁移技能)。因此,在校期间,你一定要加强对可迁移技能和自我管理技能的培养,这也正是你将来可以在不同工作岗位上游刃有余的法宝。

◎ 扩展阅读——来自雇主的数据

如表5-2所示,各类雇主所需要的八大岗位中,财务、研发和产品生产注重专业知识技能,而人力、市场、营销、客服和行政更注重可迁移技能和自我管理技能。

表 5-2　企业中需要的八大岗位

财务	人力	研发	市场	销售	客服	产品生产	行政
财务总监	人力总监	研发总监	市场总监	销售总监	客户服务总监	总工程师/副总工程师	行政总监
							总经理助理
财务经理	人力资源部经理	研发经理	市场经理	大区经理	副客户服务总监	营运经理	行政主管
				地区销售经理	客户群总监		
来往账会计	人力资源部总经理助理	项目主管	市场专员	销售经理	客户经理	生产经理/车间主任	行政经理秘书
总账会计				销售主管			
	薪资服务经理/主管		市场调研				行政专员 资料管理员 电脑操作台 打字员 前台接待/总计 接线生/接线员 速记员
	培训经理/主管			高级销售代表			
成本会计 材料会计 税务会计	绩效专员 招聘专员 培训专员 薪酬专员 劳动关系专员	高级研究员/研究员	市场助理		客户主管	生产计划协调员	
稽核审计						生产主管/监导/领班	
				销售代表	客户主任 客户服务人员	高级技术员	
出纳						技术员	

⚫ 扩展阅读——调查数据

用人单位最重视的技能

雇主们通常在大学毕业生身上寻求的、也是使得这些学生有资格担任某一职位的东西,包括教育背景、经验和态度以及综合素质。有些领域需要专门的知识或证书(如医学、程序设计、化工等),但大部分职业并不要求有什么特殊的知识技能,而是一些更为普遍、一般性的技能和素质(即可迁移技能和自我管理技能)。根据美国"全国大学与雇主协会"(National Association of Colleges and Employers)的调查,美国的用人单位最为重视的技能和个人品质按顺序排列如下:

(1) 沟通能力;

(2) 积极主动性;

(3) 团队合作精神;

(4) 领导能力;

(5) 学习成绩;

(6) 人际交往能力;

(7) 适应能力;

(8) 专业技术;

(9) 诚实正直;

(10) 工作道德;

(11) 分析和解决问题的能力。

我们可以看到,其中的(1)(4)(6)(7)(11)都属于可迁移技能,(2)(3)(9)(10)都是自我管理技能,而专业知识技能排在第五位和第八位。

美国劳工部及美国生涯咨询和发展协会(National Career Development Association)对用人单位进行的另一份调查结果也显示:用人单位非常重视员工的自我管理技能和可迁移技能。具体如下:

(1) 善于学习;

(2) 读、写、算的能力;

(3) 良好的交流能力,包括听、说能力;

(4) 创造性思维和解决问题的能力;

(5) 自尊、积极、有奋斗目标;

(6) 有个人和事业开拓能力;

(7) 交际、谈判能力及团体精神;

(8) 良好的组织和领导能力。

事实上,国内的用人单位所看重的同样是这些能力或技能。许多企业在招聘人才时不仅看其学习成绩,更重视其综合能力水平,如良好的沟通、表达能力,较强的分析、组织能力及领导能力,尤其是团队精神。

通过以上数据,你可以很容易地发现可迁移技能和自我管理技能的重要性,因此在整个技能探索过程中,它们占据了非常重要的地位。很明显,大学期间是你对各项技能不断探索和培养的最佳阶段,你应该马上行动起来,在正式求职之前,对自己拥有的技能进行盘点和梳理,并去了解自己理想中的工作岗位需要什么样的技能,才能较好地胜任;而求职的过程,则是你将自身各项技能向用人单位证明的过程,要利用你以前的经历来向用人单位充分说明,你一直在为这个岗位准备着,而且已经准备得非常充分;正式工作的过程,是你对自身各项技能进行完善和再提高的过程,同时也要为接触新的岗位和职责随时学习必需的技能。

你可以使用这些方法证明自己:成绩单、各项实践报告、实习或见习证明、工作履历表、正式的技能测评结果等。

5.4 梳理你的技能

5.4.1 星星(STAR)——成就故事测试你的三大技能

你可以通过编写成就故事来测试你的各项技能。成就故事就是你在成长过程中有意地制定目标并且克服困难完成的事情。每一个成就故事都应当包含四个方面的要素,我们用英文单词的 STAR(星星)来表示。

(1) S(Situation),即当时你所面临的具体情况与形势,包括现实的困境等。

(2) T(Task),即你所要达成的目标或需要完成的任务。

(3) A(Action),即你采取了哪些具体的行动,也就是你如何一步步克服困难的。

(4) R(Result),即通过你的努力和行动达成的结果和取得的成就,如果其是能够量化评估的,那就更容易打动你的雇主。

成就故事可大可小,同时成就故事不一定必须是在工作或学习上的,也可以是课外活动或家庭生活中发生的,比如家庭旅游过程中通过你的努力既节省预算又让旅游非常充实,同学聚会由于你的精心组织和安排而别开生面等。成就故事不必惊天动地，但必须符合以下两个标准：① 你喜欢做这件事时体验到的感受，完成这件事的过程让你不是兴味索然，而是非常受用；② 能够顺利完成这件事情，能让你感到自豪或有很强的成就感。当然，如果与此同时能够获得他人的认可或嘉许那就再好不过了，但你自己的真实感受才是最重要的。

✓ 案例

陈祥林是市场营销专业大二的学生，本学期的专业课程要求每位同学做一次营销演示，在营销演示过程中，需自选产品或服务项目，并制作PPT进行演示讲解。在此之前，他并没有系统学习过如何制作PPT。面对课程要求，他及时向学长求助，请学长用大约半天时间教他PowerPoint软件的基本使用方法，自己又重复练习了几次，并向同宿舍同学请教了几个不明白的问题。选定了自己比较熟悉的洗发产品后，他上网搜索了相关的产品资料和图片，然后精心制作了大约15分钟的演示辅助PPT。在课程的营销演示中，由于制作的PPT图片精美、文字内容翔实得当，讲解明确，他获得了全班第一的好成绩，得到了老师和同学的认可，也深化了自己对营销的理解。

✓ 案例分析

陈祥林同学所使用或涉及的技能有：① 专业知识技能，即 PowerPoint 软件的基本使用方法和PPT的制作方法。② 可迁移技能，包括快速学习能力，交往能力，沟通能力，信息搜集和处理能力，图片文字的处理、编辑和组织能力，表达能力。③ 自我管理技能，即谦虚，面对新问题的适应能力，灵活性，迎难而上，关注细节。

你可以参考以上例子，写下生活中有成就感的具体事件，然后对这些事件进行分析，来探索和发现自己的三大技能。请写出明确的时间地点，做了什么事情，取得了什么成就，遇到了什么困难，怎么克服的，回忆并尽可能写出细节。为了更加客观地了解自己的技能，你应该至少编写五个成就故事，有条件的话当然是越多越好，同时，应在自己对成就故事进行分析的基础上，请两三个同伴或朋友一起逐一进行分析讨论在其中你都使用了一些什么技能。你可以按照下面的练习模式来编写。

✅ **练习**

我的成就故事：

_____

_____

_____

我使用的技能有：

① 专业知识技能_____

② 可迁移技能_____

③ 自我管理技能_____

同伴对我使用技能的分析：

① 专业知识技能_____

② 可迁移技能_____

③ 自我管理技能_____

比较自己对技能的分析与同伴对你的分析之间的区别与联系，然后按照此模式编写至少五个成就故事，并逐个进行分析和总结。最后写出以下结果。

我喜爱并经常使用而且擅长的技能：

① 专业知识技能_____

② 可迁移技能_____

③ 自我管理技能_____

5.4.2 测试你自己

1. 职业技能测验

撰写成就故事是利用你自身感受，回顾你之前生活或工作过程中体现出的能力或技能，是一种非正式测评方式。本节将为你介绍一种正式的测评方式（详见附录4），帮助你更进一步也更加准确地发现和探索自身的技能。

2. 创造力测验

前面已经提到用人单位在招聘过程中比较关注和重视的可迁移技能主

要有哪些,下面将对创造能力进行测验。

创造能力测试,也称创造力测试或测验。创造力是指产生新思想、发现和创造新事物的能力。它是一种特殊的能力,是高级能力。它是成功地完成某种创造性活动所必需的品质。在行为上表现为思维的灵活性,能够灵活变通地思考和解决问题,遇到问题时善于迂回解决。创造力与一般能力的区别在于它的新颖性和独创性。它的主要成分是发散思维,即无定向、无约束地由已知探索未知的思维方式。美国心理学家尤金·劳德赛设计了测验题(附录5),并指出受测者只需十分钟左右的时间,就可以测出自己的创造力水平。

5.5 探索你的核心竞争力

5.5.1 核心竞争力让你不可替代

目前就业市场上"僧多粥少"的状况越来越严重,在此大背景下,如何让自己在就业竞争中脱颖而出?正如案例中的刘文珺,每年会计专业的毕业生数以万计,只要能够顺利毕业,应该说就可以胜任基础的会计工作,如果你的能力仅止于此,那雇主为何要雇用你而不雇用其他人呢?熟悉会计常识,掌握会计基本技能,同时又掌握会计、金融和贸易专业英语的毕业生为数不多,也正因此,刘文珺才能够在竞争中胜出,尽管她在校期间的专业成绩平平。

在就业市场的竞争中,一定要拥有别人所没有的能力或技能来竞争自己所心仪的工作岗位,做到"人无我有,人有我优",要拥有自己的核心竞争力,这样你才是不可替代的。

5.5.2 什么是核心竞争力

◎ 案例

马特波在很小时就被教练选中,而且在各大赛场屡屡夺冠。在所有人眼中,他是未来的游泳明星。可是对他本人来讲却不是这样的,随着时间推移,奖项越来越多,他对游泳的厌烦却越来越严重,以至于犯上了头痛病,医生却查不出原因。此时,他顶住各方的压力,毅然决然地退出了游泳队。

当然,他本人并不只是擅长游泳,他还是一位天生的作曲家,而且对于谱曲的钟爱明显要更强烈一些。他在作曲上的天赋是在父母、教练的压制下偷偷展现的。在离开游泳队后,他把全部精力用在作曲上,不长时间后,他的头痛病不治而愈,而在作曲方面的成就也越来越卓著。

● **案例分析**

马特波的核心竞争力是什么呢?是游泳,还是作曲?很明显,他对游泳虽然非常擅长,但并不是兴趣所在,而他最后的决定也证明了他不会在游泳这条路上长远发展;对于作曲则正好相反,这既是他擅长的,同时也是他的兴趣所在。

那到底什么是核心竞争力呢?正如案例中提到的,你可能会同时具备多种能力,但是你最擅长的和最喜欢的或者最经常使用的能力往往并不是相同的。因此,在识别和明确了自己的能力后,还需要明确自己在所拥有并擅长的能力中,哪些是自己喜欢或经常使用的,哪些是自己不喜欢或很少使用的。我们按照是否擅长和是否喜欢或经常使用两个维度,将能力与兴趣相结合进行探索,就可以将自己的能力按照四个象限进行分类,如图 5-3 所示。

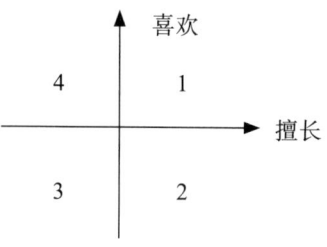

图 5-3　能力—兴趣象限图

象限 1 中的能力是既擅长又喜欢并经常使用的,因此应尽量选择使用这些技能的职业的相应岗位作为自己的求职目标,而这些能力就是你的核心竞争力。你在使用这个区域内所包括的能力时,既得心应手,又心情愉悦,而你就会更容易在相应岗位上做出成绩。

5.5.3　你的核心竞争力

你的核心竞争力是什么?通过上面的介绍,我们可以知道只有既非常擅长又非常感兴趣的技能或能力才是核心竞争力。问题在于,怎样才能找到这项或几项技能或能力呢?下面就可以通过对自己技能或能力进行盘点、排序的方法,来寻找自己的核心竞争力。

✓ 自我测试

寻找核心竞争力

1. 现在对你的技能进行重新盘点,每一项技能都是根据两个维度来定位的,一个维度是你在多大程度上愿意使用该项技能,另一个维度是你对该项技能的熟练程度或擅长水平。

2. 首先将你盘点过的技能按照是否愿意使用的维度进行分类,记住在分类过程中要凭借你的第一感觉、经验或内心感受,每个维度可以填入多项技能,见表5-3。

表5-3 分类过程中每个维度可填入的多项技能

	技能
非常愿意使用	讲授、耐心细致、培训、组织、数学……
比较愿意使用	授权、决策、销售、表演、观察……
最好不使用	打字……
很不愿意使用	书写……

3. 再将以上分类的技能按照熟练程度或擅长水平的维度进行排序,同样在排序过程中要凭借你的第一感觉、经验或内心感受,每个维度可以填入多项技能,见表5-4。

表5-4 推序过程中每个维度可填入的多项技能

	非常擅长	比较擅长	不擅长
非常愿意使用	数学、讲授……	组织、培训……	……
比较愿意使用	授权、决策……	表演……	……
最好不使用	……	……	……
很不愿意使用	……	……	……

4. 以上所有分类都没有好坏之分,要充分相信自己的直觉。

5. 经过以上分类和排序后,你就可以寻找到自己的核心竞争力。你愿意使用并且非常擅长的技能是数学、讲授,那就可以总结:我可以胜任数学教师的岗位,因为我非常愿意并且擅长耐心细致地讲授数学课程。

这就是你的核心竞争力。它可以让你在相应行业和职位上表现优异,比其他人更能胜任。当然,你的核心竞争力有待于不断培养和提高,才能使这种核心竞争力保持下去,在就业市场上立于不败之地。

Chapter 05 小结 SUMMARY

通过本章学习,我们了解了什么是能力和技能以及它们在职业生涯规划中起到的重要作用;同时了解了职业技能的三种类型:专业知识技能、可迁移技能和自我管理技能;还通过问卷测评、小练习、撰写成就故事、使用技能词汇表等方法,从自己的以往经历中总结和梳理个人所擅长的技能;同时也讲解了在简历和面试过程中如何恰当表达自己的技能。

对自我技能进行探索的目的,就是要认识自己现在已经掌握了什么样的技能,还有什么亟待去开发和挖掘的技能,从而能够对自己有更好的定位,做到"扬长避短"。对你来说,最重要的是把精力集中在擅长并且在今后工作中能用到的技能上,进一步拓展和开发这些技能,才能使你的职业生涯绽放光彩。

06　价值观：坚定的意义

✅ 案例

晓蕾在北京一所大学读日语专业，今年已经大四了，学习成绩优秀。晓蕾的家乡虽是一个不大的沿海城市，但经济形势蒸蒸日上。家乡的一个机关事业单位向正在择业的晓蕾伸出了橄榄枝，工资待遇虽然一般，但工作稳定，压力不大。与此同时，北京的一家日资企业也向晓蕾发出了邀请，这家日资企业的薪水待遇不菲，工作条件优厚，但压力大，任务繁重，人事变动也是常有的事。周围正忙于找工作的同学都很羡慕晓蕾的好运气，晓蕾却陷入了选择的烦恼：究竟是找一份收入一般但稳定且离家近的工作，还是找一份薪水高但每天上班都像战斗的工作呢？

✅ 案例分析

晓蕾现在面临着一个两难处境——到底选择哪份工作呢？网络上调侃了最理想的工作类型：活少钱多离家近，位高权重责任轻。这么"理想"的工作，恐怕几乎没有吧。回到现实中，晓蕾与其纠结于哪份工作更好，不如反观自己,究竟自己认为有价值的工作是什么样的?是向往有挑战性、不沉闷、通过高薪获得较大成就感的工作,还是清闲、工作环境优越更重要,薪水低一些也无所谓呢?找到了自己的工作价值观,这个选择题也就迎刃而解了。就像职业生涯规划中一再强调的,在知彼之前首先要知己;只有搞清了自己,才能找到称心如意的工作。毕竟这是"自己"的工作,而非他人的。

每个人每天都在做着各种选择题,大到学什么专业,找什么工作,小到穿什么衣服,看什么书,都是摆在我们面前的选择。可以说,作为一个独立和有充分自主权的人,每时每刻都生活在一个选择的世界里。向左走还是向右走,选 A 还是选 B,每个人的答案都不一样。是什么左右着我们的选择?令我们最终做出决定的那股力量就是我们的价值观。价值观好像一只看不见的手,让我们在交叉路口做出不同的选择,走向不同的道路,因此,纵然性格、兴趣等十分相像的两个人,他们的人生轨迹也不会雷同。

每个人都想找到一份好工作。但 100 个人心中有 100 个好工作的标准。很多人急急忙忙地到处找"好"工作,却从来不坐下来好好想一想,相对于目前的自身条件来说,工作达到什么样的要求才符合"好"的标准。无论你身处何种领域,好工作的标准之一永远是它符合自己的职业价值观。

✅ 观点 PK

收入一般但稳定的工作好,还是薪水高但挑战性强的工作好?

请你帮助正方和反方分别填写他们的理由。

正方:收入一般但稳定的工作好

理由:

① _____

② _____

③ _____

反方:薪水高挑战性强的工作好

① _____

② _____

③ _____

6.1 什么是价值观

✓ 案例1

不愿加班的大学生

某公司是一家外贸出口公司,客户稳定,业务量也比较可观,公司形势蒸蒸日上。最近,公司来了个大四的实习生。在来公司之前,她辞掉了一份在世界500强公司的实习工作。问她为什么会放弃背景这么好的公司的实习机会,她说在那家公司太辛苦了,经常要加班到深夜12点。她不喜欢这样的工作方式,也不想让工作成为生活的全部。她希望毕业的时候找一份轻松一点儿的工作,在业余时间做一些工作以外的自己喜欢的事。

✓ 案例分析

案例中的实习生喜欢轻松的工作,所以放弃了众人眼中的好公司,这样的案例在现实生活中并不少见。很多咨询公司,比如四大会计师事务所,员工的收入不低,发展前景也很好,可是这些公司的员工流失率非常高。为什么呢?原因很简单,因为这些公司"把女人当男人使,把男人当机器使",员工经常加班出差,几乎没有属于自己的业余时间。与此同时,公司也提供给员工相当高的薪酬和额外的福利待遇。尽管工作相当辛苦,仍有很多人愿意经过激烈的竞争进入类似的公司工作。为什么他们与案例中的实习生做了相反的选择?这就是我们每个人内心深处的职业价值观起了作用。

有些人虽然勉强从事着一份与自己价值观不符的工作,但是却以损失情感、精神甚至是身体为代价的;有些人在工作中看重是否有更多的培训和学习机会,有较大的发展空间;还有一些人看重的是创造性、挑战性,这样可以使他们更具活力;也有一些人最看重的是能否有更多的休闲时间,有没有假期,能不能更多地与家人待在一起;还有一些人看中的是获得更多的报酬与金钱,过上富裕的生活等。总之,职业价值观就是我们在生活和工作中所看重的那些原则、标准或品质。它指向我们生命中最重要的东西,是个体行为背后的深层动机,对个体的职业选择和发展起到重要的激励、影响作用。

✓ 讨论

你如何理解"人各有志"这句话

价值观每时每刻都在发挥着作用,支配着我们生活中的每一件事。职业价值观在职业生涯中的作用往往是决定性的,甚至可能超过了兴趣和性格在工作中的影响。许多人会以自己的兴趣作为职业选择的标准,但是做了选择后才发现自己的个人价值观和自己喜欢做的事情产生了矛盾。如小张喜欢的工作是销售,可是家人却极力反对,而在他的价值体系中他很重视家庭,这让他左右为难。

✓ 案例2

约翰·伍登是美国加州大学洛杉矶分校篮球队的主教练,他创下了美国篮球运动史上的一连串奇迹。他是唯一以球员及教练的身份名列篮球名人堂的人。在他带领加州大学洛杉矶分校篮球队的27年中,球队从来没有输过一场球。在12年中,他的球队赢得了10次NCAA冠军,包括七连冠。他带领的球队累计创造了最伟大的连续赢球记录(总共88场球赛)。而他现在仍然保留着在加州大学洛杉矶分校篮球队27年来的每一场练习、每一分钟的记录。他从来不提输赢的事。"对我而言,成功并不是得分超越别人,而是尽力做了自己决定的事,从自我满足中得到内在的平静。"他说。

✓ 案例分析

不仅仅是约翰·伍登,每一个取得巨大成就的人,都明确地知道自己的价值观。职业的成功完全受控于个人职业价值观的指引,它就像一股无形的力量,无时无刻不在影响着我们做出何去何从的决定,也决定了我们的一生。

✓ 思考

美国著名作家约瑟夫·坎贝尔曾说过这样一段话:"你知道什么是沮丧吗?那就是当你花了一生的时间爬梯子并最终达到顶端的时候,却发现梯子架的并不是你想上的那堵墙。这是人生最大的失败。"你是怎样理解这段话的?

从职业的角度来看,这段话是不是可以理解为,当你不加思索地选择了一份职业,结果却是虽然一直在努力,却从未真正感到过满足。为什么?因为你没有真正探索过自己的价值观,现在的这份职业可能不符合你的价值观,不能满足你的内心需要。

6.2 价值观的分类

生活中,有成千上万种价值观。在这里,我们将价值观分为两种不同的类型。第一种类型为"终极价值观",这种价值观与"生存的状态"有关。例如,"舒适的生活"是一种终极价值观,意味着生机勃勃;"自由"意味着独立和自由选择;"令人兴奋的生活"意味着刺激、活跃;"社会赞誉"意味着敬重、羡慕。

另一种价值观为"工具价值观",它是我们在日常生活中行动和行为的方式。例如,"有雄心的",抱有这种价值观的人常常是努力工作的,有抱负的;"富有想象力的",这样的人常常是大胆的,有创造性的。

每个人的价值观不同,所以每个人对工作的期待都有所不同。我们将有关工作的价值观分为两类:一类是"与职业相关的价值观",指的是与职业本身相关的价值观;一类是"与工作有关的价值观",指与个人从事的具体工作相关的价值观。

我们在选择职业的时候,总是希望某种职业能满足自己的物质和精神需要。职业价值观是指一个人对各种职业价值的基本认识和基本态度。职业的不同,在很大程度上决定了人们的政治地位和经济地位的明显不同。所以人们对某种社会地位的仰慕,也就是对这一社会地位所占有的职业的仰慕,由此产生了人们对社会上不同职业的评价,也相应地形成了个人对待职业的态度,产生了职业价值观。

由于时代的不同,职业的社会评价也会有所不同。除此之外,职业价值观的形成,还要受地域、家庭的影响。

✅ 思考

战争时期,军人的地位很高,社会上曾经出现过从军热,人们以从事军人职业为自豪。在商品经济时代,成为一个企业家、创业者、自由职业者又成为很多年轻人的愿望。以下总结了几种职业的一般特点,请试着评价其他职业。

建筑业:出差频繁,加班较多,工作环境较差。

咨询业、金融业:收入较高,但压力较大。

传媒/文化艺术业、科研/教育业:工作时间比较灵活。

零售、旅游/休闲场所:比较单调与烦琐,从底层做起,起薪不高,重视经验甚于学历。

公务员：_____

创业者：_____

销售员：_____

咨询师：_____

物业管理者：_____

房地产中介与评估人：_____

人力资源顾问：_____

心理学家马丁·凯茨找出了十种与职业有关的价值观，它们可以帮助一个人明晰从事某种职业所能得到的满足和回报。这十种职业价值观见图6-1。

图 6-1　十种与职业有关的价值观

（1）高收入：指除足够生活的费用外还有可以随意支配的钱。

（2）社会声望：指是否受到人们的尊重。

（3）独立性：指可以在职业中有更多的自己做决定的自由。

（4）帮助别人：愿意把助人作为职业的重要部分，帮助他人改善健康、教育与福利。

（5）稳定性：在一定时间内始终有工作，不会被轻易解雇，收入稳定。

（6）多样性：指所从事的职业要参与不同的活动，解决不同的问题，不断变化工作场所，结识新人。

（7）领导力：在工作中可以控制事情的发展，愿意影响别人。

（8）感兴趣的领域：坚持所从事的职业必须是自己感兴趣的领域。

（9）休闲：把休闲看得很重要，不愿意让工作影响休闲。

（10）尽早进入工作领域：希望节省时间和不支付高等教育的费用而尽早进入工作领域。

- **思考**

将以上价值观按照从最重要到最不重要的顺序排列。

（1）_____

（2）_____

（3）_____

（4）_____

（5）_____

（6）_____

（7）_____

（8）_____

（9）_____

（10）_____

- **连线题**

将你认为相匹配的职业价值观与职业连线。（可多项连线）

创造性	建筑师
独立	设计师
变化	广告创意人员
丰富多彩的生活	工程师
自由	艺术工作者
被认可	记者
有影响力	

职业价值观通常都是与某种职业紧密相连的,当你认为某项很重要的价值观在你的工作中缺失的时候,那就要考虑现在的工作是否和你匹配,你是否能够接受这种缺失。

✓ 练习

你期待的工作状态是什么样的?请在一分钟尽可能地写下你头脑中所联想到的任何短语。这是一个幻想练习,可以迟些再考虑现实问题。现在不要去想难题和障碍。以后可以随时回到这个练习并加入新的感悟。

以下是你可能需要参考的事情:

(1)工作活动的性质。比如,修理机器、从事分析工作、与人合作等任何你愿意不计较付出而投入的工作。

(2)教育培训。确定你的主修专业,确定你的求学时间,希望拥有何种经验储备。

(3)技能与能力。你在工作中乐于使用或者发展什么样的技能呢?

(4)薪酬和额外福利。你期望的平均和最高年薪是多少?过你想要的生活需要多少钱?

(5)理想的工作环境。你希望有怎样的工作环境?室内还是户外?办公室、工厂还是商店?工作时间表?你希望有怎样的着装风格?你希望怎样的管理方式?自己做老板?

(6)工作地点。你希望在哪里工作?这包括两个含义:一是单位类型。大公司还是小公司?研究所?政府部门?二是地理位置。本地区?本省?乡村?郊外?市内?

(7)性格特征。你希望与什么样的人共事?你理想的工作活动中工作者的典型性格是怎样的?

(8)就业和发展前景。你希望工作中的竞争程度如何?你理想的职业发展是什么样的?

(9)个人满意度。你希望在工作中体现怎样的价值?

我希望我的工作_____

_____

_____

与工作相关的价值观包括：

（1）晋升。指希望按照预期的步骤被提升，或直接步入一个更高级的职位。避开没有发展前途的工作。

（2）机遇。希望能用自己的能力去解决问题，这能带给你成就感。

（3）交通便利。希望工作地点离家近。还希望有便捷的公共交通工具，或者能找到人拼车。

（4）灵活机动的时间。不必每天朝九晚五，只要能够保证工作的完成，你可以较自由地支配和安排工作时间。

（5）福利。希望自己的工作能够提供除了报酬以外的福利，如学费补助、交通补贴、服装费等。

（6）在职学习。希望有培训机会，学习新的技能和思想，以便从事一项更高级的工作。

（7）愉快的工作伙伴。希望和令人愉快的人在一起工作。他/她与你有共同的兴趣和观点，易于相处。

（8）固定的工作地点。希望工作地点稳定，不做"空中飞人"。

请完成表格6-1。

表6-1 十项从事过的工作的价值观

工作名称	价值观1	价值观2	价值观3	价值观4	价值观5	价值观6	价值观7	价值观8
工作1								
工作2								
工作3								
工作4								
工作5								
工作6								
工作7								
工作8								

续表

工作名称	价值观1	价值观2	价值观3	价值观4	价值观5	价值观6	价值观7	价值观8
工作9								
工作10								

首先,请在表格左侧写出十项你从事过的工作。这里的"工作"指的是任何投入了精力的活动,而不管你是否喜欢。你可以将娱乐、运动、爱好、志愿工作、学校活动以及全职、兼职或临时性的工作经历都考虑进去,如打篮球、洗衣服、缝制衣服、在图书馆做研究、戏剧表演、演奏音乐、赛跑、组织聚会、摄影、筹集资金、照顾宠物、修理自行车等。

接下来,请在表格上方写出八项工作价值观,按照从最重要到最不重要的顺序从左到右依次列出。

然后,评估左侧的这些工作是否体现了你的价值观。如果某一工作体现了某项价值观,则在对应表格中打"√";如果没有体现,则打"×"。

最后,统计一下你得到的"√"数量。

思考

在这个表格中,哪项工作价值观出现的次数最多?

经过以上练习,请给你的工作价值观排序。

工作价值观名称　　　　　工作价值观含义

① _____　　　_____

② _____　　　_____

③ _____　　　_____

④ _____　　　_____

⑤ _____　　　_____

6.3　什么是你不能放弃的

每个人都有一套独一无二的价值观体系。当你要制定一个明智的职业决策时,需要明确你最看重的东西是什么。然而在现实生活中却很少有人愿意花心思去了解自己内心真正愿意为之付出的领域在哪里。研究发现,有93%的人不清楚自己的价值观是什么,不知道自己忙来忙去究竟要到哪里去,如同水面上的浮萍一样,糊里糊涂地过了一生,直至生命的最后时刻,才猛然警觉自己忘了真正去工作和生活。

✅ 阅读

起初——我想进大学,想得要死;

随后——我巴不得赶快大学毕业,能早点工作;

接着——我想结婚,想有小孩,想得要死;

再来——我又巴不得小孩快点儿长大,好省点儿心;

之后——我每天想着退休,想得要死;

现在——我真的要死了;

忽然间——我突然明白了;

我忘了——真正去活。

你是否知道自己最重要的价值观是什么?也许你对这个问题感到难以回答,很难用合适的词语加以描绘;或者感到头绪太多,不知从何说起。以下是几个可提供帮助的问题。请试着写出你的答案。

(1)当你没有任何压力的时候,最想做什么事情?

(2)如果你只能活六个月了,你会如何度过?

(3)如果你过世了,最高兴的是自己做成了哪件事情?在你过世后,你最希望别人如何评价你?

(4)当你感觉内心非常平和的时候,你正在做些什么?

(5)你经常想总有一天你会成为一个什么样的人?会从事的是什么事业?

(6)上述哪条反映了你的真正愿望,而不是你认为应该做的或者是别人希望你去做的?

(7)此生有什么事情会让你痛苦(因为人们背离了自己的价值观会给自己带来痛苦)?

这些问题的答案很可能对你很重要,但你一直很少或没有采取任何行动去真正实现。明确自己的价值观可以帮助你从思想深处更加清晰地认识自己、了解自己。

● 活动：价值观市场

参照前文所述的价值观，挑选五种对你来说最重要的价值观，分别写在五张小纸条上。如果你认为重要的价值观在表中没有列出，也可以另写。

对你选出的五种价值观下定义，即达到什么样的程度你才满意。比如对你而言，"高薪"的具体数字是多少。

我的五种重要价值观及其定义（按重要程度排序）

（1）_____

（2）_____

（3）_____

（4）_____

（5）_____

如果你不得不放弃其中一条，你会放弃哪一条？将这张你准备放弃的价值观纸条与其他人交换。

保留与其他人交换的纸条。现在，你不得不继续放弃剩下四条中的其中一条，你又会选择哪一条？再次与其他人交换。

继续交换直到最后一条。这是否是你无论如何也不愿放弃的？

你最后留下的价值观是_____

● 讨论

你对自己的价值观有了哪些初步认识和澄清？

他人的价值观对你有哪些影响？

现在，你已经初步了解了自己的价值观。下面，请继续完成我们的价值观探索练习。请在以下有关价值观的形容词中圈出那些你认为重要的词，把你认为"应该选"和"真正发自内心"认为重要的词都选出来。选择时，请保持轻松愉快的心情，不要想太多，你可以闭上眼睛做几次深呼吸后再开始。

表6-2 有关价值观的词汇

创新	成功	富有	卓越	挑战	冒险	亲情	快乐
健康	自由	美丽	勇气	自信	幸福	关心	学习
服务	奉献	真诚	真实	兴奋	爱情	尊重	尊严
安全	稳定	活泼	智慧	伟大	权利	幽默	高雅
高尚	和谐	正义	简洁	乐趣	活力	公平	和平
自律	毅力	诚信	体贴	吸引	热情	忠诚	舒适
享受	完美	娱乐	独立	耐心	浪漫	感激	激情
家庭	同情	发明	鼓舞	控制	休闲	平静	造诣
教导	公正	认同	助人为乐	成就感	创造力		

相信你已经选出了很多重要的词,现在,请重新评估一下你所选的词,然后从中选出八个你认为确实重要的词,然后写下来。

① _____ ② _____ ③ _____ ④ _____

⑤ _____ ⑥ _____ ⑦ _____ ⑧ _____

请仔细看一下你所选择的八个词,注意一下内心的感受,它们是否代表着内心真正的自我。下面,请从中再选择五个对你来说最重要的词。选择时请考虑以下几个问题:

(1) 哪些价值观实际上表达的是同一个意思,只是以不同的方式表达? 是否还有更广泛的价值观可以涵盖这些及其他意义相近的价值观?

(2) 为什么我觉得这个价值观如此重要?

(3) 为什么我会在与这个价值观有关的事物上花钱?

(4) 为什么我在这个价值观上只花了这么少的时间或精力?

对这些问题的回答可能对你非常有价值。

在问这些问题后,你会发现,有些价值可能并不像你原来想象的那样重要;相反,有些你原来认为不那么重要的却可能是你真正看重的价值观。

请写出你选择的五个词。

① _____ ② _____ ③ _____

④ _____ ⑤ _____

如果面对有和你几乎相同选择的人,你会有种似曾相识的感觉;如果这五个经过精心挑选的价值观代表着你内心深处渴望成为的人或渴望过的生活，那么恭喜你，它们就是你的主导价值观，代表着核心自我。

有效的生涯决策与一个人对自己的职业价值观的辨析程度有关，越是清楚地意识到自己的价值体系，就越了解自己，于是也就越能把握自己的职业乃至人生方向。因此，澄清个体价值观之间的相对重要性是有效的生涯规划的重要组成部分。

当真的试着去了解自己的价值观时，你可能会感到迷茫。生活方式的剧变、社会时代的变迁、经济形势的多变让我们面临更多新的思想、新的食物、新的习俗、新的行为和新的信仰，一个人想要弄清楚自己的价值观的确会感到困难和困惑。清楚地意识到自己的价值观并为之坚持可能会花费很长的时间，假如你真的想得到一份满意的工作和人生的话，必须为此而努力。

在这个过程中，最重要的是价值观的澄清过程而不是价值观本身的内容。这可以分成三个阶段：

第一阶段：选择一个价值观，包括你自由地选择一个价值观，不考虑他人的压力，也不考虑其他的价值观，然后思考每一个选择的后果。

第二阶段：珍视你的价值观，包括珍爱和喜欢你的价值观，愿意在合适的时间向他人公开声明你的选择。

最后一个阶段：依照你的价值观行动，包括做出一些与你的选择有关的行为，不断重复一种与你的价值观选择相一致的模式行动。

> 听从你心灵的召唤，投入到你的使命中去……我是说，听从心的召唤，不要畏惧，幸福会在你意想不到的时候降临。
>
> ——〔美〕约瑟夫·坎贝尔

✓ 思考

如果就一项已知的价值观，你能够对以下七个问题都回答"是"，那么你就可以确定这项价值观对你很重要。

我是否对这一价值观感到骄傲？

我是否愿意公开维护这一价值观——也就是说，在别人面前公开地为它辩护？

我是否是在考虑了其他的价值观之后才选择了这项价值观的？

我是否考虑到了表达这项价值观的后果？

我是否自主地选择了这项价值观——也就是说，没有其他任何人和其他任何事情把这项价值观强加给我？

我是否已经按照这项价值观去行动了呢？

我是否依照这项价值观而前后一贯地行动或重复某种行为模式？

6.4 职业锚

职业价值观的形成和明确不是一蹴而就的，而是经过长期工作实践，历经培训、跳槽或换岗、工作成功或失败等各种体验后才逐步稳定和显露的。如果把人生比作一次航行，那么自我们出生便开始了旅程。当我们渐渐长大，开始不愿再依靠父母师长帮助我们制定航向，而逐渐成长为自己人生小舟的掌舵人。小舟需要找到一个自己心仪的港湾停泊，锚便是使船只停泊定位用的铁制器具。在我们的职业生涯中，同样需要这样一个"锚"来帮助我们在职业的海洋中停泊，我们称之为"职业锚"，又称"职业系留点"。所谓职业锚就是指当一个人不得不做出选择的时候，无论如何都不会放弃的职业中的至关重要的价值观。职业锚是个人动机、能力和价值观不断结合、互动的产物，是人们在选择和规划自己职业时所围绕的中心，在实际工作中是不断调整的。

✓ 案例

一个风和日丽的早晨，一个富翁到海边散步，他看见一个渔夫正舒服地躺在海边晒太阳，身旁是他有些破旧的渔船。富翁觉得很奇怪，走过去问渔夫："这么好的天气，你怎么能坐在这里休息，而不抓紧时间出海打鱼呢？"渔夫说："我一大早已经出海打鱼回来了，打的鱼足够好几天的生活了。"富翁说："你应该抓紧时间再多出去几次，打更多的鱼。"渔夫问："为什么呢？"富翁说："那不久的将来就可以用你赚来的钱买一艘新船了。"渔夫接着问："那又怎样呢？"富翁回答道："那就可以捕更多的鱼，赚更多的钱呀。然后你就可以雇人去捕鱼，自己做大老板，再也不用捕鱼了。"渔夫点头说："恩，不错的主意。那么然后呢？"富翁得意地说："接下来你就可以自在地在沙滩上晒太阳、睡觉了。"渔夫笑了笑，回答道："我现在不就在睡觉晒太阳吗？"

✅ 观点 PK

渔夫是一个不思进取的人,还是一个聪明人?

请你帮助正方和反方分别填写他们的理由。

✅ 正方

渔夫是一个不思进取的人,理由:

① _____

② _____

③ _____

✅ 反方

渔夫是一个聪明人,理由:

① _____

② _____

③ _____

职业锚在职业生涯规划过程中非常重要。你当然希望能找到一份能满足自己各种需求的工作,金钱、地位、独立、施展才华……但不得不承认,没有一份工作可以满足你的所有需求。那么,当这些需求不能同时得到满足时,哪个才是你最不能放弃的呢?这时,你就需要了解自己的职业锚。

目前公认的职业锚有八种类型,见图 6-2。

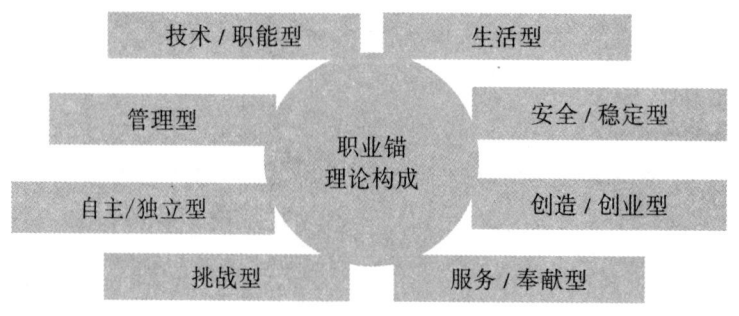

图 6-2　职业锚的八种类型

（1）技术/职能型。技术/职能型的人追求在技术/职能领域的成长和技能的不断提高，以及应用这种技术/职能的机会。对自己的认可来自于他们的专业水平，他们喜欢面对专业领域的挑战。他们通常不喜欢从事一般的管理工作，因为这意味着他们不得不放弃在技术/职能领域的成就。

（2）管理型。管理型的人追求并致力于工作晋升，倾心于全面管理、独立负责一个部分，可以跨部门整合其他人的努力成果。他们想去承担整体的责任，并将公司的成功与否看成自己的工作。具体的技术/职能工作仅仅被看作通向更高管理层的必经之路。

（3）自主/独立型。自主/独立型的人希望随心所欲地选择自己的工作方式、工作习惯和生活方式；追求能施展个人能力的工作环境，最大限度地摆脱组织的限制和制约。他们宁愿放弃提升或工作发展的机会，也不愿意放弃自由与独立。

（4）安全/稳定型。安全/稳定型的人追求工作中的安全与稳定感。他们因为能够预测到稳定的将来而感到放松。他们关心财务安全，如退休金和退休计划。稳定感包括诚实、忠诚以及完成老板交代的工作。尽管有时可以达到一个高的职位，但他们并不关心具体的职位和具体的工作内容。

（5）创业型。创业型的人希望用自己的能力去创建属于自己的公司或创建完全属于自己的产品（或服务），而且愿意去冒风险并克服面临的障碍。他们想向世界证明公司是靠自己的努力创建的。他们可能正在别人的公司工作，但同时他们也在学习并寻找机会。一旦时机成熟了，他们便会走出去创立自己的事业。

（6）服务型。服务型的人一直追求他们认可的核心价值，例如，帮助他人，改善人们的安全，通过新的产品消除疾病等。他们一直追寻这种机会，这意味着即使变换公司，也不会接受不允许他们实现这种价值的变动或工作提升。

（7）挑战型。挑战型的人喜欢解决看上去无法解决的问题，战胜强硬的对手，克服无法克服的困难障碍等。对他们而言，参加工作或职业的原因是工作允许他们去战胜各种不可能，他们需要新奇、变化和困难。

（8）生活型。生活型的人希望将生活的各个主要方面整合为一个整体，喜欢平衡个人的、家庭的和职业的需要，需要一个能够提供"足够弹性"的工作环境来实现这一目标。生活型的人甚至可以牺牲职业的一些方面，如放弃职位的提升，来换取三者的平衡。相对于具体的工作环境、工作内容，生活型的人更关注自己如何生活、在哪里居住、如何处理家庭事情及怎样自我提升等。

✓ 连线题

请将职业锚的类型与左边相应的类型描述、右边相应的职业描述连线。

左边（类型描述）	中间（职业锚类型）	右边（职业描述）
希望有机会实现自己的技术才能，享受作为某方面专家带来的满足、愉悦	管理型职业锚	金融分析师、工程师、销售员
需要同时具备分析能力、人际与团队能力、情绪管理能力，并能有效地加以整合。尽管这些能力不一定要发展到很高的水平，但它们缺一不可	技术职能型职业锚	销售经理、人力资源总监
通常会选择提供终身雇用、从不辞退员工、有良好的退休金计划和福利体系、看上去强大而可靠的公司	安全稳定型职业锚	教师、社会工作者
建立或设计某种完全属于自己的东西，要求自己标新立异、有所创造，并做好时刻冒险的准备	服务型职业锚	
关注工作带来的价值而不在意是否能发挥自己的才能或能力，渴望使世界更美好	创业型职业锚	公司老板

✓ 思考

想一想渔夫的职业锚是什么类型？

职业价值观自测量表

说明：下面有52道题目，每个题目都有五个备选答案，请根据自己的实际情况或想法，在题目后面圈出相应字母，每个题只能选择一个答案。通过测验，你可以大致了解自己的职业价值观倾向。

A——非常重要

B——比较重要

C——一般重要

D——较不重要

E——很不重要

（1）你的工作必须经常解决新的问题。　　　　　　　　　A B C D E

（2）你的工作能为社会福利带来看得见的效果。　　　A　B　C　D　E

（3）你的工作奖金很高。　　　A　B　C　D　E

（4）你的工作内容经常变换。　　　A　B　C　D　E

（5）你能在你的工作范围内自由发挥。　　　A　B　C　D　E

（6）你的工作能使你的同学、朋友非常羡慕你。　　　A　B　C　D　E

（7）你的工作带有艺术性。　　　A　B　C　D　E

（8）你的工作能使人感觉到你是团体中的一分子。　　　A　B　C　D　E

（9）不论你怎么干,你总能和大多数人一样晋级和涨工资。

　　　A　B　C　D　E

（10）你的工作使你有可能经常变换工作地点或方式。

　　　A　B　C　D　E

（11）在工作中你能接触到各种不同的人。　　　A　B　C　D　E

（12）你的工作上下班时间比较随便。　　　A　B　C　D　E

（13）你的工作使你不断获得成功的感觉。　　　A　B　C　D　E

（14）你的工作赋予你高于别人的权力。　　　A　B　C　D　E

（15）在工作中,你能试行一些自己的新想法。　　　A　B　C　D　E

（16）在工作中,你不会因为身体或能力等因素,被人瞧不起。

　　　A　B　C　D　E

（17）你能从工作的成果中,知道自己做得不错。　　　A　B　C　D　E

（18）你的工作经常要外出,参加各种集会和活动。　　　A　B　C　D　E

（19）只要你干上这份工作,就不再被调到其他意想不到的单位和工种上去。

　　　A　B　C　D　E

（20）你的工作能使世界更美丽。　　　A　B　C　D　E

（21）在你的工作中,不会有人常常来打扰你。　　　A　B　C　D　E

（22）只要努力,你的工资会高于其他同年龄的人,升级或涨工资的可能性比干其他工作大得多。

　　　A　B　C　D　E

（23）你的工作是一项对智力的挑战。　　　A　B　C　D　E

（24）你的工作要求你把一些事务管理得井井有条。　　　A　B　C　D　E

（25）你的工作单位有舒适的休息室、更衣室、浴室及其他设备。

　　　A　B　C　D　E

（26）你的工作让你有可能结识各行各业的知名人物。　A　B　C　D　E

（27）在你的工作中，能和同事建立良好的关系。　　A　B　C　D　E

（28）在别人眼中，你的工作是很重要的。　　　　　A　B　C　D　E

（29）在你的工作中，经常接触到新鲜的事物。　　　A　B　C　D　E

（30）你的工作使你能常常帮助别人。　　　　　　　A　B　C　D　E

（31）你在工作单位中，有可能经常变换工作。　　　A　B　C　D　E

（32）你的作风使你被别人尊重。　　　　　　　　　A　B　C　D　E

（33）同事和领导人品较好，相处比较随便。　　　　A　B　C　D　E

（34）你的工作会使许多人认识你。　　　　　　　　A　B　C　D　E

（35）你的工作场所很好，比如有适度的灯光、安静、清洁的工作环境，甚至恒温、恒湿等优越的条件。　　　　　　　　　　　A　B　C　D　E

（36）在工作中，你为他人服务，使他人感到很满意，你自己也很高兴。

　　　　　　　　　　　　　　　　　　　　　　　A　B　C　D　E

（37）你的工作需要计划和组织别人的工作。　　　　A　B　C　D　E

（38）你的工作需要敏锐地思考。　　　　　　　　　A　B　C　D　E

（39）你的工作可以使你获得较多的额外收入，比如，常发实物、常有机会购买打折的商品、常发商品的提货券、有机会购买进口货等。

　　　　　　　　　　　　　　　　　　　　　　　A　B　C　D　E

（40）在工作中，你是不受别人差遣的。　　　　　　A　B　C　D　E

（41）你的工作结果应该是一种艺术，而不是一般的产品。

　　　　　　　　　　　　　　　　　　　　　　　A　B　C　D　E

（42）在工作中，不必担心会因为所做的事情领导不满意而受到训斥或经济惩罚。　　　　　　　　　　　　　　　　　　　A　B　C　D　E

（43）在你的工作中，能和领导有融洽的关系。　　　A　B　C　D　E

（44）你可以看见你努力工作的成果。　　　　　　　A　B　C　D　E

（45）在工作中，常常要你提出许多新的想法。　　　A　B　C　D　E

（46）由于你的工作，经常有许多人来感谢你。　　　A　B　C　D　E

（47）你的工作成果常常能得到上级、同事或社会的肯定。

　　　　　　　　　　　　　　　　　　　　　　　A　B　C　D　E

（48）在工作中，你可能做一个负责人，虽然可能只领导很少几个人，你信奉"宁做兵头，不做将尾"的俗语。　　　　　A　B　C　D　E

（49）你从事的那种工作，经常在报刊、电视中被提到，因而你在人们的心

目中很有地位。　　　　　　　　　　　　A B C D E

（50）你的工作有数量可观的夜班费、加班费、保健费或营养费等。

　　　　　　　　　　　　　　　　　　A B C D E

（51）你的工作比较轻松，精神上也不紧张。　A B C D E

（52）你的工作需要和影视、戏剧、音乐、美术等艺术打交道。

　　　　　　　　　　　　　　　　　　A B C D E

✓ 评分与评价

上面的52道题分别代表13项职能价值观。每圈一个A得5分，B得4分，C得3分，D得2分，E得1分。请你根据下面评价表中每一项前面的题号，计算一下每一项的得分总数，并把它们填在每一项的得分栏上。然后在表6-3下面依次列出得分最高和最低的两项。

表6-3　评价表

得分	题号	价值观	说明
	（2）（30）（36）（46）	利他主义	工作的目的和价值，在于直接为大众的幸福和利益尽一份力
	（7）（20）（41）（52）	美感	工作的目的和价值，在于能不断地追求美的东西，得到美感的享受
	（1）（23）（38）（45）	智力刺激	工作的目的和价值，在于不断进行智力的操作，动脑思考，学习以及探索新事物，解决新问题
	（13）（17）（44）（47）	成就感	工作的目的和价值，在于不断创新，不断取得成就，不断得到领导与同事的赞扬，或不断实现自己想要做的事
	（5）（15）（21）（40）	独立性	工作的目的和价值，在于能充分发挥自己的独立性和主动性，按自己的方式、步调或想法去做，不受他人干扰
	（6）（28）（32）（49）	社会地位	工作的目的和价值，在于所从事的工作在人们的心目中有较高的社会地位，从而使自己得到了人们的重视与尊敬
	（14）（24）（37）（48）	管理	工作的目的和价值，在于获得管理支配权，能指挥和调遣一定范围内的人或事物

续表

得分	题号	价值观	说明
	（3）（22）（39）（50）	经济报酬	工作的目的和价值，在于获得优厚的报酬，使自己有足够的财力去获得自己想要的东西，使生活过得较为富足
	（11）（18）（26）（34）	社会交际	工作的目的和价值，在于能和各种人交往，建立比较广泛的社会联系和关系，甚至能结识知名人物
	（9）（16）（19）（42）	安全感	不管自己的能力怎样，希望在工作中有一个安稳局面，不会因为奖金、涨工资、调动工作或领导训斥等经常提心吊胆、心烦意乱
	（12）（25）（35）（51）	舒适	希望将工作作为一种消遣、休息或享受的形式，追求比较舒适、轻松、自由、优越的工作条件和环境
	（8）（27）（33）（43）	人际关系	希望一起工作的大多数同事和领导人品较好，相处时愉快、自然，认为这就是很有价值的事，是一种极大的满足
	（4）（10）（29）（31）	变异性	希望工作的内容应该经常变换，使工作和生活显得丰富多彩，不单调枯燥

Chapter 06 小结 SUMMARY

价值观就是一个过滤器，它决定了什么对你最重要，什么对你不重要，什么是你愿意积极争取的，什么是免费得来你都不想要的。如果你的职业价值观与工作相吻合，那么你工作时会觉得意气风发，每天都很"给力"。但假如职业价值观与工作不相吻合甚至背道而驰，即使高薪和高地位也会让你感到无奈和痛苦。

How to Find a Good Job
for College Students
College Students Career Planning

第三编
知彼：了解你的职场

"知己知彼，方能百战百胜"！"职业指导之父"帕森斯指出，要做好职业规划，除了要了解自我外，还要了解职业，然后进行以上两方面的综合考虑。经过前一部分的学习，我们走完了职业生涯规划的第一步，对自己有了进一步的认识，做到了知己。而对于我们中的大多数人而言，职业信息了解的缺乏是硬伤。路是一步一步地走，职业生涯规划也是一步一步地进行。那么，下面就和大家讨论一下职业生涯规划的第二步——知彼，走进心仪的职场，了解工作世界。

07 揭开职业的神秘面纱

"外面的世界真的很无奈吗?没考上大学时担心考不上大学,考上大学后担心找不到工作!年龄在增长,却突然发现自己的能力似乎在后退,现实中突然出现了那么多的无能为力。现在自己为前途、为就业、为未来担心、发愁。"

同学们对进入社会有些期许、盼望,又有些迟疑、胆怯,想走出校门,又不敢走出来。但是同学们迟早要迈出校门,进入社会。大学毕业了,面临着不同的道路,是考公务员,追逐所谓的"金饭碗",步入仕途;是继续深造,出国或者读研,还是到企业供职;抑或是做自己的老板,自主创业?面临全新的选择时,该如何抉择?这是当前同学们面临的首要困惑,而解惑的关键在于——全方位地了解一个未知的工作世界!

你知道如何在海量的网络信息里捕到属于你的那条鱼吗?

✓ 两个问题

(1)敢问路在何方?
(2)了解工作世界的具体方法有哪些?

✓ 体验式学习

参加招聘会

请你参加招聘会并写下自己将要应聘的工作岗位,并填写表7-1。

表7-1 目标岗位信息表

职业名称	
职业任务	
工作回报	
工作环境	
职业要求的知识、技能	
应具备的资格	
得到本项目标的渠道和机会	
已具备的知识、技能	
已具备的职业资格、相关的经历	
短期内,我应该达成的目标	

✓ 思考

你能填满吗?你搜集就业或者职业信息的能力怎么样?

7.1 了解职业信息的方式

✓ 案例

李易今年大四。他在校期间,年年拿奖学金。学习、社会工作都做得很多,也很好。可是面对就业的问题,他困惑了,天天在网上投简历,可是都石沉大海没有音讯;学校的校园招聘他几乎场场参加,可几乎都是失望而归。他不禁慨叹:就算是千分之一的成功率,我也该碰到一份合适的工作啦!他不知道是自己不够优秀,还是运气不好,非常苦恼。

✅ 案例分析

不难看出,李易既不是不够优秀,也不是运气不好,而他的信息搜集能力不够。找工作就是找信息,要善于捕捉各种媒介传递的与就业有关的消息和情况,包括就业政策、就业机构、人事制度、劳动力的供求状况、劳动用工制度、经济发展形势与趋势、国家发展规划、就业方法和招聘信息等。

作为大学生必须掌握获取职业信息的途径和方法,以及怎么处理、辨别对自己有价值的信息,培养并迅速提高自己的信息能力,掌握信息搜索的方法。"工欲善其事,必先利其器",掌握方法比搜集迅速变化的信息更有价值。

你要明白,信息能力是指信息的获取、理解、分析、加工、处理、传递能力以及对信息的理解和利用能力。你要有强烈的获取信息的意识,学会评估、分析、表达信息,并能灵活运用信息为自己服务。

7.2 职业与行业

在了解工作世界的过程中,还需明晰整个社会中职业与行业的分类,定向收集、准确把握职业信息。

7.2.1 什么是职业

职业是人们在社会中所从事的作为谋生手段的工作。从社会角度看,职业是劳动者获得的社会角色,劳动者为社会承担一定的义务和责任,并获得相应的报酬。

✅ 案例

小葵,女孩,就读于某大学数学学院,大二,她对自己的专业没有什么兴趣,希望跨专业考研,目标是经济学或金融学,希望以后能到金融机构工作,如银行等。辅导员问她打算将来读完研后在银行里从事什么具体职业,她想了老半天,也没想出来,最后说了一句:只要是在金融行业工作,做什么都行!

● **案例分析**

小葵对自己将来从事什么职业,也就是将来干什么,似乎很不清楚,在心里只有一个模糊的影像,就决定跨专业考研,从事金融行业,毕业后具体从事什么工作,也只有到时再说了。为什么她对"心目中"的职业不了解?你觉得她需要了解她"心目中"职业的什么内容呢?

在社会职业迅速变化的今天,新的职业不断地出现。职业的变迁也越来越快,职业内容不断地发生变化。为了对职业信息有更广、更全的了解,请你填写职业分析清单,详见本书附录6。

如果你能将职业清单上的信息补充得比较完整,那么就说明你对将来想要从事的职业有了比较全面的了解,这为你的就业奠定了坚实的一步。当然你也可以在职业分析清单的基础上根据你的实际需要增减信息,建议你增加信息而不是减少。对一份职业,信息掌握得越充分,你的选择将越理性。

7.2.2 行业的秘密

行业是指从事国民经济中同性质的生产或其他经济社会的经营单位或者个体的组织结构体系,如房地产业、汽车业、金融业等。在科学的定义中,职业和行业是两个不同的概念,但在日常生活理解中,二者又是不容易清楚区分开来的。为了更好地理解我国的行业知识,我们从三大产业开始探索。

(1)三大产业。对于三大产业你应该比较清楚,即第一产业、第二产业和第三产业,这里不再赘述。

(2)了解行业的内容。应该具体了解关于行业的哪些内容呢?请你填写表7-2,该表你也可以适当地增加信息。填写完毕,你将会有完全不同的感受。

表 7-2　行业信息表

行业现状	行业发展的不同阶段	我的观点
国家政策影响	国家政策有时候会对一个行业产生决定性的作用	
行业人才需求	你关注的行业,现在需要什么样的人才？将来呢？需要多少？人才供给情况又是怎样的？有哪些具体的用人要求	
标杆企业动向	海尔、海信是家电生产行业的标杆企业。你所关注的行业中哪些是标杆企业？它们现在的产品或服务有什么动向？企业本身有什么动向	
行业专家观点	请留意那些有代表性的行业研究和实战专家的观点,特别是他们的分析思路往往可以加深你对该行业发展趋势的认识	
行业薪酬走向	通过互联网和行业人士访谈可以轻易地搜到各个机构调查的行业薪酬状况和预测情况	
……		

7.3　如何捕鱼——职业信息的搜集

职业信息对于每一位谋求工作的大学生来说都至关重要。职业生涯决策的过程实质上就是一个与就业有关的信息搜集、处理和转换的过程。信息就是机遇,信息量越多,选择面越宽;信息质量越高,把握越大;信息越及时,越有主动权;信息越全面明确,求职盲目性越小。即将毕业了,在求职择业过程中,无论是职业目标的确定、求职计划的设计,还是决策方案的选择,职业信息的搜集和处理都是基础。职业信息要搜集什么？怎么才能获取合理全面而又有价值的职业信息呢？

◆ 案例

在某大学毕业生宿舍,小赵在电脑前不停查找着各种 HR 网站的信息,智联招聘、前程无忧……他根据自己的专业和兴趣选择着就业岗位。虽然现在是冬末春初,仍有大滴大滴的汗从他额头滚落。而他邻床的杨阳早已胸有成竹,手中早就握着几个单位的就业意向书,从国企到民企,杨阳在犹疑不决,但脸上有种灿烂的神情。

◆ 案例分析

同一个专业的他们在择业的重要关头境遇大相径庭,原因何在?经过和两位同学交流后发现,原因在于他们对于职业信息掌握的情况不同。小赵只是单一地在传统的网站搜索搜集职业信息,杨阳则有更多的想法,他说:"我觉得自己能在就业中脱颖而出,主要是因为手头有很多职业信息可以选择。从学校就业指导中心获得的职业信息,到自己心仪企业网站链接上搜集招聘信息,我在尽可能多地搜集和利用职业信息,我是赢在起跑线上的。"

收集职业信息是求职的第一步,同学们要善于主动出击,通过各种渠道、各种手段,力求广泛、全面、准确、有效地搜集职业信息,寻找就业机会。

7.3.1 职业信息搜集的基本原则

◆ 案例

小王是信息管理与信息系统专业大三的学生,已经考了会计证和助理会计。马上就要找工作了,找会计工作容易吗?他对现在的专业可以找什么工作很是迷茫。他应该先找实习工作吗?找实习工作有什么要注意的吗?

(1)真实性原则。"真"就是要做到信息准确无误。当你面对大量的需求信息时,要善于对比鉴别,辨别其真伪,去伪存真。"实"就是搜集的信息要具体,如用人单位的地址、环境、生产规模、发展前景、人员构成、生活待遇、联系人、联系电话、网址、电子信箱等方面。此外,还需了解清楚用人单位需要的是什么学历、什么专业、什么素质的人才,在生源地、性格、性别、相貌、外语水平等方面有无特殊要求等。

大学毕业生应当警惕一些过时的或虚假的信息,以免浪费巨大的人力、财力或时间成本。尤其应当防止"陷阱"性信息导致毕业生误入传销圈套之类的恶性事件发生。总之,一定要了解清楚信息来源,确保真实性。

(2)适用性原则。首先要明确收集信息的目的,有了明确的目的,信息收集才有方向,才有针对性;其次信息纷繁复杂,并不是每一条信息都适合自己,因而,你必须准确认识自身的专业、特长、能力、性格、气质等方面的因素,明确自己所需信息的范围,做到有的放矢,避免范围过大且对自己无效的信息,增强就业信息的适用性,避免时间和成本的浪费。

(3)系统性原则。将各种相关的、零碎的信息积累起来,然后分析、加工、整理与分类,形成一个能客观地、系统地反映当前就业市场、就业政策、就业动向的就业信息链,为自己的信息分析和择业提供更可靠的依据。

(4)计划性原则。收集信息有计划性是指根据事先拟订的计划收集不同类型的企业、事业或公司的信息,并根据自己希望就业的地区,有重点地收集,避免大海捞针。

7.3.2 职业信息搜集的主要渠道

搜集职业信息的渠道非常丰富,包括报纸杂志、学校毕业生就业指导中心、各级毕业就业主管部门和就业指导机构、各地的人才市场和人才交流会、网络资源、亲朋好友、其他社会关系、电视广播、社会实践、实习或兼职,直接与用人单位联系等。各个联系渠道具体概括见表7-3。

表7-3 搜集职业信息的主要渠道

渠道	内容举例	优点	缺点
平面出版物(书、报刊等)	《中国职业分类大典》《前程无忧专刊》《大学生》等专业报刊让你直接受益	平时就有进行,潜移默化已产生影响	效率比较低,如果是文学作品,会带有艺术夸张,失真
视听材料(电视节目、光盘、影视作品等)	如《选择》《实习生》《劳动就业》等栏目。另外,一些影视作品也能帮助你感受到职业的气息,比如《杜拉拉升职记》	以更直接的角度了解职场发展的状况和职场人的面貌	如果是文学作品,会带有艺术夸张,失真
人才交流会	很多地区每年甚至每个周末都会有;人才市场举办现场招聘会等	可以了解当地的人才需求状况、相关单位的招聘情况等	只能了解到表面化的信息
行业展览会	如每两年举办一次的北京国际汽车展览会,每年在深圳举办的中国(深圳)国际文化产业博览交易会等	了解相关行业发展、新技术应用状况以及标杆企业动向等	只能了解到行业和单位的信息,难以进一步了解工作信息

续表

渠道	内容举例	优点	缺点
网络	如中华英才网、中国劳动保障和就业网等	效率高,信息量大	需要自己进一步筛选
专业协会和俱乐部	从国家级的中国物理学会到学校里的学生社团——管理协会、财经学会等	了解相关专业的发展现状和趋势,接触相关从业人员	对职业的其他信息了解机会可能不多
直接现场观察	如参观企业;跟随职场人士,观察其一天的工作	容易操作,对工作会有感性的认知	效率低,一次只能了解一个单位的情况
情景模拟	主要的方式是角色扮演,如参加模拟面试	体会、理解用人单位的需要	可能流于想象,脱离实际
职业实践	到现场去做这个工作是最直接的体验。除了实习之外,兼职以及志愿者服务也是可以选择的实践方式	信息的获得直接而真实,感受真切	效率不高,一次只能实践一种职业
信息咨询	如去就业指导中心和一些专业机构咨询	得到信息提供与专业指导	受指导者水平限制
生涯人物访谈	通过与同一行业中数位工作者的深入交流获取职业信息	直接印证职业信息,了解职场潜规则,拓展求职人脉	易受访谈对象主观评价的影响

其中,搜集职业信息经常使用的网络资源包括:

中国高校毕业生就业服务信息网(http://www.myjob.edu.cn);

中国教育在线就业频道(http://career.eol.cn);

公务员考试网(http://www.gwyksw.com);

事业单位考试网(http://www.17ks.org);

全国学校毕业生就业网(http://www.gradnet.edu.cn);

北京高校毕业生就业指导中心(http://www.bjbys.net.cn);

前程无忧网(http://www.51job.com);

智联招聘(http://www.zhaopin.com)。

同学们可以通过分析收集到的职业信息,了解用人单位的具体要求和具体的职业信息,结合自己的实际情况,从中筛选出适合的单位和职业,以便有针对性地参加竞聘,开始下一步工作。

职业信息的搜集过程中要掌握真实性、适用性、系统性、计划性的基本原则,结合自身实际情况,通过有效的途径来获取职业信息。

7.4 打好求职信息战

7.4.1 职业信息的分析

● 案例

小李是一名通信工程专业的研究生,有意向通信行业分析师发展。他应该学习哪些具体的课程,培养哪些方面的能力,考取哪些相关证书呢?另外,如果他要向用人单位投简历,应怎样锁定目标范围呢?

● 案例分析

从各个渠道搜集了众多的用人单位需求信息和职业信息后,要对信息进行分析、筛选,从而确定求职目标。筛选需求信息要遵循一定的原则。

(1)比较鉴别:当你从不同的渠道收集到大量的需求信息后,可用对比鉴别的办法,确定其对自己的用处。

(2)分清轻重:信息可以全面收集,但在比较筛选之后,应把重点信息选出、标明并注意留存,一般信息则仅作参考。

(3)澄清确认:当你收集到一些需求信息后,为了弄清信息的可靠程度,应当通过各种办法,找有关人士去打听、澄清,以确定信息的可靠程度。

(4)透彻全面:对于重要的信息要顺藤摸瓜、寻根究底,务求了解透彻,不能一知半解。要全面掌握情况,全面了解信息的中心内容。

(5)因人裁衣:一切信息都要对照衡量一下,看是否适合自己。千万不要好高骛远,挑选不适合自己的工作岗位。

(6)小心翼翼:获取用人信息以后,不能一味盲从。决不要未经筛选就轻率地做出选择,这样往往会错失良机,追悔莫及。

具体说,一方面,首先把搜集来的信息进行必要的调查了解;然后逐条分析其优势和不足,选出重点有使用价值的信息;最后将自己选出来的重点信息再分别进行较为详细的调查分析,包括对用人单位环境、条件、发展前景及对人员需求的情况、录用条件等。另一方面,要对自己的素质、能力等实际情况进行分析,考虑自己的优势和长处、性格特点等,认真考虑自己是否适合和愿意获得这个职业,并做出决定。一旦确定之后,就要认真制定自己前去参与竞争的具体方案。

7.4.2 职业信息的利用

● 案例

谢超是一所重点大学大四的学生。即将毕业的他已经对自己的未来有了明确的目标——成为IT行业的一员。他通过学校、招聘会和网络搜集了大量该行业相关的招聘信息,但面对这些信息,他头都大了。他已经向业内有名的几家企业投递了简历,打算接下来进行全面撒网式投递简历,生怕错过任何一个机会。

● 案例分析

对搜集到的信息,应结合自己的实际情况,加以筛选处理,去粗取精,去伪存真,有目的、有针对性地精心整理和分析,使信息具有准确性、全面性和有效性,更好地为自己选择职业服务。所以,在对其进行处理应用时要做到以下几点:

(1)抉择正确。择业的成败很大程度上取决于对信息如何进行选择。要选择得好,首先必须能在较短的时间内查阅大量信息,以便从中迅速发现最有用、最重要的信息;其次,要鉴别、判断,善于识别信息的准确性、有效性和可行性。

(2)善于利用。当获得一定量的就业信息后就必须善于利用,否则仍将一无所获。

(3)兵贵神速。信息有很强的时效性,及时用之是财富,过期不用是垃圾,当收集到广泛的信息并加以分析处理后,应尽早决断并向用人单位反馈信息,犹豫不决会痛失良机。

具体做到:

(1)明确目的。及时运用有价值的信息去选择适合自己的工作。每个人都应善于应用信息,根据职业的要求与自己具备的条件,两相对照以后,选择适合自己的最佳岗位。这是收集和筛选信息的最终目的。

（2）随时充电。根据职业信息的要求及时调整自己的知识、技能结构，提高自己的工作能力，弥补原来的不足。如发现自己哪方面的课程知识不足，就主动去学习，或发现自己哪方面的技能欠缺，就赶快参加必要的训练，主动学习和掌握相应的技能。

（3）学会共享。及时输出对他人有用的信息。有些信息对自己不一定有用，可是对他人十分有用，遇到这种情况，千万不要抓住这些信息不放手。你能主动输出对他人有用的信息，不仅是对他人的帮助，而且他人的顺利就业自然也使你减少了一个竞争者，且"助人者人恒助之"。

为了更好地分析和处理职业信息，请将你搜集到的八种岗位或职位的信息填写在表7-4中。通过表格的直观比较，分析利弊，你会对这几种岗位或职位获得较清晰的认识，并由此做出理性的选择，完成职业信息的分析和利用。

表 7-4　岗位或职位信息表

岗位或职位	1	2	3	4	5	6	7	8
信息来源								
单位名称								
性质								
地点								
环境								
企业文化								
发展前景								
用人制度								
工作职责								
专业要求								
学历要求								
生源要求								
性别要求								

续表

岗位或职位	1	2	3	4	5	6	7	8
外语水平要求								
计算机能力要求								
专业知识要求								
专业技能要求								
待遇								
应聘流程								
应聘联络方式								

这个表格可能会花费你大量的时间和精力，也考验你的耐心和毅力。如果你能将其填满，相信你一定会有意想不到的收获。

Chapter 07 小结 SUMMARY

明确信息的能力将成为你胜出的决定性能力，所以你需要不遗余力地培养并提高。在职业生涯举步的阶段，职业信息的搜集、分析、筛选、处理和利用，是必需的也是必要的。应明确并熟练地掌握信息搜集的技术、方法和渠道，并学会分析。

08 未来的可选项

✅ 案例

小赵是读通信工程的工科毕业生。毕业生面临的选择无非就是三项:出国,读研,工作。她在大三寒假时决定先工作。然而她觉得这个时候才做决定太晚了,很佩服那种从小或者很早就已经知道自己要走哪条路的同学,比如要出国,一些人很早就开始准备材料,如成绩单以及需要考的外语能力证书。她很早之前也想过,可是她不明确到底要做什么,出国去读什么。对于读研,她的室友们一进入大学就决定了,所以一直认真努力地学习,准备保研;考研,她没有想过的,觉得太辛苦了,而且她不知道为什么要考研。她因为确定不想做技术,所以就不急着读研,她想做的市场或者HR都更注重工作实践经验。不过她一定会读研,但那是以后的充电和深造,如果以后从事的是市场以及管理等方面的工作,那么出国深造就是必要的,时间就是成本啊,她觉得一定要弄清楚自己到底要做什么以后再去付出这个成本。

毕业了,何去何从? 道路千条万条,大致说来,每个大学生毕业以后有三条路可供选择:入仕、为学和从商。怎么选择,每个人都需把握三个关键点:

准确的自我定位、清晰的职业认知、审慎的道路选择。这一章,就和大家着重谈谈这三条路。

"入仕"指进入机关事业单位。大学里不从事学术研究的行政人员也算是仕途中人。"为学"主要是指获得一定学位、在某个学术领域有一定造诣之后,于大学或者其他学术研究机构专门从事教学和学术研究。一些企业的技术研究人员也可以归入这一行列。"从商"所指的是以营利为目标的市场主体及其从业人员。从整体上来说,将这种分类方法作为人生规划的逻辑起点不但是可行的,而且是必要的。廓清了以上三条职业道路之后,需要考虑的问题便摆到了面前:你究竟适合走哪一条路? 只有先决定做商人,才能考虑在哪一个行业做生意;也只有决定了做学术,也才能更好地考虑自己究竟在哪一个专业领域继续发展。虽然目前决定的事情会因为很多无法把握、无法预知的因素而改变,但是生活无非就是把握目前所能把握的。

8.1 仕途

仕途这条路,对大学生来说有三个最主要的选择:公务员、选调生和大学生村官。我们一一分析。

8.1.1 仕途之一——公务员

素有"金饭碗"之称的公务员是怎样的呢?我们一起来看一下。

图8-1 公务员的"金饭碗"

◆ 案例

张萧然是北京某所大学刚毕业的学生,在大学期间学习成绩优异,为人热情乐观,早就是一名共产党员。她很想报考公务员,却不知道从哪儿下手,如何准备。

◆ 案例分析

很多人都想报考公务员,但对公务员是干什么的,该如何报考,有哪些要求,如何报名,什么时间考试,考什么,怎么考,如此等问题却是语焉不详,让人心里没底。

公务员到底是干什么的呢？公务员是指在各级国家行政机关中行使行政权力、执行国家公务的工作人员。按照《公务员法》规定，公务员是指"依法履行公职，纳入国家行政编制，由国家财政负担工资福利的工作人员"。

公务员考试分为中央和地方的公务员考试。中央公务员考试是指中央、国家机关以及中央国家行政机关派驻机构、垂直管理系统所属机构录用机关工作人员和国家公务员的考试。地方的公务员考试是指地方各级党政机关、社团等为招录机关工作人员和国家公务员而组织进行的各级地方性考试。中央和地方考试单独进行，不存在什么从属关系，考生根据自己要报考的政府机关部门选择要参加的考试，也可同时报考，相互之间不受影响。

地方考试有资格考试和招录考试两种。例如，北京市的公务员考试就是一种资格考试，成绩合格者发给公务员资格证书，考生可凭此资格证参加北京市、区、县等具体机关的招录，有的需要再参加具体部门的一些考试，有的直接面试考核。其他地方的公务员考试采用的是招录考试的方式，考生选择职位报名参加考试，考上后就直接录取为该部门的公务员，和中央公务员考试的程序一样。

中央、国家机关公务员招考工作的时间是固定的，报名时间在每年10月中旬，考试时间在每年11月的第四个周末。省级以下国家公务员考试时间尚未固定，欲报考者应密切关注各类新闻媒体或各省人事网等相关招录公务员的信息，以免错过报考时机。

有关公务员考试的报名流程、报名要求、报考的具体职位、考试科目等都可以在国家公务员考试网上查询，也可以在国家公务员网站上提问咨询，会有相应的专业人员做出回答。

因此，对于报考公务员你需要了解报考条件、考试时间、流程、考试科目、具体级别等信息。除此之外，你要想获得这一职位，个人的努力和综合素质的提高是必需的，当然还要加上个人的机遇等其他社会性因素。

8.1.2 仕途之二——选调生

◇ 案例

请问报考选调生有哪些要求？

学生一：我想报考山东的选调生，选调生考试对视力、身高、体重等有什么要求？英语四级是否可以？是否一定要获得奖学金以及优秀党员、优秀团员等称号？

我是山东人，正在北京读本科。学习成绩有一科不及格，但是补考顺利通过了，身高178厘米，健康无其他身体疾病，近视400度，行吗？

不是党员，当过两年班级的宣传委员，还当过一年的团委副书记，没有其他荣誉和不良记录，请问我符合选调生的报考要求吗？还有一年多才毕业，我该如何努力达到报考条件？

学生二：我将于2017年7月份毕业，想报考今年的选调生。我现在的条件是：曾经多次获得一等奖学金；担任过文艺委员，学生会干事；1994年8月出生。但我不是党员，也没获得过"三好学生"的称号。我有资格报考选调生吗？

✓ 案例分析

很多大学生在毕业的时候，报考选调生是一个重要的选择。大多数人又像这两位同学一样，条件不是十分优秀，想报考选调生，但对选调生没有什么深刻的认识。怎么办呢？不知道有没有资格，那就行动起来，查阅相关资料，看看自己够不够条件，缺少什么补什么，特别是那位大三的学生。

选调生是什么？

选调生是组织部门有计划地从高等院校选调品学兼优的应届大学本科以上毕业生到基层工作，作为党政领导干部后备人选和县级以上党政机关高素质的工作人员人选进行重点培养。

选调生的报考条件包括党员、有能力、高素质、成绩好、获过校级以上奖励以及年龄限制等。具体选拔包括资格审查、笔试、面试、体检、考察考核等程序，一般都要求校方进行重点推荐和审查。

目前，各个地区的选调生项目一般都由当地党委的组织部门负责。因此，关心选调生项目的同学，可以到相关组织部门网站上查询具体政策，也可关注学校的就业信息网站。

根据选调生报名要求，案例中的两个同学，是不符合报名资格的。因此，对选调生有意向的同学，要根据报考条件早做准备，只有符合了基本条件，你才有可能进入门槛，才有竞争的机会。当然，机遇总是偏爱有准备的人，最主要的还是要在大学里做好生涯规划,抓紧时间确定方向并提高自己各方面的能力。

8.1.3 仕途之三——大学生村官

✓ **案例**

在一次大四就业指导课程中,有同学提问关于大学生村官的问题。

"请问现在大学生村官好考吗?请细说下报考要求、岗位须知,谢谢!"

"我是在校大学生,要2018年才毕业,请问我现在可以报考村官吗?"

"山西生源学生想在山东省报考大学生村官,但是本人户口没有转入学校集体户口,请问有什么办法吗?"

"请问大学生村官的同意报考证明和任职年限证明怎么开?盖章怎么盖?"

"请问2017年广东省大学生村官报名时间和考试时间是什么时候?

……

✓ **案例分析**

同学们的问题主要集中于村官的报考时间、条件、专业有无限制、跨地区报考是否可以以及在校大学生能否报考等问题。

请阅读下面的内容,你会有一个明确的答案。

大学生村官是指到农村(含社区)担任村党支部书记、村委会主任助理或其他村"两委"职务的具有大专以上学历的应届或往届大学毕业生。

大学生村官使用专项全额拨款事业编制,参加社会保险,统一缴纳住房公积金,有一定财政补助资金。

关于大学生村官的报考条件、不同的地方要求有所不同。总的来说在学历、专业、是否党员、年龄等方面有要求。大学生村官的报考时间因地而异,不过大部分省市地区大都安排在每年的1月份。在各个地区的人力资源与社会保障网上可以查询到详细的招录信息。

大学生村官不好当,但对于面对就业压力和致力于做出一番事业的你来说,未尝不是一个明智的选择。

8.2 为学

有人说,求学时期是黎明前的黑暗,所以说在大学毕业时选择继续深造是在走夜路。那么这条夜路,你有没有勇气和决心走下去呢?

下面我们来谈谈继续深造的选择——考研和出国留学。

8.2.1 为学之一——考研

考研是越来越多大学本科生的选择,考研简言之就是"参加硕士研究生入学考试"。

考研要符合国家标准,按照程序:与学校联系,先期准备,制订计划并开始复习,报名、初试、调剂、复试、复试调剂、录取等程序依次进行。

● **考研程序**

(1) 确定学校。确定学校、专业,获得具体的考试信息。你可以通过各学校的网站、招生简章、考试真题、报考学校的导师和研究生等进行咨询,全面了解信息。

(2) 制订计划,开始复习。千万不要小看在复习之初制订的计划,它会使你复习得更加全面系统,而且高效。等真的考完研以后,你会发现意想不到的效果。

(3) 网上报名和现场确认。

(4) 初试。初试一般在1、2月份,春节前一两个星期。考试一般要持续两天,进行四门考试,每门考试三个小时,也有进行两天半的考试专业。考试地点一般在地市一级教委高招办设立的考点,或者招生的高校,考生在报名时可以选择这两种考点。

(5) 调剂。大约在寒假过后,春季开学后一个月内,考研成绩就会公布。这以后到发布复试通知的一段时间是很关键的,如果名次不是特别理想,录取在两可之间,就要与报考单位(院系)和导师多联系,看有无可能自费和委培,或者调剂到别的学校。

(6) 复试。复试一般在3、4月份,是差额复试(如1∶1.2),还有专业课考试和英语听力、口语考试等。复试注意事项很多,学生可以上考研论坛吸取经验。但有一点不能忽视:笔试过后要充分准备复试。

（7）录取。

> **专家提示**

考研是一件关系到大学生前程的事情，但是同学们也没必要考虑得太早，从大三开始考虑完全来得及，考虑太早，最后变化也快，等到大三了，学业各方面都差不多稳定了，这时候再考虑，对自己未来的定位会更准确。究竟该不该考研？该考哪个学校？一些人甚至从大一或大二时就开始考虑这个问题。确实，对于这个大问题，是否做，如何做，多花些时间来考虑是必要的。

8.2.2 为学之二——出国留学

> **案例**

小董在上海外国语大学读英语语言文学，现在大二。她想去国外读书，家里条件差，没办法支付费用。雅思，她可以考8分左右。她在学校里做学生干部，课外教外国人汉语。出国想读第二外国语习得方面的硕士。不需要选择名校，只需要拿全额奖学金，能够供她在外国读书即可。她应该怎么办呢？

> **案例分析**

想出国留学，但是家庭条件不允许，所以想拿奖学金。这是很多学生走出国之路的一个比较理想的选择。但是除了奖学金外，要出国留学还需要准备什么呢？

出国留学，一般是指一个人去母国以外的国家接受各类教育，时间可以为短期或长期（从几个星期到几年）。这些人被称为"留学生"。

> **出国留学的要求（以美国为例）**

（1）学历要求。申读美国大学硕士课程须本科毕业，拥有学士学位。申请学校和专业时应尽量符合个人的教育背景、工作经历及兴趣爱好。

（2）英语要求。美国大学都要求学生在申读研究生时提供英语成绩，大多数不仅要求托福550分以上，可能还需要提供其他相关的英语成绩，如理工科、文科及数学专业要求GRE成绩，商科专业要求GMAT成绩，牙科专业要求 DAT 成绩,医科专业要求 MCAT 成绩,法律专业要求 LSAT 成绩等。但也有些美国大学对于申请研究生课程的学生不要求 GRE 或 GMAT 成绩。优秀的英语成绩可以帮助学生申请不同程度的奖学金。

（3）经济要求。由于学校和专业的不同,美国大学的学费相差很大。一般来说,社区大学的学费为每年 2000 美元左右,而有些优秀的私立大学每年的学费和膳宿费高达 28000 美元。美国大学的硕士课程为 1～3 年,博士课程为 5～7 年。家庭医疗保险费用为每年 3500～4000 美元。对于那些持有学生签证而又想工作的学生,美国移民法律有非常严格的限制,持有最普通的 F-1 签证,每周可兼职或校内工作不超过 20 小时。

（4）签证要求。赴美留学的签证要求较高,除要求具备良好的学历及专业背景外,是否获得奖学金也是一个重要的因素。获得美国大学的奖学金可以大大增加获签的可能性。去欧洲大部分国家还需要购买专业的签证保险。其中的医疗保险金额不得低于 3 万欧元（相当于 30 万人民币）,且应附带全球紧急救援保险。

◆ 出国费用

出国留学费用主要包括考试费、公证费、体检费、签证费、学校申请费、学校注册费、学费、生活费和旅费等,而学费和生活费占据所有费用的大部分比例。另外,还需考虑人民币与外币的汇率以及通货膨胀等因素。

出国留学是潮流,需要你去分辨方向。不能因为周围的同学都出去了,自己也不管不顾地出去。要看看自己适合不适合,更要了解出国的相关信息,比如费用、语言、专业等问题。

8.3 商途

当昔日的梦想与现实冲撞,当理想的追寻切换成生存的压力,这其中的含义不言自明。

毕业了,我们的工作在哪里？就业路在何方？

毕业,本来是一个开心的时刻,但不知什么时候,对很多毕业生来说变成了失落的起点。在求职的压力之下,出现了很多自嘲式的词语,如"面霸""考霸"等。

8.3.1 打工皇帝谨记：你的老板最看重什么

从商，简单地说，是进行商业活动；广义上是指进入企业，这条道路是越来越多的同学要走的路。因为事业单位、政府机关、学校以及科研机构的需求十分有限、准入要求也越来越高，毕业生进入这类单位的机会在不断地减少。除此之外，在工作的选择上，除了有什么路可走，更重要的是，你适合走什么样的路。在工作的选择中，需要综合内外各种因素，如你的兴趣、性格、价值观和能力等这些内在的因素，同时要考虑具体的工作特点是不是适合你，有多大的可行性。而且随着经济的不断发展，企业对人才的需要非常迫切。所以，对绝大多数同学来说，毕业后进入公司谋求职业是不错的选择，也是现实的选择。

谋求进入公司工作，就涉及如何选择公司、选择什么样的公司，就需要写简历、面试、录用、实习、转正等一系列过程，这些在后面的章节会一一介绍。我们在这里主要探讨职场必备的能力素质。你的老板最看重什么？进入职场要恪守哪些规则？我们总结出以下职场潜规则，与大家共享。

（1）做老板的顶梁柱。在一个组织中找到自己的位置，一个专属于你的、短时间没有人可以代替的位置，这样你就可以成为实现组织目标不可或缺的一员。要让别人意识到你的存在。

（2）学会合作使你更有力量。必须与集体分享个人成功。所有人都是蜡烛——要点燃自己。如果你只照亮自己，你的前途将一片黑暗；如果你只照亮别人，你将成为灰烬。必须明白集体主义是一种选择。

（3）改变头脑就能改变命运。显规则告诉我们要用耳朵听话，用嘴巴沟通；潜规则却说要用脑子听话，用眼神沟通。潜规则体现了公司的一种潜在文化和行事规则。要成为遵守规则的人，请按显规则办事；要被人认为是一个遵守规则的人，请按潜规则办事。显规则和潜规则往往相反，故当二者发生冲突，按显规则说，按潜规则做，是为最高原则。

（4）以老板的心态看问题。在完成任何一项工作的时候都不要忘了站在老板的角度完善每一个细节。努力工作是初入职场的你必须要有的心态，但努力的结果得到认可才是最终的目标。所以从老板的心态出发解决整个问题,才会达到被接受的目标。

（5）没有任何怨言。不要苛求百分之百的公平。显规则告诉我们要在公平公正的原则下做事,潜规则却说不能苛求上司一碗水端平,尤其是老板更有特权,对此不要有任何怨言。与其抱怨境遇的不公,不如干好自己的工作。

（6）有些事不必让老板说话。对于初入职场的新人来说,要积极表达自己的意见,要有一点个性,以显示出年轻人的活力。在自己的职责范围内,尽可能将工作做好。职责是你必须要做的工作,但办公室的生存定律是,职责就是你必须要做的工作之外的所有工作。

8.3.2 创业明星须知："十条自主创业御律"

从商,狭义的理解就是与其为人打工,不如为自己打工,自己当自己的老板。下面,我们重点谈大学生自主创业。

所谓自主创业,是指劳动者主要依靠自己的资本、资源、信息、技术、经验以及其他因素自己创办实业,解决就业问题。

自主创业不得不知道的御律：

（1）要有打持久战的心理准备,最好结合自身的专业和擅长,整合自身资源,找准项目,大胆尝试,刚开始时要有生活质量和水准暂时下降的心理承受能力。

（2）不要被别人的意见所左右,切忌人云亦云,左右摇摆,要认认真真走自己的路。商场如战场,经营中战略战术要保密,不否认有些人会通过故意刺激你的方式"逼"你说出相关秘密,这点要十分谨慎。

（3）刚开始时,不要四处张扬指望合作,一切等站稳脚跟后再说。

（4）前辈或他人成功的东西可适当借鉴,但不能盲目照搬照抄。别人成功是有其自身天时地利人和特定条件的,不一定适合你,要想办法审时度势,找出最适合自己的一条路来。他人的经历是没办法重复的。

（5）要有激情和想象力。前者能鼓励自己时刻保持一种干劲儿和活力,后者能帮助自己克服在资金、管理、营销等方面遭遇不足和困难时的无奈并保持希望和梦想。

（6）创业者一定要有吃大苦、耐大劳的准备,并要有失败后决不退缩、不达目的誓不罢休的斗志,要有"屡战屡败,屡败屡战"的精神。创业者得具有常人想象不到的坚韧和执着。

（7）要学会看待你同伴的优点和不足。面对团队成员的彷徨和犹豫，除了要以宽广的胸怀对待外，还要积极储备人才，这在开始时尤其重要。

（8）要注意团队同伴，一个团队里要有统一的价值核心理念，注重发挥每个人的特长和作用，记住一个人是不容易创业的。

（9）要不断学习。这年头，社会发展变化太快，新东西、新名词不断出现，创业者要与时俱进，不断学习新东西，接受新观念新事物。

（10）良好的生活习惯和健康的身体是开拓事业的前提和有力保证，即使工作再忙，再没规律，也不能忽视。

● 案例

创业的第一步，要从哪里开始？

我听了多场创业成功人士传经授道的报告会，感觉他们很幸运，不仅跨出了自主创业的第一步，还收获了成功。每次听完报告后，我们几个同学结合自己的情况，高涨的情绪矮了半截，因为我们不知道，这第一步到底要怎么迈？

——某大学大四学生陆明的困惑

● 案例分析

对于目前的大学生创业，同学们有两方面想法：一是认为创业项目形式相差不大，二是对自己的抗风险能力信心不足。他们关心的最多的问题是，自主创业后，学校、政府以及相关部门，还会不会关注他们。假如创业失败了，他们能否承担起相关的责任和义务。当前，越来越多的大学毕业生开始转变观念，想通过自主创业解决自己的就业问题，但却面临着如何定位的困惑。

在商学院积累经验。

——〔美〕比尔·盖茨

把企业当作未来100年家族能拥有的唯一企业来运营，不出售它。

——〔美〕沃伦·巴菲特

Chapter 08 小结 SUMMARY

自主创业是不错的选择。但是在行动之前，要弄明白、想清楚你自己是否能胜任并承担这个选择以及这个选择产生的后果，而且要充分了解并吃透"十条自主创业御律"，知道国家社会给自主创业的大学生群体提供了什么样的优惠条件，对政策要有良好的解读。

09 人脉：你的圈子，你的高度

9.1 人脉等于什么

关于人脉，作为大学生的你要弄明白三个问题：

第一个问题：什么是人脉？

第二个问题：人脉为什么对你的人生如此重要？

第三个问题：怎么才能真正拓展你的人脉，即增强你人脉的方法有哪些？

9.1.1 什么是人脉？

☑ 朋友

朋友是黑夜的灯塔，照亮了人生的前行，

朋友是生活调味剂，味觉香甜更养心怡，

朋友是冬季的骄阳，灸热温暖彼此心灵，

朋友是春天绽放花,馨香宜人更觉美丽!

既然要谈人脉对同学们的影响,那就不能免俗,先解释一下"人脉"这个词。词典的解释为"经由人际关系而形成的人际脉络",太过于抽象,简言之,人脉是指人与人之间的联系而形成的网络。

人脉即人际关系、人际网络,体现人的人缘、社会关系,经常用于政治或商业的领域。但其实不论做什么行业,人人都会有人脉。

请开动你的脑筋,"人"字怎么写?我想当你看到"人"这个字的时候,你已经明白了!

一撇一捺构成"人",两个独立的个体,相互支撑、相互依存、相互帮助,构成了一个"人",我们不得不佩服祖先的想象能力,"人"的象形构成完美地诠释了人的生命的意义所在。

9.1.2　人脉为什么对你的人生如此重要

专业知识在一个人成功中的作用只占15%,而其余的85%则取决于人际关系。

——〔美〕卡耐基

不一定是同班同学,也不一定睡上下铺,但只要是一个学校毕业的,就会有一种亲近感。现在同学之中很多人已经在各自的行业里逐渐进入角色,这个同学网络就成了非常宝贵的资源。

——易凯资本首席执行官王冉

一个人赚的钱,12.5%来自知识,87.5%来自人际关系。

——斯坦福的调查报告

10多岁比智力,20多岁比体力,30来岁拼专业,40岁拼人脉……

——俗语

案例

软银赛富基金首席合伙人阎焱之所以能赴美留学,就是因为他就读北大研究生时认识的一个外籍老师——来自美国普林斯顿大学的访问学者 Roger Michiner。Roger Michiner 很欣赏阎焱,两人经常一起聊天,有一次他主动说:"你应该去美国读书,我可以帮你写推荐信。"阎焱通过托福考试,取得了美国普林斯顿大学录取通知书和四年全额奖学金后,Roger Michiner 又在生活上给予了阎焱帮助。1986年8月,阎焱回忆说:"我到美国的第一天晚上,就住在 Michiner 教授家里,他的家也在普林斯顿。Michiner 教授待我非常好,在普林斯顿,他仍然是我的专业教授。我毕业多年以后,他也离开了普林斯顿大学。我们的友谊一直到现在。"

案例分析

人脉如同血脉

在人们追求事业成功和幸福快乐的生活过程中,存在一个类似血脉的系统——人脉。如果说血脉是人的生理生命保障系统的话,那么人脉则是人的社会生命保障系统。

你在公司工作最大的收获不只是你赚了多少钱,积累了多少经验,而更重要的是你认识了多少人,结识了多少朋友,积累了多少人脉资源。这种人脉资源不仅对你在公司工作时有用,即使你以后离开了这个公司,还会发生作用,成为你创业的重大资产。拥有它之后,在创业过程中一旦遇到什么困难,你就知道该打电话给谁。你积累起来的人脉资源是你终身受用的无形资产和潜在财富!阎焱的经历就是明证。

常言说"一个好汉三个帮,一个篱笆三个桩","一人成木,二人成林,三人成森林"。这都是说,要想做成大事,必定要有做成大事的人脉网络和人脉支持系统。

很多同学没有特别的背景,自身能力也不是很出众,那怎么才能做出点事情,找到自己理想的职业呢?除了自身的努力以外,"贵人"的提携加上机遇才可能让你飞黄腾达。你会发现,生活中从来不缺"贵人",他们可能就是你的朋友、同事,甚至是萍水相逢的人。不要只看着人脉中的显贵而忽视其他更多的普通人。在适当的时机,任何一个普通人都可以扭转乾坤,成为你的大"贵人"！但也要注意,毫无诚意的点头之交等于零,人脉需长时间的积累和沉淀。

机遇和贵人是在适当时候出现的适当的人、事、物的组合体。我们无法控制这种完美的巧合何时出现,唯一能做的就是通过扩展自己的人脉关系来给自己创造更多的可能。

✓ 心理实验

分别将一群乐观、人缘好的人和悲观、孤零零的人放在两个实验室里,然后用棉球将流行性感冒的病毒抹在双方的鼻头上,追踪实验的结果。

验证:哪边的人群感染的多呢？

结果:孤零零的人群感染率高很多。

多多少呢？ 四倍！

结果真是令人大吃一惊。很有启发性的心理实验,不是吗？一个人如果人脉窄、朋友少、悲观、孤零零——就连病菌都来欺负他,好运、财运、机运怎么会来找他呢？

9.1.3 增强你人脉的方法

✓ 案例

有一位接受采访的企业家,曾谈到过自己在沃顿商学院留学时对一场"成功的CEO"的主题演讲印象深刻。当时的演讲人是史克必成公司的CEO,1953年毕业于哈佛MBA。这位演讲人问台下众多沃顿商学院学生一个问题:"你们读MBA的目的是什么？"他说了三个选择:MBA的名声、人脉圈子和知识。大多数人都毫不犹豫地选择了人脉圈子,于是,众多听众反过来问这位CEO:"你1953年毕业,到现在对你帮助最大的是什么？"这位演讲者微笑着回答:"就是人脉圈子。"

✓ 案例分析

人脉圈子是成功人士建功立业的关键。成功人士怎样建立人脉圈子？案例中,去读书,读MBA,读商学院,这是不少成功人士建立和扩展人脉的有效手段。那作为大学生的你呢？怎样扩建自己的人脉圈子呢？增强人脉有哪些方法呢？

按照社会学的观点，我们生存的中国社会正在由熟人社会向陌生人社会转变，你每天遇见的，对你生活产生重大影响的，都是一些陌生人。由于陌生人的存在，更提升了人脉的重要性；而由于人脉的重要性，也催生了一些新的行业，比如各类网站，提出了如"六度空间"或"社交银行"等的理论。

"六度空间"理论（指按数学计算，这个世界上任何两个人产生联系，最多只需要通过六个中间人，从你到布什总统），记住：你和世界上的任何一个人之间只隔着六个人，不管你和对方身处何处，哪个国家，哪类人种，何种肤色。不用惊奇，你和布什或拉登之间也只有六个人，而且构成这个奇妙六人链中的第二个人，竟是你认识的人，也许是你的父母，也许是你的大学同学，更可能是办公室里每天帮你抹桌子做清洁的阿姨……仔细想想，通过做清洁的阿姨的人际网竟可以让你联系到布什，这是不是很奇妙？这个理论真的很奇妙，更奇怪的是它也很正确。当然，你自己可以去检验。

✓ 拓展人脉的关键法宝

自信。你要有自信。一个没有自信的人，总是怕被拒绝，因此不愿主动走出去与人交往，更不用说拓展人脉了。你有没有这样的经历：参加一些聚会，你会有些害羞，可能会故意迟到，还尽力找认识的人交谈，甚至好朋友约好坐一桌，以免碰到陌生人，因此，尽管许多机会就在身边，但我们总是平白让它流失。

沟通。沟通才能了解别人，包括了解别人的需要、渴望、能力与动机，并给予适当的反应。如何了解？倾听是了解别人最妙的方式。你不但要会说话，更要会听话，不管那人如何言语无味，你都能一本正经，两眼注视，仿佛听得极感兴趣似的。这不是装的，如果你假装，别人是能感觉出来的，你要是真的在听，紧要关头补充一两语，引申一二，使得滔滔不绝者有莫逆于心之快，自然觉得投机而成好友。

赞美。适时赞美他人。问一下自己，你喜欢别人说你好呢，还是说你差呢？我们当然喜欢其他人说自己好了。即使觉得别人说的并不是心里话，但我们听着还是很舒服的。请记住：每个人都喜欢听好话。你要学会赞美他人，哪怕你拙于言辞，但"你真好"，这么简单的话你总会说吧。要懂得如何让比你聪明的人更开心，那就是赞美。

积蓄人脉的途径

途径一：生人社会，熟人介绍

城市社会是生人社会，在这种社会里，熟人成为宝贵的资源。在扩展人脉方面，更要发挥熟人的能量。

熟人介绍是一种事半功倍的人脉资源扩展方法，它具有倍增的力量。一个人的能力再强，但是时间和精力是固定的、有限的。一位营销人员，要想在短时间内开发出大量的客户资源，只有利用转介绍的机制，才能产生一生二、二生三、三生万物的几何指数的倍增效应。人脉资源的拓展也是如此。

途径二：参与社团，扮演角色

大学里，社团数不胜数，很多大学在进行社团活动时，经常打出"百团大战"的旗号，所以，你参与社团的机会非常多。参与社团可在自然状态下与他人建立互动关系，扩展自己的人脉网络。在同学交往中，你也许会遇到这一现象：平常太主动亲近陌生人时，容易遭受拒绝，但是参与社团时，人与人的交往在自然的情况下将更顺利。为什么强调自然？因为人与人的交往、互动，最好在自然的情况下发生，有助于建立情感和信任。透过社团里面的公益活动、休闲活动，可产生人际互动和联系。

途径三：名片效应，善用名片

世界推销大师乔·吉拉德非常重视名片的作用。当他去餐厅吃饭付账的时候，通常是多付一些小费给服务生，然后给他一盒自己的名片，让服务生帮助自己送给其他用餐的顾客。每当他寄送电话或网费账单的时候，也夹两张名片，人们打开信封就会了解到他的产品和服务。乔·吉拉德说："我在不断地推销自己，没有将自己藏起来。我要告诉我认识的每个人，我是谁，我在做什么，我在卖什么，我要让所有想买车的人都知道应该和我联系。我坚信推销无时无刻不在进行，但是很多销售人员往往意识不到这一点。"读完乔·吉拉德的故事，你有什么感受？你不是乔·吉拉德，但可以学习他对名片的利用方式，学会推销自己，让周围的人知道你。

✓ 二八原理

管理学中有一个著名的"二八原理",通常的意义是说,在企业中,20%的产品在创造着企业80%的利润,20%的顾客为企业带来80%的收入,20%的骨干在创造着80%的财富,80%的质量瑕疵是由20%的原因造成的等。"二八原理"告诉我们,要抓住那些决定事物命运和本质的关键的少数。

经营人脉资源也是如此。也许,对你一生的前途命运起重大影响和决定作用的,也就是那么几个重要人物,甚至只是一个人。所以,我们不能平均使用我们的时间、精力和资源,必须区别对待,必须对影响或可能影响我们前途和命运的20%的"贵人"另眼相看,我们必须在他们身上花费80%的时间、精力和资源。这是科学经营人脉资源的原则,与我们的人品与道德是两码事。

正如美国的一句流行语所说:"一个人能否成功,不在于你知道什么(what you know),而是在于你认识谁(whom you know)。"由此可知人脉竞争力是如何在一个人的成就里扮演着重要的角色。

9.2 社会支持系统:找到你的人脉网络

✓ 体验式活动

社会支持测试

(1)如果你陷入困境,有多大把握能得到他人广泛及时而又有效的帮助?这些"他人"都包括谁?请将其罗列出来。

(2)在你的老师或领导当中,你最喜欢谁?

(3)有一个重要的任务,你派谁去完成?

(4)有一个新的想法,你找谁讨论?

(5)郊游消遣,你找谁做伴?

(6)面临严重问题,你会找谁帮忙?

(7)经济拮据时,你向谁开口?

(8)被困孤岛,你希望谁在身边?

(9)外出,你把你必须要做的事托付给谁?

（10）生病时，你希望谁来照顾？

（11）当与男朋友或女朋友分手时，你会向谁倾诉？

（12）若与家人吵架，你会找谁倾诉？

（13）当获得别人称赞或者嘉许时，你会与谁分享？

（14）若考试成绩不理想，你会向谁说？

（15）当在功课上有问题时，你会向谁请教？

（16）若在事业上要做决定时，你会向谁询问意见？

在上面16个问题中，你列出了多少个人？除了家人、恋人，还剩下几个？

这个简单的小测验的结果就构成了你的社会支持系统。

社会支持系统维系着我们的心灵，很大程度上，它决定着我们内心深处的安全感，关乎生活质量乃至生命的质量。"社会支持系统"这个词听起来很抽象，实际上它很具体，指的是个人在自己的社会关系网络中所能获得的、来自他人的物质和精神上的帮助和支援。一个完备的社会支持系统包括亲人、朋友、同学、同事、邻里、老师、上下级、合作伙伴等，当然，还包括由陌生人组成的各种社会服务机构。每一种系统都承担着不同功能：亲人给我们物质和精神上的帮助，朋友承担着较多情感支持任务，同事及合作伙伴则与我们进行业务交流。

每个人都有局限性，没有一个人能独自解决所有的麻烦。对于陷入困境的人而言，社会支持系统犹如雪中送炭，带给我们持久的温暖、安全，使我们重振对生活的信心、勇气和力量。

良好的社会支持系统，可以使压力事件的强度相对降低，不好的社会支持系统，其作用是相反的。即使没有遇到挫折、打击，良好的社会支持系统，也会使人心情愉悦，增强归属感，减少孤独感。

体验式活动

社会支持系统探索

仅仅了解社会支持系统的重要性还不够，对于你来说，重要的是怎么去探索你的社会支持系统，你的社会支持系统怎么样？请你尝试着填写你的家族职业树,并回答相关问题,完成兴趣职业与资源名单。完成后,相信你会有别样的收获。

(一)填写家族职业树

图 9-1 家族职业树

(二)回答以下问题

① 你的家族中最多人从事的职业是:_____

你想要从事这种职业吗?为什么?_____

② 爸爸如何形容他的职业?爸爸平时会提到哪些职业?他怎么说的?

_____

爸爸的想法对你的影响是:_____

③ 妈妈如何形容她的职业?妈妈平时会提到哪些职业?她怎么说的?

妈妈的想法对你的影响是:_____

家族中还有谁对职业的想法对你影响深刻?他们怎么说?_____

④ 家族中对彼此职业感到满意或羡慕的是什么？例如，堂哥在医院当医生，收入和社会地位很高……

家族彼此羡慕的职业是：_____

对他们的想法你觉得：_____

⑤ 你觉得家人对自己未来选择职业的影响是：_____

家人对各职业的评价往往表现了他们的好恶，例如，"千万不要当艺术家，可能连三餐都吃不饱"，"当医生好，不仅收入高，社会地位也高"……

你的家人最常提到有关职业的事是：_____

对你的影响是：_____

⑥ 哪些职业是我绝不考虑：_____

⑦ 哪些职业是我有考虑的：_____

⑧ 选择职业时，我还重视哪些条件：_____

（三）兴趣职业与资源名单

表9-1 兴趣职业名称与资源名单

	1	2	3
家族成员名单			
领导老师名单			
师兄师姐名单			
老板雇主名单			
业内人士名单			
同学友人名单			
网络社区名单			
人脉网站名单			
咨询专家名单			

9.3 让你"怀才有遇"

严格意义上讲,所谓职场贵人,就是能对你的职业发展有帮助的人,他们的形式可以多样,所处的位置和扮演的角色也都各不相同,但都会促成一样的结果。

每一位职场人都应该有自己的贵人。如果有,恭喜你,"贵人"的引荐和提拔,可以为你赢得更多的机会和更广阔的舞台,让你一展雄风;如果没有,抓紧时间,擦亮双眼,"猎贵而归"。踏实、勤奋固然是职场人必备的品质,但是如果有"贵人"相助,可以让你少很多的风吹雨打,为自己赢得更多的时间和机会。

即将踏上职场的你,更需要具有发现"贵人"的眼睛,当然也更应具备"贵人"愿意帮助你的素质。生涯人物访谈则是借鉴职场人物经验、寻找"贵人"的一种有效方式,下面我们来重点探索。

● 生涯人物访谈是什么?

所谓生涯人物访谈,就是通过与同一行业中数位工作者的深入交流获取职业信息的一种方法。一定要记住,生涯人物访谈不是仅仅对一位人物的访谈,而是数位。

生涯人物访谈的好处:印证通过其他渠道获得的职业信息;了解与未来工作有关的特殊问题或需要,如潜在的入职标准、核心素质要求、晋升路径和工作者的内心感受;认识自己的优势和不足;结识职场人士,拓展求职人脉。

● 生涯人物访谈怎么做?——"七步走"

第一步:确定访谈的内容

——行业、企业、职业、就业等方面的信息。

——先对自己的职业发展方向有个大致的了解。你的职业意向是什么?

第二步:寻找访谈的对象

——老师、家人、校友、自己的意向、网络社区、辅导网站、专家博客等。

——根据访谈的内容确定不同的访谈对象,既有初入职场的人士,也有工作了一定年限的中高层人士。

第三步：决定访谈的方式

——形式包括面对面访谈、电话访谈和书面访谈（通过电子邮件、QQ、网上专题答疑节目、专家博客）等。

——与被采访者预约，通过电话、QQ、电子邮件和信件等，其中电话最好。

第四步：准备访谈的清单

——根据不同的访谈对象和内容任务设置不同的访谈清单。

——正式访谈前，对于可以在生涯人物的讲话、文章中或者大众传媒和单位网页上获得的信息要尽可能地收集和熟悉。

第五步：进行生涯人物访谈

——访谈前征求生涯人物的意见，视情况对谈话进行录音、书面记录或不记录。

——提问要灵活变通，可以适当增加或减少一些提问的问题，不要按照清单顺序机械提问。

——尊重被访谈对象的感受，当涉及年龄、职务、收入、家庭等敏感话题时，尤其要斟酌措辞。

——注意观察被访谈者的工作环境，感受真实的工作氛围。

第六步：结束访谈并表示感谢

——访谈结束时，要礼貌地表示感谢，可以赠送一些自己的作品、所学专业的宣传资料或小礼物给对方。

——在访谈结束后一天之内，发一个短信表示感谢，或写一封感谢信给被采访者，并简要总结自己的访谈收获。

第七步：整理访谈的结果

——访谈结束后，要及时整理、分析和归纳访谈记录。

——确定是否要进行后续或其他的访谈。

（附录7：四类人员的生涯访谈结果）

Chapter 09
小结
SUMMARY

若想成事,要有做成大事的人脉网络和社会支持系统。每个职场人都应寻找自己的"贵人",擦亮你发现"贵人"的慧眼。要熟练地掌握生涯人物访谈技术并能灵活运用。建议针对你期望的职业至少进行三个相关专业人士的访谈,分别为基层工作人员、中层工作人员和高层工作人员,这将对你的职业生涯大有裨益。

How to Find a Good Job for College Students

College Students Career Planning

第四编

决策：做出你的职业选择

人们常说，"在决定的时刻放弃决定，是令人惋惜的"，"不做决定，也是一种决定"。这些说法都在强调行动前决策的重要性。尤其是做人生规划的决策时，更是不可草率，要全面分析、三思而后行。职业抉择无论对人才的自我认识和定位、树立目标还是个人进步，都具有深刻而长远的意义。科学地认识职业抉择的意义，掌握职业抉择的方法策略可以帮助我们科学地分析和评估自己，最大限度地发挥自身的潜能与特长，满足社会对人才的需求，从而为人生职业生涯发展与有效规划奠定坚实的基础，最终促成我们职业生涯与人生的成功。

10 我们的决定决定了我们

> 成功就是一个人实现树立的有价值的目标,然后循序渐进地将目标变为现实的过程。
>
> ——〔美〕格莱恩·布兰德

> 有什么样的选择,就有什么样的人生。
>
> ——〔瑞典〕诺贝尔

✓ 寓言故事

人生的选择

有一个美国人、一个法国人和一个犹太人要被关进监狱三年,监狱长说他们可以每人提一个要求。

美国人爱抽雪茄,要了三箱雪茄。

法国人最浪漫,要一个美丽的女子相伴。

而犹太人说,他要一部与外界沟通的电话。

三年过后,第一个冲出监狱的是美国人,嘴里、鼻孔里塞满了雪茄,大喊道:"给我火,给我火!"原来他忘了要火。

接着出来的是法国人。只见他手里抱着一个孩子,美丽女子手里牵着一个孩子,肚子里还怀着一个。

最后出来的是犹太人,他紧紧握住监狱长的手说:"这三年来我每天与外界联系,我的生意不但没有停顿,反而增长了200%,为了表示感谢,我送你一辆劳斯莱斯!"

寓言分析

这三个人不同的选择,决定了他们不同的生活。虽然那个犹太人是一个罪犯,但没有人不欣赏他的选择。的确,选择浪漫,你就有个浪漫多姿的人生;选择追求物质享受,你便有个"物化"的人生;选择求知求学,你便有个拼搏进取的人生……道理谁都懂,但是当你站在纵横交错的人生岔路口,面对形形色色的诱惑时,想要做出明智的选择,着实不易。而在人生重大问题上,往往不允许你有第二次选择的机会,"世事艰险,一着不慎,满盘皆输"。俗话说"男怕入错行,女怕嫁错郎",说的就是这个道理。

从成功的角度讲,我们要做那个犹太人。对即将走向工作岗位的大学生来说,只有使用正确的方法进行正确的职业决策,选择正确的人生目标,才能拥有成功的未来——选择决定人生。

对于青年人来说,抉择不是一件容易的事。小到选择什么样的衣帽,大到选择什么样的职业或者伴侣,都是让人犹豫难决的事。很多人都缺乏为自己做决策的信心与能力,担心自己会犯错、会后悔,因此在面对选择时左右为难。在难以决断之时,有的人就采取"拖"字诀,将抉择无限延期。他们没有意识到,当这样做的时候,实际上已经做出了一个抉择——不选择。如何做出有利于自身长远发展的职业决策,这已经成为一个难题。通常一个决定越重要,决策也就越艰难。例如,挑一双鞋子远比选一个职业容易。

在很大的范围内,我们究竟会成为一个什么样的人,决定权在我们自己。每一刻我们都在做这样或那样的决定,我们可以漫不经心,也可以多花些心思。成千上万的小选择累计起来,就决定了最终我们将成为一个什么样的人。生活不会给你一叠现金,也不会拱手送你个好工作,但是会给你可能拥有这一切的机会。你可以选择赖在地上撒泼打滚,也可以选择咬牙站起来。你永远都有选择。

为了把握住这样的机会,我们都会慎重地进行选择。但是,在进行职业选择的时候,会面临各种各样的困惑:是去考研还是去工作?是去考公务员、事业单位还是去外企?是去当老师、医生还是当个白领?去国企,私企,银行还是事务所?面对着外界环境的多变和对自身环境的不全面了解,又想结合兴趣,又要考虑薪酬和发展……于是我们总是陷入职业选择的困惑漩涡:

· 不能确定与自己的价值、兴趣、技能相适应的职业;
· 思考职业选择时感到困惑、焦虑和压抑;
· 缺乏对职业的清楚认识;
· 不能将专业所学与职业需要相联系;
· 大量的评估与职业信息收集让自己无所适从;
· 推迟职业的选择而回避成年人所必须履行的义务;
· 家庭不同意自己的职业爱好。

可以看到,职业选择困惑产生的原因可能来自于残酷的社会现实、自卑、理想与现实的差距太大、对职业认识不足、家庭压力等。

困惑如此之多,成为发展道路上的拦路虎,我们应该怎么办?是止步不前还是勇于面对、战胜自我?让我们一起来面对职业选择这个难题,学会职业决策的科学方法,走出职业抉择的困惑。

✅ 案例

当机立断

张文博是一名应届本科毕业生,目前正在找工作。他对于自己应该选择什么类型的职业有些困惑:"我的专业是药学,应该说就业面是比较广的,药品营销、医院药房、药厂,甚至管理等都可以,并且我自己对工作也没有什么特别的要求,只要工作环境适合自己未来的发展就行。眼下,我有三个可能的选择:一是到一家公司做药品推销;二是到一家医院药房工作;三是到一家药厂干质量检验。由于这三份工作从客观上说各有利弊,所以迟迟难下决定。眼看就要签协议了,我仍在犹豫。于是,我试图从个性特质上做一下分析,依此选择适合我的工作:我是一个外向的人,性格开朗,喜欢交朋友,做什么事都挺有热情;我爱好音乐,喜欢看电影;上大学时,还当过班长,有一定的管理能力……个性特质方面的内容太多了,到底哪方面起作用,我自己也想不太清楚,所以我到现在也搞不清楚到底该选择哪个职业。"

李晓敏现在读大二,英语专业,专业知识扎实全面,除此之外,还广泛地涉猎课外知识。

在职业选择上,她把自己的职业选择定位为三种:一是外交官,二是翻译员,三是大学英语教师。她对自己及外部环境有着较为清晰的判断:

(1)做一名外交家是她从小立下的志向。从小她便对英语产生了极大的兴趣,广泛涉猎英语知识,对一些中外闻名的外交家敬佩有加。上大学更是让她离梦想又近了一步。得天独厚的英语学习条件为她提供了更为广阔的平台。她将此目标定为长期职业目标。

(2)做一名英语翻译,是专业之必然。特别是社会对同声翻译的紧缺性需求,让她在考虑将来的职业取向及发展方向时将翻译作为可选职业。同时,在中学阶段她曾参加过不少国际性活动,当过义务翻译员,培养了她对翻译工作的兴趣,而且她认为这是最切实可行的短期职业目标。

(3)大学英语教师。因为她出生在教师世家,教师是家人最希望她选择的职业。在家庭的影响下,她认为教师是一个神圣的职业,可以远离许多职场上的尔虞我诈、钩心斗角,而且是尤为适合女性从事的职业。但是,要当一名大学教师,还需要继续深造,也需要一些基本素质。因此,她将此目标定为人生职业目标。

为了实现短期职业目标,她重点收集了商务英语翻译职业资格的相关信息。而且,她也深信,在翻译工作中能见世面,提升自己的交往能力、国际礼仪素养,翻译水平也会大幅度提升,这样就有助于实现自己当外交家的理想,同时,也为成为一名大学教师增加了不可或缺的知识储备。因此,她有理由相信——"我的未来不是梦"。翻译职业目标的定位必将换来明天美好的人生职业蓝图。

◆ **案例分析**

通过以上两个案例可以看到:张文博对自己的特质认识不够,不清楚自己的优势和劣势,对自己未来的方向也没有清晰的定位,在面临职业抉择时陷入了困惑。这是职业抉择中常见的问题。大学生中有很多人不知道自己的就业方向和兴趣,也有很多人怕最后找不到工作就会去参加面试,然后在结果中选择,此时又会遇到更多的困惑。李晓敏则对自己的未来有充分的认识和准备。个人的职业选择恰当与否,在一定程度上关系到其职业意愿、兴趣能否得到满足,关系到其才能能否得到发挥,关系到其在岗位上的工作状况,也关系到其一生的生活道路。正如罗素所说:"选择职业是人生大事,因为职业决定了一个人的未来……选择职业,就是选择将来的自己。"

这两名同学的关键差异在于:在面对职业选择困惑的时候,张文博一筹莫展,而李晓敏充分全面地掌握了职业决策的方法,深入细致地认识了自己,然后清晰地找到了目标。你应当像李晓敏一样,掌握科学的职业决策方法,就像找到正确的捕鱼方法一样,这样才能钓到我们理想中的大鱼。

通过以上案例可以看出,一旦做出了抉择,会对一个人的将来,甚至是整个人生产生重要影响。今天的抉择决定了一个人的未来。因此,要确保在正确动机下做出正确的职业选择。对于职业选择,你需要尽可能确立清晰的个人职业目标,然后努力实现它。即便只有一个大概的计划或指导标准,也会有利于你的职业选择,决定你将来的成功和快乐。

Chapter 10 小结 SUMMARY

每一次职业选择都要慎重、合理,并考虑这一决定对将来发展的影响。我们通常很容易受到周遭环境影响,许多人仅仅因为听说某一个行业好赚钱就趋之若鹜,这种"人云亦云"的心理,导致盲从、附和,在面对选择时缺乏科学性、独立性。

11 发现你的决策风格

面对决策,有的同学优柔寡断、瞻前顾后;有的同学在各种建议中不断困惑;有的同学自觉收集各种信息,分析各个选择。这些不同就是决策风格的不同。了解自己的决策风格有助于我们在自己的职业生涯决策中提高效率和质量。在进行决策时,你如果能确定自己的决策风格,就能够扬长避短,更加有针对性。

11.1 什么是决策风格

决策风格是指由于不同的决策者所处的决策情境不同以及其经验、知识、能力、性格和气质的差异,所形成的不同的决策行为类型。

你在做决策时是什么风格呢?

根据学者 Harren(1979)的观察,大部分人的生涯决策方式可以归纳为理性型、直觉型、依赖型和犹豫型。

(1)理性型:在进行决策时,理性型的同学系统地收集充分的生涯相关的信息,并且分析各个选项的利弊得失,按部就班,以做出最佳的决定。

例如,李云龙准备投入保险业,在毕业前一年,他和保险从业人员有很多的接触。为了使自己能更好地融入工作环境,在短时间内与陌生人建立良好的关系,李云龙还去报名了参加人际关系训练课程。经过很多的利弊分析与筹划,最后在家人的支持下,李云龙于5月正式投入保险业。他相信这是最适合他的选择。

(2)直觉型:在进行决策时,直觉型的同学是以自己在特定情境中的感受或者情绪反应为依据,做出直接的决定。这类人做决定全凭感觉,较为冲动,很少能系统地收集相关信息,但他们能为自己的决策负责。

例如,林小萍是一个美丽聪慧的女孩,她在为自己做各种决定时,常常是凭着自己的感觉或是情感来决定。当初在高三时,她放弃保送同济大学,宁愿辛苦复习,参加高考,就是为了圆自己和家人的"复旦梦"。之后她如愿以偿考入复旦经济学专业后,在大学三年级,她又开始准备考研,想跨专业考取本校法理学的研究生,原因是她对法律产生了兴趣。在考研失败后,酷爱旅行的她,凭着自己的冲劲与直觉到一家旅行社上班,现正在努力考导游证。她常以迅雷不及掩耳的速度,在生涯抉择路口走自己的路,做出让周围人咋舌的决定,同时,她勇于为自己的决定负责,从不后悔。

图11-1 直觉型的人像樱木花道一样凭着感觉决定生涯决策的方向

(3)依赖型:依赖型的同学总是等待或依赖他人为自己收集信息并做决定,较为被动和顺从,十分关注他人的意见和期望从而做出选择。

对于此类型的人而言,社会赞许、社会评价、社会规范是决定的标准,他们的口头禅多是:"爸妈叫我去……""我的男朋友、女朋友希望……""他们认为我很适合……""她们认为我可以……,但是……"你是否也过多地关注他人的观点和意见呢?

（4）犹豫型:犹豫型的同学在做决策时虽然收集很多的相关信息,问东问西,但却常常处在挣扎、难下决定的状态中。

四种类型之间的关系见表11-1。

表11-1　生涯决策方式分类表

		职业自我	
		未知	已知
职业世界	未知	犹豫型	直觉型
	已知	依赖型	理性型

等待奇迹、依赖他人,只能解决暂时的问题,但问题其实仍然存在。累积的决定产生压力,会让自己更感到焦虑不安,于是也更进退维艰、犹豫不决。而犹豫不决又对自己造成莫大的压力,只好等待。其实,在面临抉择时,眼前的任何选择都有得失、有优点有缺点。所以,理性决定,才是慎思、明辨和笃行的决定。

图11-2　做决策时,你是否像流川枫一样理性

体验性活动

判断你的决策风格

方法一：下列问卷是为了帮助你发现自己的决策风格而设计的。请在最符合你的描述项目后打"√"。

（1）我时常草率地做出判断。

（2）我做事时不太喜欢自己出主意。

（3）遇到难做决定的事情，我通常会把它先放一放。

（4）做决定时，我会多方收集个人及环境所必需的一些资料。

（5）我常凭第一感觉就做出决定。

（6）做事时，我喜欢有人在旁边，好随时商量。

（7）遇到需要做决定的时候，我就紧张不安。

（8）我会将收集到的资料加以比较分析，列出可选择的方案。

（9）我经常会改变自己所做的决定。

（10）发现别人的看法与我不同，我常常会不知该怎么办。

（11）我做事老爱东想西想，下不了决心。

（12）做决定时，我会认真权衡各项可选择方案的利弊得失，判断出此时最好的选择。

（13）做决定之前，我一般不做什么准备，临时看着办。

（14）我很容易受到别人意见的影响。

（15）我觉得做决定是一件痛苦的事情。

（16）做决定时，我会参考其他人的意见，再斟酌自己的情况，来做出最适合自己的决定。

（17）我经常不慎重思考就做决定。

（18）我常常在父母、家人、老师、同学或朋友的催促下才做决定。

（19）为了避免做决定的痛苦，我现在不想做决定。

（20）做决定时，我会经过深思熟虑之后，明确一项最佳的方案。

（21）我喜欢凭直觉做事。

（22）我喜欢让父母、家人、师长、同学或朋友为我做决定。

（23）我处理事情时会犹豫不决。

（24）当已经决定了所选择的方案，我会展开必要的行动准备并全力以赴去执行。

表 11-2 中的数字,代表决策风格测试中的题号。请将你的答案标记在各个数字上。算出你每种类型打"√"的数目,选项最多的就是你的决策类型。

表 11-2

生涯决策方式	测试选择题号
直觉型	(1)(5)(9)(13)(17)(21)
依赖型	(2)(6)(10)(14)(18)(22)
犹豫型	(3)(7)(11)(15)(19)(23)
理性型	(4)(8)(12)(16)(20)(24)

方法二:想一想,你最近一段时间曾做出过的三个抉择(决定),无论是学习、交友还是别的。试着归纳出这些抉择的共同特性,说明自己的抉择风格。看一看有什么值得改进的,然后再与同学一起分享你的心得。

最近做的抉择一:_____

最近做的抉择二:_____

最近做的抉择三:_____

这些抉择的共性特点:_____

我的抉择风格是:_____

改进计划:_____

11.2 职业抉择的四个基本原则

● 案例

要做自己想做的人

我们先来看下面两则故事。

故事一:一个乞丐站在地铁出口处卖铅笔,一名商人路过,向乞丐杯子里投入几枚硬币,匆匆而去。过了一会儿后,商人回来取铅笔,他说:"对不起,我忘了拿铅笔,你我毕竟都是商人。"乞丐卖铅笔是假,借此行乞是真,过往人群一般只投钱不拿笔,因为他们都把乞丐当乞丐看,唯独这位商人把乞丐当人看、当商人看。乞丐被商人一句"你我毕竟都是商人"感动了、震撼了。几年后,商人参加了一次高级酒会。会上,一位衣冠楚楚的先生向他敬酒致谢。这位先生说,自己就是当初卖铅笔的乞丐。他生活的改变,得益于商人的那句话:你我毕竟都是商人。

故事二:美国汽车大王福特小时候在农场帮父亲干活。12岁时,他就在头脑中构想——用在路上行走的机器代替牲口和人力,而父亲和其他亲人却要求他在农场当助手。若他当时真的听从了父辈的安排,历史上便少了一位伟大的企业家。福特坚信自己可以成为一名机械师。于是他用一年的时间学了其他人三年学习的机械师的知识,随后又花两年多时间研究蒸汽原理,试图实现他的梦想,但是并没有成功。"天将降大任于斯人也,必先苦其心志。"后来福特又投入到汽油机研究上,每天都梦想制造一部汽车。他的创意被大发明家爱迪生所赏识,爱迪生邀请他到底特律公司担任总工程师。经过十年努力,在29岁时,福特顺利地制造了世界上第一部汽车引擎。

✓ 案例分析

这两则故事告诉我们:要做自己想做的人。当你定位于乞丐,你就可能一辈子都是乞丐;当你定位于商人,你就可能有一天成为商人,当上老板。乞丐在商人的提示启发下,不把自己当乞丐看,而是当商人看,经过几年的努力他真的成了大富豪。而福特的成功,不能不归功于他对人生定位的正确和不懈的努力。如果早年他听从父亲的训诫,顶多只是个农场主,就不会成为后来闻名世界的汽车大王了。你想成为什么样的人呢?要知道,梦想有多大,舞台就有多大!

当清楚了抉择的重要性后,你是不是要开始尝试进行职业抉择呢?职业抉择必须是在充分认识自身的条件与相关职业环境的基础上才能得以实现,对知己知彼做得越透彻,职业定向的客观性、有效性就越强。把握自我和把握职业,尊重自己和尊重职业——这就是职业抉择的精髓。

一般说来,我们在进行人生定位和职业规划时会考虑:一是从政之路;二是学术研究;三是闯荡商海。

图 11-3　站在人生职业选择的路口

从政之路,欲伸大义于天下,学而优则仕。想成为公务员的大学生首先要有俯首甘为孺子牛的奉献精神,要有为民立德、立功、立言的胆识,要有决心和毅力。学而优则仕,学成归来,应当回报社会,反哺群众。

从事学术研究,要敢于成名成家。想在学术研究道路上走得更远的同学应当做好充分的心理准备,你是否能够耐得住孤独和寂寞,与书本为伍,与文字为伴?通常做出一项傲人的科研成果是要投注大量的青春和精力的。有这样一句话很贴切地描述了学术之路:"如果你还不够成功,那是因为你还不够寂寞。"

闯荡商海,不拒绝任何神话。只有想不到,没有做不到。美国大富豪鲍洛奇说:"你不能靠工资致富,工资不会使你真正的富有。你可以靠工资安全地生活,但如果你想成为富豪,你必须退出工资生活的世界,步入一个高度危险的世界。"经济学告诉我们一个道理:收益越大,风险越大。因此,投身商海,也是一个充满机会的选择。

尽管在做职业抉择时会遇到好多困惑和困难,但要做出适合自己的选择,还是有据可循的。进行职业决策,要遵循以下四个原则。

(1) 择己所爱。择己所爱是指在进行职业决策时,选择自己所喜欢的职业,即要考虑到自己的兴趣。兴趣是人格特性中最重要的部分之一。兴趣是最好的老师,从事你所喜欢的工作,工作本身就能给你一种满足感,你的职业生涯也会从此变得妙趣横生。调查表明,兴趣与成功概率有着显著的正相关性。在职业决策时,务必注意:考虑自己的特点,珍惜自己的兴趣,择己所爱,选择自己所喜欢的职业。

（2）择己所能。能力对于职业生涯的重要性是不言而喻的,任何职业都要求从业者掌握一定的技能,具备一定的能力条件。人们从事任何一种职业的心理前提是必须具备此职业需要的能力。而一个人一生中不可能掌握全部的工作技能。所以你在进行职业决策时必须择己所能,这样在工作中就能发挥自己的优势。你可以运用比较优势的方法充分剖析自己与别人,尽量选择自己拥有的能力与所从事工作冲突较少的优势行业。

（3）择世所需。所谓择世所需,就是要使自己的选择符合社会需求。随着社会需求的不断演化,旧的需求不断消失,新的需求不断产生,昨天的抢手货今天可能变得无人问津,所以在职业决策时,一定要分析社会需求,做到择世所需。最重要的是目光要长远,准确预测未来行业或者职业发展方向。

（4）择己所利。所谓择己所利,就是指在职业决策过程中追求职业选择的预期收益最大化。职业对每个人来说,都是一种谋生的手段和获得幸福的途径。因此在择业时,决策者要考虑自己将来的预期收益,这种预期收益要求你实现最大化的幸福,即收益最大化。这一点也体现出一个人的价值观。明智的人大都会以利益最大化原则权衡利弊,从社会人的角度出发,在一个由个人收入、社会地位等变量组成的函数中寻求最大值。

Chapter 11 小结 SUMMARY

做决策的过程中,"鱼与熊掌"兼得是许多人的梦想,然而在现实中却很难。如何选择最大的利益并且是适合自己的,才是选择的关键。对知己知彼做得越透彻,职业定向的客观性、有效性就越强。

12 决策过程模型

职业决策是一个复杂的认知过程,如何使我们的抉择既科学合理,又符合个人的目标需求?下面,让我们一起来学习一种非常实用的决策方法。

12.1 进行决策的模式:CASVE

为了更好地完成职业决策过程,美国职业生涯理论家里尔登(Reardon)等人在认知信息加工理论(CIP)中提出了CASVE决策模型。该模型认为一个良好的决策需要经历五个步骤:C(Communications,沟通)、A(Analysis,分析)、S(Synthesize,综合)、V(Value,评估)和E(Execute,执行)。

CASVE决策过程如图12-1所示。

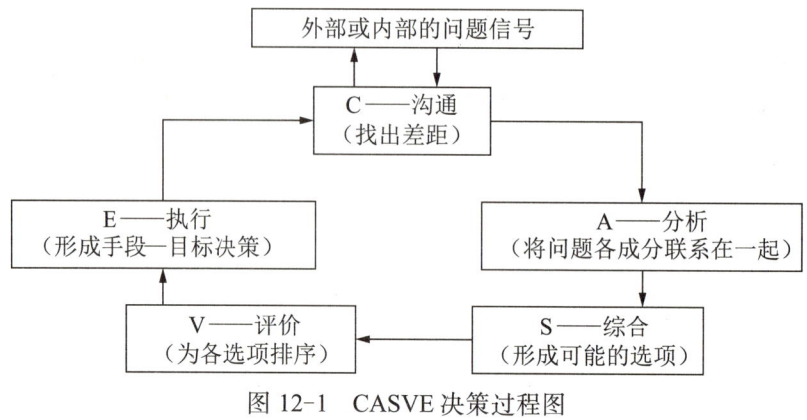

图 12-1 CASVE 决策过程图

12.1.1 沟通

沟通是意识到"我需要做出一个选择"的过程,你可以进行内部和外部的信息交流。内部的信息交流,是指你的身心状态,比如在毕业找工作的时候,你可能在情绪上会感受到焦虑、抑郁、受挫等,在躯体上会有疲倦、头疼、消化不良等反应,这些情绪和身体状态都是一些提醒你需要进行内部交流沟通的信号。外部的信息交流,是指外界的一些对你产生影响的信息,比如宿舍同学开始准备简历就是给你提供了一种外部信息——"你也需要开始准备找工作了";又如在求职过程中父母、老师、朋友给你提供的各种建议也是外部的信息交流。

通过内部和外部信息交流,你意识到自己需要解决某些问题,这样的交流对开始职业生涯选择十分重要。沟通阶段需要回答的最基本的问题是:此刻我正在思考并感觉到的自己的职业选择是什么?

12.1.2 分析

分析是"了解我自己和我的选择"的阶段,是通过思考、观察和研究,对兴趣、性格、技能、价值观和人格等自我知识以及各种环境知识进行分析,从而更好地理解现存状态和理想状态之间的差距。在分析阶段主要运用的是初步和举步中提到的方法。

在分析阶段需要对两方面的认知进行了解。首先是自我认知,包含:兴趣——我喜欢做什么? 做什么事情的时候我最能够投入? 做什么事情能让我得到享受？性格——我是内向的还是外向的？我关注宏观抽象的事物还是具体细节？我倾向理性思考还是感性体验？我习惯于有条不紊还是随机应变？技能——我擅长做什么？什么事情是我能做得比别人好的？我都掌握了哪些专业知识？价值观——我看重什么？我这辈子希望达到的目标是什么？我希望工作可以带给我什么？其次是环境认知：每一个选择处于什么样的环境中？会带来什么样的生活？需要付出什么努力？比如，对于考研来说，花多长的时间准备？读研之后的生活是什么样的？研究生毕业之后的求职情况如何？而对于找工作也需要了解目标职业相关的信息。

12.1.3 综合

综合阶段的功能在于弄清"为了解决问题我可以做些什么"，即根据分析阶段所得出的信息，先把选择范围扩展开来，然后再逐步缩小，最终确定3～5个最可能的选项。这个先扩大后缩小的过程非常重要。通过分析阶段，我们对自我的各方面都有了很多了解，每一个方面都分别对应着很多职业，把这些职业都列出来，就会得到一个范围很广的选择列表。再选取其中的交集，就得出了缩小的职业选择范围。然后，把最可能从事的职业限定到3～5个。最后，可以问自己："假如我有这3～5个选择，是否可以解决问题，消除现实和理想状态的差距？"如果可以，就进入评估阶段做出最适合的选择，如果还是不能解决问题就需要重新回到分析阶段，了解更多信息。

12.1.4 评估

评估是一个排序的过程，是对在综合阶段得出的3～5个职业进行具体的评价，评估获得该职业的可能性、这个选择对自身及他人的影响，从而进行排序。比如，可以问：① 对我个人而言什么是最好的？② 对我生活中的重要他人而言什么是最好的？③ 大体上，对我所处的环境而言什么是最好的？具体评估方法可以采用职业决策平衡单和SWOT分析方法，其具体应用在后面会详细介绍。

12.1.5 执行

执行是"实施我的选择"的阶段，是决策模型的最后一部分。在执行阶段,需要制订计划,进行实践尝试和具体行动。前面的四个步骤只是确定了最适合的职业,还不能带来职业选择的成功,需要在执行阶段将所有想法付诸实践,例如,开始具体的求职过程;也可以继续提供线索,以确定沟通阶段所存在的职业问题是否得到了很好的解决,如果没有解决可以再次回到沟通阶段,重新开始一次 CASVE 循环,直到职业生涯问题被解决为止。

12.2 评估如同解题——学会使用两种评估方法

在 CASVE 决策过程中,评估是非常关键的一环,有了 3～5 个可选的职业了,那到底哪一个才是真正想要和能要的呢?有两种评估方法可以提供帮助。

12.2.1 一道加减题——职业决策平衡单分析法

职业决策平衡单分析法是帮助决策者使用表单的形式,系统地分析每一个可能的选项,判断分别执行各选项的利弊得失,然后依据其在利弊得失上的加权计分排定各个选项的优先顺序,以执行最优先或偏好的选项的一种方法。简单地说,它就像一道数学加减法题。

职业决策平衡单将重大事件的思考方向集中到四个主题上:① 个人物质方面的得失;② 他人物质方面的得失;③ 自我赞许与否;④ 社会赞许与否。

职业决策平衡单考虑的项目包括:① 适合自己的能力;② 适合自己的兴趣;③ 符合自己的价值观;④ 满足自己的自尊心;⑤ 较高的社会地位;⑥ 带给家人声望;⑦ 符合自己理想的生活形式;⑧ 优厚的经济报酬;⑨ 足够的社会资源;⑩ 适合个人的目前处境;⑪ 适合建立的家庭,考虑未来具有发展性。

表 12-1 职业决策平衡单

考虑因素 / 选择项目	权重	职业选择 1		职业选择 2	
		加权分数(+)	加权分数(−)	加权分数(+)	加权分数(−)
个人物质方面的得失					
1.收入					

续表

考虑因素/选择项目	权重	职业选择1		职业选择2	
		加权分数(+)	加权分数(一)	加权分数(+)	加权分数(一)
2.工作的难易程度					
3.升迁的机会					
4.工作环境的安全					
5.休闲时间					
6.生活的变化					
7.对健康的影响					
8.就业机会					
9.其他					
他人物质方面的得失					
1.家庭经济					
2.家庭地位					
3.与家人相处的时间					
4.其他					
个人精神方面的得失					
1.生活方式的改变					
2.成就感					
3.自我实现的程度					
4.兴趣的满足					
5.挑战性					
6.社会声望的提高					
7.其他					

决策步骤如下：

（1）对各种被选方案的优缺点进行充分讨论。

（2）在此基础上列出选择时的考虑因素，按照优缺点列出得失分数（1～10分）。

（3）合计每个方案的优点总分(正分)和缺点总分(负分)，两项相加得出得失差数。

（4）按照自己对于各项的重视程度，给出权重比例。

（5）每一项原始分数乘以权重分数得出各项平衡分数。

（6）将每一方案权重后的各项分数相加得出分数差数。

（7）根据平衡单各备选方案的得分情况做出选择。

在使用职业决策平衡单进行决策时，各项目的原始分数应根据自己的想法而定，加权分数直接反映你对各项目的重视程度，在给出加权分数之前应进行充分的讨论，在最后分数出现后，选择结果和你内心深处有冲突时，应停下来重新考虑各项原始分数和权重比例，进一步对各项进行讨论，找出冲突的根本所在，使决策结果更加适合你的状况。

✓ 案例

张叶烁的职业决策平衡单

张叶烁，现为某大学计算机专业大三的学生。他性格外向，人际交往、表达能力和组织领导能力强，是学校社团联合会主席。目前他有三个职业选择目标：市场销售总监、大学教师、软件工程师。以下是他的考虑：

（1）市场销售总监。他希望用十年的时间实现这一目标，认为该职业符合自己的兴趣、特长，同时在业余兼职时有一些销售的经历，他认为这是帮助他成为市场销售总监的优势。

（2）大学教师。他认为这是一个伟大的职业，利于自己发挥擅于人际交往的优势，也可以满足自己的职业兴趣。缺点是进入的难度高，需要更高的学历和机遇。

（3）软件工程师。他认为该行业目前的社会需求量大，职业机会多；同时是自己所学的专业，相对前两个职业目标来说进入的难度较小。但他对纯专业性、技术性的具体工作并不喜欢。

下面是他利用职业决策平衡单做出的职业目标定位结果：

表 12-2　张叶烁的职业决策平衡单

职业定位考虑要素		权重系数（1～5倍）	第一职业方案 销售总监		第二职业方案 大学教师		第三职业方案 软件工程师	
			得(+)	失(-)	得(+)	失(-)	得(+)	失(-)
自我精神方面的得失	1.适合自己的能力	4	9			6	7	
	2.适合自己的兴趣	5	8		8			5
	3.符合自己的职业价值观	5	8		8		8	
	4.适合自己的个性	4	9		7			6
	5.未来有发展的空间	5	10		10		7	
自我物质方面的得失	1.较高的社会地位	3		3	8		6	
	2.符合自己的理想生活状态	5	9		8			5
	3.适合个人目前的处境	4	8			9	8	
外在精神方面的得失	1.给家人带来声望	2	5		9		6	
	2.有利于择偶，组建家庭	4	7		9			5
外在物质方面的得失	1.优厚的经济回报	5	8		7		5	
	2.足够的社会资源	4	10		7			4
加权后合计			379	9	339	60	210	90
加权后得失差数			370		279		120	

职业决策平衡单显示张叶烁三个职业方案的得分结果是：市场销售总监＞大学教师＞软件工程师。综合平衡之后，成为市场销售总监比较有利于他的职业生涯发展。

12.2.2 一道简答题——SWOT分析法

SWOT分析法是指个体通过分析自己的性格、能力、爱好、长处、短处、所处环境的优势和劣势，以及一生中可能会有哪些机遇、职业生涯中可能有哪些威胁，将自身条件和需求与外部环境结合起来，制定职业生涯目标。S代表Strength（优势），W代表Weakness（劣势），O代表Opportunity（机会），T代表Threat（威胁）。一般来说，决策者在进行SWOT分析时就像做一道简答题，一般应从以下四个步骤（图12-1）着手解题。

图12-1　SWOT分析法的四个步骤

（1）优势分析。优势分析主要是分析自己出色的地方，特别是相对于其他竞争者的优势方面。我们每个人都有自己独特的技能、天赋和能力。在当今分工非常细致的市场经济社会里，人们往往擅长某一领域，而不是样样精通。比如，有些人不喜欢整天坐在办公室，而有些人一想到不得不与陌生人打交道，就心里发麻，惴惴不安。寻找职业方向，往往要从自己的优势出发，以己之长立足于社会。

在SWOT分析表里，列出你自己喜欢做的事情和你的长处所在（如果觉得界定自己的长处比较困难,你可以找一些相关的测试习题做一做,做完之后,可以发现你的长处所在),主要包括以下几个方面。

一是你学习了什么。在学校学习期间,你从专业学习中有什么收益,接受过什么培训,自学过什么,有什么独到的想法和专长,参加过什么社会实践活动,提高了哪方面知识,获得了何种证书。专业也许在未来的工作中并不起很大作用,但在一定程度上决定了自身的职业方向,因而尽自己最大努力学好专业课程是实现理想职业目标的前提条件之一。

二是你曾经做过什么。即自己已有的人生经历和体验,如在大学期间担任学生干部,曾经参与或组织的实践活动、取得的成就及积累的经验、获得的奖励等。经历是个人宝贵的财富,往往从侧面可以反映出一个人的素质、潜力,因而备受用人单位的关注,不可掉以轻心。在自我分析时,要善于利用过去的经验选择来推断未来的工作方向。

三是你做过的事情中最成功的是什么。你可能做过很多事情,其中最成功的是什么?为何成功?是偶然还是必然?是否是自己能力所为?通过对其分析,你可以发现自我性格方面的优势,比如坚强、果断、智慧超群,以此作为个人深层次挖掘的动力之源和闪光点,这也是职业规划的有力支撑。

(2) 劣势分析。劣势分析主要是分析经验与经历中所欠缺的方面,尤其是落后于竞争对手的方面。"人无完人,金无足赤。"由于经历的不同、环境的局限,每个人都无法避免一些经验上的欠缺,特别是当招聘单位纷纷要求有工作经验的时候。欠缺并不可怕,怕的是自己还没有认识到或即使认识到而一味地不懂装懂。正确的态度是:认真对待,善于发现,努力克服和提高。找出你的劣势与发现你的优势同等重要,因为你可以基于自己的优势和劣势做两种选择:一是努力去改正你常犯的错误,提高你的技能;二是放弃那些你要求很高的职业。劣势分析主要包括以下两个方面。

一是性格弱点,如不善交际、感情用事等。人无法避免与生俱来的弱点,必须正视自己的不足,并尽量减少其对自己的影响。例如,一个独立性强的人会很难与他人默契合作,而一个优柔寡断的人绝对难以担当组织管理者的重任。卡耐基曾说:"人性的弱点并不可怕,关键要有正确的认识,认真对待,尽量寻找弥补、克服的方法,使自我趋于完善。"找出自己的弱点并想办法克服,非常有助于自我提高。

二是经验或经历中所欠缺的方面。例如,学管理专业,却没有当过学生干部,至今没有管理经验;学中文或新闻专业,没有到报社或杂志社实习过,缺乏实践经验;学市场营销专业,没有营销策划和实践体验,等等。这些都是经验或经历的欠缺。

(3) 机会分析。机会分析是指分析有利于职业选择和发展的机会,并在 SWOT 分析表中列出。主要包括以下几个方面:

一是对社会大环境的认识与分析。当前社会政治、经济、科技、文化发展趋势是否有利于所选职业的发展,具体在哪些方面有利。

二是对所处环境和以后所选择单位的外部环境分析。目前哪些因素对自己有利,将来所选择单位在本行业中的地位和发展趋势如何,市场竞争力如何。

三是人际关系分析。哪些人对自己的职业发展会起到帮助作用,能持续多久,如何与他们建立并保持联系。

(4) 威胁分析。威胁分析是指分析外部环境中存在潜在危险的方面。你需要对所处环境和以后所选择单位的各种内部危机进行分析。行业是否萎缩,单位是否重组或改制,有无空缺职位,竞争该职位需要哪些具体条件,有多少人和自己竞争这个职位,目前有哪些因素对自己不利,等等。

不同的行业都面临不同的外部机会和威胁,所以,找出这些外界因素对确定一个理想的职业生涯目标是至关重要的,因为这些机会和威胁会影响你今后的职业发展。所以,在 SWOT 分析中也需要列出你感兴趣的一两个行业,然后认真地评估这些行业所面临的机会和威胁。

表 12-3 是一个 SWOT 分析表,供大家选择职业生涯目标时参考。

表 12-3 SWOT 分析表

	优势	劣势
内部个人因素	1. 曾经做过什么 2. 学习了什么 3. 最成功的是什么 4. 教育背景 5. 实践经验 6. 特定的可转移技巧,如沟通、团队合作 7. 人格特质,如职业道德、自我约束、创造	1. 性格弱点 2. 经验缺乏 3. 学习成绩差,专业不对口 4. 对自我和对挫折的认识都不足 5. 较差的领导能力、人际交往能力、沟通能力和团队合作能力

续表

	机会	威胁
外部环境因素	1. 对社会大环境的认识和分析 2. 所选企业的外部环境分析 3. 人际关系的分析 4. 就业机会的增加 5. 地理位置的优势 6. 某些领域急需人才或专业发展带来的机会 7. 提高自我认识，设置更多的目标带来的机遇	1. 企业要重组 2. 新同事或竞争对手实力增强 3. 领导层发生变化 4. 就业机会减少 5. 具有丰富技能、经验、知识的竞争者 6. 缺少培训、再学习造成的职业发展障碍 7. 专业领域发展有限

在表中列出你的性格、技能等方面的优势，并说明它们如何发挥作用；列出性格、技能等方面的不足并说明如何克服它们；列出外部环境对你的职业发展的有利方面，并说明如何把握它们；列出外部环境对你的职业发展的不利方面，并说明如何规避它们。

在仔细地对自己做一个SWOT分析评估后，可以列出你从学校毕业后五年内最想实现的职业目标。这些目标可以有：你想从事哪一种职业，你将管理多少人，或者你希望自己拿到的薪水属于哪一级别。

● 案例

王籽勋的SWOT分析情况

王籽勋，某高校计算机学院大三学生。他为人诚恳，性格温和，有主见，富有创造能力，积极进取；喜欢能让自己静下心来的工作环境；喜欢一切有关计算机方面的知识。结合所学专业及课程，其希望从事计算机控制系统设计、协调、运行等相关领域的职业。表12-4是他的SWOT分析：

表 12-4　王籽勋的 SWOT 分析表

	优势	劣势
内部 个人 因素	1. 做事比较认真、踏实,有浓厚的学习兴趣和一定的实力,尤其在计算机方面有着浓厚的兴趣 2. 乐观积极的生活态度,擅长发现事物和环境乐观积极的一面 3. 富有极强的责任心、爱心,并且喜欢做相关的工作 4. 对一切问题有寻根究底的兴趣,一定要将事情想清楚,并喜欢思考问题,分析能力较强 5. 有较强的竞争意识,能充分、主动地利用环境资源,即与环境的交互能力强 6. 有一定的书面表达能力,逻辑思维性和条理性较强	1. 性格较内向,不擅长与人交往和沟通 2. 办事不够细腻,有时考虑问题不全面 3. 做事不够果断,做决定的时候经常犹豫不决 4. 组织能力和管理人员的能力、经验欠缺 5. 做事有时拖拉,不够雷厉风行 6. 工作、学习有些保守,冒险精神不够,没有结合长远目标,并且创新能力有待提高
	机会	威胁
外部 环境 因素	1. 改革开放 30 多年来,我国的经济飞速发展,国家发展的同时对人才的需求也大为增长 2. 经济全球化给个人也提供了更多的机会,可以在更宽广的舞台上展现个人优势,比如英语作为国际交流的工具发挥的作用就很大 3. 在学校还有很多的学习机会,身边有很多优秀的同学和朋友,有很多向他们学习的机会,并且有构建良好的人际关系的条件 4. 就专业知识方面来说,现在是一个信息爆炸的时代,各种渠道获得的各种类型的信息浩如烟海,对很多人来说,海量的信息会让他们无所适从,因此就大环境来说,计算机信息处理方向很有发展前景	1. 距离毕业还有不到一年的时间,而距离找工作只有半年的时间,并且找工作的时候并不是用人单位的用人高峰期,就业的机会不是很多 2. 经济全球化同时也意味着国际范围的竞争和挑战,对个人素质的要求也就更高了,对于英语来说,就不能只满足于听、写,表达能力也至关重要 3. 用人单位对毕业生的要求提高,更需要有经验的人才。而刚毕业的我没有任何工作和实践经验 4. 当今计算机专业的毕业生很多,而机会不一定是均等的,这时就不单单是知识的比拼,更是对个人发现机会、把握机会能力的考验

自己的真实卖点:对计算机有着浓厚的兴趣;喜欢思考,分析能力较强;逻辑思维性和条理性较强。

总体鉴定:通过上述分析,可以看出小王希望从事计算机工作的个人优势与机会大于劣势和威胁,可以选择从事计算机控制系统设计、协调、运行等相关领域的职业。但为了增加成功的概率,小王毕业前要提高英语水平,多学习有关计算机方面的专业知识,培养对该行业的浓厚兴趣。

Chapter 12
小结
SUMMARY

在当今竞争白热化的市场经济社会,拥有一份挑战和乐趣并存、薪酬丰厚的职业是每个人的梦想,但并不是每一个人都能实现这一梦想。因此,我们有必要花一些时间界定个人的优势和劣势,然后制订一份策略性的行动计划,并有效地完成它,保障个人职业发展更具有竞争性。决策平衡单和SWOT分析法无疑是经典、好用的两种方法。

13 确定你的职业发展目标

> 人生至关重要的事是有远大的目标和达到这个目标的雄心壮志。
>
> ——〔德〕歌德

通过学习职业决策的方法，相信你已经清楚如何为自己选择一份最适合的职业了。职业选定后，下一步要做的就是设定好自己的职业生涯目标。成功在于正确的自我认识，成功在于选择，成功在于准确定位自己的人生目标。要想走得更远，要想尽量不走或少走弯路，就要及早找准自己的职业生涯目标，瞄准自己的目标奋斗，且要早做积累，早做准备，矢志不渝地朝着自己定位的目标前进。

13.1 目标与计划制定原则：SMART

不管选择何种方法来发现和选择适合你的职业生涯目标，都必须考虑目标确定过程的一些原则，使得所确定的目标有最大的激励作用。在确定职业生涯目标过程时,可以根据SMART原则来分析评价,以帮助我们更好地实现目标。

S(Specific)——具体性,即目标要有针对性。具体的目标,才能产生具体的行动,从而产生预期的效果。例如,某个同学给自己制定的目标是要成为优秀的学生,这个目标不明确,究竟具有什么样的条件是优秀呢?学习成绩好、助人为乐还是勤奋勇敢?

M(Measurable)——可衡量性。即目标应尽量以一种能够用数字加以衡量的方式来表达,不要用宽泛的、一般的、模糊的或抽象的形式。只有能量化、可测定的目标,才能循序渐进地达到。目标最简单的量化方法是:用具体的数字来描述自己的目标,即目标数字化。例如,一个想改变自己英语学习落后状况的大一学生,他给自己制定了这样的学习目标:"我一定要在英语四级考试中取得好成绩。"何谓好成绩?什么时候实现呢?这样一个无法量化的目标是不好测评的。如果改为"我要在大学二年级第一学期的英语四级考试中取得610分的好成绩",这个"610分"的目标就很简单而直接。这种量化不需要过多的语言描述,也不需过多解释,完成与否能很容易判断出来。

A(Achievable)——可实现性。目标是作为一种可能性而存在的。因此,制定的职业目标要有一定的实现难度,具有一定的挑战性。而这个难度将是你通过努力所能克服的。只有可以到达的目标,才能使人们产生信心与动力。要把可行性和挑战性兼顾起来,只有这样,才能有张有弛,伸展自如。这不仅会激发自己努力向前,还会促使你挑战面临的困难,激发自己的潜力,从而实现目标。如果所定的目标难度太高,无论如何努力都没有办法完成,那么最终你会因为看不到实现的希望而选择放弃。

R(Realistic)——现实性。现实性要求目标应高低适度。常常有一些人给自己定的目标太高,结果怎么努力也够不着。也有的人定的目标太低,不费什么力气就达到了,结果总是原地踏步。恰到好处的职业目标应当符合自身条件和环境。制定目标时,我们要充分考虑到个人、社会和企业环境的特点与需求,切实可行,不搞花架子,不搞形式主义,这样的目标才是为你"量身订制"的。所以,目标选择应脚踏实地,既不能眼光太低,也不宜好高骛远。

T(Timed)——时限性。职业目标的设立必须有实现的准确期限和有相关的约束性条件,以克服人的惰性,衡量目标实现的价值,最大限度地激发人的潜能。没有时间期限的职业目标,即使已量化得再具体,也有可能无法实现。因为职业目标在什么时候被完成是模糊的,没有截止时间,就很难估计要投入多少精力去实现。如果确定目标需要较长的时间,而你也有充足的时间去努力,为了保持始终如一的状态,不妨为目标设定一个或多个"子期限"。这样,你的潜能很有可能会由于设定的"子期限"而激发出来。比如,这个学期要完成一个职业目标65%的工作量,而剩下三周的工作任务可在下个学期完成。

用 SMART 原则设立目标的好处是:它能使你制定的目标有实现的可能,并且可以帮助你在一段时间之后回顾总结自己所取得的进步与不足,明确自己下一步该干什么以及应干得怎么样。

13.2 开始你的第一步

职业生涯目标的确定是继职业选择后对目标做出的抉择,它包括人生目标——长期目标、中期目标与短期目标的确定,它们分别与人生规划——长期规划、中期规划和短期规划相对应。职业生涯目标规划,应从一生的发展写起,然后分别制订出十年计划,五年、二年、一年计划,以及制订出一月、一周、一天的计划。计划制订好后,再从一日、一周、一月计划开始实行,直至实现一年目标、三年目标、五年、十年目标。

图 13-1 漫画"目标"

13.2.1 确定人生发展目标

今生今世,你想干什么,想成为什么样的人,想取得什么成就,要有准确的人生定位。要清楚,在这一生中,你到底想以一种怎样的形象来度过自己的职业人生?把这些问题确定之后,你的人生目标也就确定了。无志之人常立志,有志之人立长志。目标一旦定下来,应该有一定的稳定性,要注意储备资源,然后为之而努力。

13.2.2 确定十年后的发展大计

时间计划不要太长,否则容易令人泄气,十年正合适,而且十年足够成就一件大事。十年以后,希望自己成为什么样子?拥有怎样的事业?将有多少收入?计划有哪些家庭固定资产投资?要过上什么样的生活?家庭与健康水平如何?把它们仔细地想清楚,一条一条地计划好,记录在案。

13.2.3 定出五年后要实现的目标

定出五年目标的目的,是将十年大计分阶段实施,并将计划进一步具体化,将目标进一步分解。

13.2.4 定出三年后的计划

俗话说,五年计划看前三年。因此,三年目标和计划,要比五年的更具体、更详细。如果你现在是大一的学生,那么毕业时想达到什么水平,找到怎样的职业,一定要从现在开始设想。如找一个自己感兴趣又能够充分发挥自己能力的工作或是自主创业。

13.2.5 定出明年要实现的目标

如果从现在开始制定目标,则应单独确立出一学年后的目标以及实现计划的步骤、方法与时间表。目标务必具体、切实可行。

13.2.6 下月要达到的目标

下月目标应包括下月计划做的工作、应完成的任务以质与量方面的要求,如计划学习的新知识和获取的信息、结识的新朋友等。

13.2.7 下周计划

计划的内容与上述下月要达到的目标相同。重点在于必须具体、详细、数字化,切实可行,而且每周末应提前定好下周的计划。

13.2.8　明日计划

选取最重要的 2～5 件事,按事情轻重缓急和先后顺序排好队,明日按计划去做。这样可以避免"捡了芝麻,丢了西瓜"。

不要以为阅历与你的终极目标无关,人生的进程本来就是在有序的变化中重组,每个阶段虽看似无心,实则汇集隐藏了许多技巧和设计的痕迹,所以每一天、每一件事你都要有目的地认真对待。表 13-1 是一个职业生涯目标规划示例表。

表 13-1　职业生涯目标规划

类型	定义及任务
人生规划	整个职业生涯的规划,时间长至 40 年左右,设定整个人生的发展目标。如规划成为一个有数亿资产公司的总经理等
长期规划	5～10 年的规划,主要设定较长远的目标。如规划 30 岁时成为一家中型公司的部门经理,规划 40 岁时成为一家大型公司副总经理等
中期规划	一般为 2～5 年内的目标与任务。如规划到不同业务部门做经理,规划从大型公司部门经理到小公司做总经理等
短期规划	两年以内的规划,主要是确定近期目标,规划近期完成的任务。如两年内掌握哪些业务知识和技能等

✅ **案例**

张俊熙的职业生涯目标规划

张俊熙,某高校管理学院大一的学生。下面是该学生的职业生涯目标规划。

1. 职业发展路径

本科阶段认真开展专业学习,发展和丰富个人的素质和能力,奠定职业发展的根基。本科毕业后,报考、攻读会计专业的硕士研究生,进一步明确专业发展方向。硕士毕业后希望能够进会计师事务所工作。工作 5～8 年后,希望能在事务所晋升为合伙人,或者能够去私企任财务总监。

2. 长期发展目标

长期发展目标:喜欢在有高大落地窗的写字楼里工作,而且会计的相关工作要求智力技能比较高,会长期从事与会计相关的工作,成为一个优秀的注册会计师。

3. 中期发展目标(十年内)

研究生期间深入学习,实践与理论并重,发表学术性文章,有意识地利用多种机会加强实践锻炼。在研究生期间,还有一项非常重要的任务,就是考取注册会计师资格证。而且会计师事务所对成员的英语水平要求较高,应当在研究生期间,加强自己的英语口语和听力能力。同时,要学会熟练使用计算机进行数据分析处理。

计划保障措施:除专业知识和技能外,还要培养有效沟通的能力、准确获取信息和解决问题的能力等社会智能;掌握企业中各部门的运行机制;掌握较好的人际处理能力;了解国家有关会计审计方面的政策和国际会计领域的趋势。

参加实习,在研究生的寒假和暑假可以去会计师事务所实习,得到一些实际的经验。

获得硕士学位后,参加求职应聘,争取进入全球四大会计师事务所之一,从最底层的会计师起,争取逐步晋升助理会计师、签字的注册会计师、项目经理。

4. 近期发展目标(四年内)

出色完成学业,尤其是专业课程;注重各方面能力的培养提高;完成梦想,考入理想大学攻读硕士研究生继续深造。计划与步骤如下:

一年级(已完成):在适应新的学习生活环境基础上,参加学生社团组织,培养治学精神和综合协调能力;增强独立精神,在实践中学习生活常识及窍门;培养自主学习能力,制定切合实际的学习方案;通过计算机三级考试;参加社团活动和社会实践活动,丰富专业见识。

二年级:第一学期通过英语四级考试,第二学期通过六级考试;学好专业基础课,尤其是经济学、计算机、数学和英语等课程;有目的、有计划地选修会计领域的相关课程;寒、暑假完成一次社会实践,大幅提升英语听说读能力。

三年级:学好资产评估学、审计学、高级会计学、税法、国际金融学、国际贸易学等,在巩固的基础上进一步提升知识的综合运用能力;暑假去上考研政治辅导班,开始复习英语和数学,收集考研的相关信息和资料。

四年级:第一学期重点考研,第二学期完成研究生考试的复试与毕业论文的开题和写作。

5. 动态反馈调整（十年内）

（1）如果没能考入名牌大学继续深造，可以选择调剂到其他优秀大学读研，获得硕士学位。必要时可以考虑直接就业。

（2）如果硕士毕业后没能在目标地域成功入职，可选择先在其他小企业或者国内的事务所从事有关会计的工作。

6. 单位和地域目标的备选方案

地域目标完全根据所要进入的大学和企业的位置来定。所选的大学首先是34所自主划线大学，其次是"985"大学，再次是"211"大学。

✓ 案例分析

可以说，张俊熙的职业生涯目标是清晰的、明确的，在充分知己知彼的基础上，应该说是比较可行的。可贵的是，他有一套具体的、可操作的计划方案，方案没有超出个人的素质和能力；在规划过程中，他还能考虑职业决策的影响因素，如自己的性格、兴趣、价值观、社会职业需求、职业评价、家庭等综合因素。这个决策风格明确，不凭空想象，是值得我们参考的好例子。

Chapter 13 小结 SUMMARY

你的爱好就是你的方向，你的兴趣就是你的资本，你的性情就是你的命运。每个人都有自己理想的乐园，有自己乐于安身的花花世界。在人的整个职业生涯乃至整个人生中，职业抉择都是极重要的环节。美国成功学大师卡耐基也曾经说过，有许多事情会造就成功：良好的健康（并非总是必要）、体力是坚韧、常识、热忱和才能的造就者。但是他遗漏了一件事——工作。没有它，所有其余的加起来都不能造就成功。所以，应正确规划职业生涯，以上提供的方法可以帮您更快地找到通向成功的途径。

How to Find a Good Job
for College Students

College Students Career Planning

第五编

行动：通往成功的真实之旅

你坐过磁悬浮列车吗？磁悬浮列车是世界知名的超级特快列车，乘坐过的人都对磁悬浮列车的速度和感受记忆犹新。

知己，知彼，抉择，然后我们就要开始求职行动了。如果把求职行动看作通往未来职场的轨道，那么能够乘坐上磁悬浮列车，健步如飞，就会更快地奔向职场。

这一编我们就来一起看看怎样建立求职目标执行力，怎样制作简历和参加面试，从而成功获取登上职场磁悬浮的通行证。

14 你的行动决定你的未来

14.1 执行力的重要性

执行力,就个体而言,就是一个人保质保量完成工作任务、实现自己奋斗目标的能力,包括完成目标任务的意愿、完成任务的能力和完成任务的程度三个方面。

不少同学肯定会遇到这样的情况:刚上大学时踌躇满志,立志要在大学期间考这个证那个证,英语要考多少分,要在学生工作中达到哪个高度……可是到了毕业时,只有少数人实现了自己的目标,找到了好工作。这就是由于个人的执行力不同所致。可见,要想获得成功,仅有目标而没有较强的执行力是远远不够的。

通过观察不难看出,执行力较强的人往往具有以下特点和表现:做事的自觉性和主动意识较强;关注并能认真对待每个细节;诚实守信,敢于担当;善于思考分析,适应能力强;有较强的求知、求新欲望;热爱生活,做事投入;有恒心和毅力,心理素质好;有大局观和团队意识;有事业心,追求上进,求胜欲望强烈。

不妨对照一下,现在的你是否也具备了上述特点。

14.2 如何建立和提升求职目标执行力

14.2.1 目标明确

美国著名演说家布赖恩·特雷西指出:"没有用白纸黑字写下来的目标,根本就不是目标,只是空想。"有了明确的奋斗目标,人的行为就有了方向,就会为实现既定的目标去努力。

14.2.2 计划周密

有目标而无计划,就如同长途驾车不带地图上路,可能会事倍功半,令人渐渐丧失信心。确定了理想的目标之后,就要着手制订周密的计划,分解目标,逐个落实。

14.2.3 行动积极

如果仅仅有理想和计划,不行动,成功也像是空中楼阁。积极展开行动,才有可能达到成功的最终目的。"毋恃久安,毋惮初难",先做了再说。一切生机全从行动中来,从动态发展中来。

14.2.4 信念坚定

信念支持着人的行动,给予你面对和克服困难的信心和勇气。只有具有坚韧的毅力、百折不挠的精神,积极学习,刻苦钻研,才能克服障碍,取得成功。当年,爱迪生为了找到做电灯灯丝的材料,面对数千次的试验失败,没有气馁,持之以恒,终于利用钨丝发明了电灯。可见,成功是需要有坚定的信念与决心的。

14.3 帮你实现职业目标的方法——八卦图形策划技术

你有明确的职业理想奋斗目标,也有积极主动的发展心态,但为什么总感到成功的希望还很渺茫，没有输在起跑线却输在了终点上？这就是实现目标过程中的差异。

为了帮助你更好地实现职业目标，在这里介绍一种进行职业生涯规划的有效图形策划方法，它曾被欧洲上层社会誉为成功的"秘诀"，如今被欧洲工商界视为个人奋斗的强化集训法，这就是"八卦图形策划技术"（图14-1）。

"八卦图形策划技术"，简单来说，就是将你这一阶段的职业目标写在图形中央，然后将实现目标的具体措施写在周围的八个

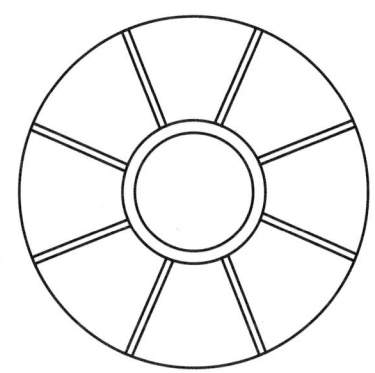

图14-1 八卦图形策划技术

小扇形中。如果一时想不出八项措施，可暂时空着，等想到后再填入。如果想到的措施超过了八个怎么办呢？你可以将其中任何一项放在另一新的八卦图的中心，再进行八个方面的分析，即利用这个图形，充分完善你的行动方案和措施。"八卦图形策划技术"究竟该怎样操作呢，让我们通过下面这个案例来具体解析。

✅ **案例**

关于目标执行力

雅心今年从工商管理专业毕业，最近被一家房地产企业行政部录用为行政秘书，她满心欢喜，雄心勃勃，准备好好大干一场。可是从哪里做起呢？怎么做？雅心疑惑之时，突然想到大学时的辅导员王老师就是教授职业生涯课程的，于是她拨通了王老师的电话，诉说了自己的疑惑，并请他给予指导。王老师约雅心星期五见面。

见面后，王老师拿出一张印有八卦图的纸放在了桌子上。在认真倾听雅心介绍了企业的情况后，王老师说："从目前房地产业的发展趋势看，你所在的企业具有较好的发展前景。在学校时你一直担任班委，具有较强的组织、协作能力，人缘好，性格稳重，形象气质好。根据现在的工作岗位，建议你先选择行政管理路线发展。由于刚参加工作，目标可定为在三年内升为行政主管，你不妨用八卦图形策划一次。"

雅心首先将"行政主管"这个目标放在图形中央，然后将如何实现这一

目标的具体措施与计划填入到周边的小扇形中。

（1）时间：三年。

（2）业务能力：在工作中探索本职工作的规律，提高工作效率，逐步独立开展工作，并在工作中不断创新，取得明显绩效。

图14-2 "行政主管"的八卦图形策划

（3）组织管理能力：向周围有能力的上级管理者学习，积累管理决策经验和方法，注意研究有效的领导方式，有意识地打造自己的领导与管理才能。

（4）职业资格能力：结合目标，计划在两年内考取助理房地产职业经理人和人力资源管理师。

（5）学习能力：结合职业需要，注意个人修养。坚持每月阅读四本书，每年阅读48本书，三年共读144本（其中至少有30本管理方面的专著）。

（6）职业基本素质：遵守企业规章，爱岗敬业，具有职业操守。

（7）培养提升情商：充分认识自己，了解自己，注意协调人际关系，学会自我激励。

（8）心理抗压能力：坚持体育运动，适时地与朋友、同学保持正常联系和交往，关注亲情，注意调整心态。

雅心通过八卦图形进行策划，对自己的未来有了明确的认识。

Chapter 14
小结
SUMMARY

要想获得成功，仅有目标没有较强的执行力是不够的，本章介绍的八卦图形规划技术可以有效帮助你确定目标，制订自己的行动计划，切实提升执行力。

15 简历:一份有力的自我介绍

找工作的第一件事就是写简历,这是给用人单位的一份"见面礼",也是展示你综合素质的一份"推销广告"。在简历里,你要对个人学历、简要经历、特长爱好及其他有关情况做简明扼要的书面介绍,它就像我们求职择业时的名片和说明书,是自我推销的有效工具,用来展示我们的工作技能和个人价值,其主要目的在于为我们赢得面试机会。

具体来说,简历的用武之地在于:

(1)向发布招聘信息的单位,单独或与求职信配套投递,应聘自己心仪的职位。

(2)向没有发布招聘信息的理想单位尝试投递,毛遂自荐,增加自己的求职机会。

(3)在人才交流会或毕业生供需见面洽谈会上发放。

(4)分发给相关亲朋好友,拜托他们帮助联系求职。

(5)携带参加面试,供面试官参考提问,也供面试后对方归档备查。

总之,在人才竞争激烈的信息时代,简历具有其他方式不可替代的功能与作用。如果把我们的人生比作一次次华丽展示真我风采的集合,那么简历无疑是我们人生中最重要的广告。

✓ 案例

什么样的简历是一个好简历,能够将我们的优势广而告之?什么样的简历不够给力,不够彰显我们的特长呢?下面,我们将引入皓轩和碧琪两个人的求职简历,看能给我们带来哪些启示。

表 15-1 皓轩的个人简历

姓名	皓轩	性别	男	出生年月	1988.10	政治面貌	中共党员
籍贯	山东济南	民族	汉	学历/学位		大学本科/文学学士	
毕业院校	×××××大学×××学院			所学专业		英语/经济	
应聘职位	经济机构咨询顾问						
外语水平	TOEFL:653(作文:6/6) 专业四级:优秀 专业八级:良好			计算机水平		熟练使用Office,Stata等文档编辑和统计软件,打字娴熟	
联系方式	固定电话:86-10-8181×××× 手机:13××××1111			邮箱		haoxuan@ouc.edu.cn	
通讯地址	××市××区××路××号××国际大厦B888(邮编:100000)						
个人技能	英文娴熟、经济学专业、实践经验丰富、自我管理出众、团队合作出众						
教育背景	2001年9月～2005年7月　××大学　外国语学院英语系　英语学士 GPA:3.93/4 2002年9月～2005年7月　××大学　中国经济研究中心　经济学士 GPA:3.94/4						
主修课程	一、英语专业:英语精读、英语视听、口语、英语写作、英译汉、汉译英、汉英口译、法语(第二外语) 二、经济专业:国际贸易、会计学、市场营销、中级宏观经济学、中级微观经济学、计量经济学、微积分、线性代数、概率统计等						
获奖情况	2001～2004年国家奖学金(奖励全校前1%学生)3次 2001～2003年××大学"三好学生"(奖励全校前1%学生)2次 2003～2004年××大学"三好学生标兵"						

续表

实践活动	2004年10月至今 ××国际教育咨询公司项目经理,负责出国留学咨询项目。协助制定营销策略(电视,报纸和网络营销等),销售额成功提升28%;系统调查竞争对手,提出应对建议;联络和采访社会知名人士××等;安排职场咨询系列讲座;协调小组成员工作,推动各部门互动
	2004年9月~2004年10月 家教辅导中学生参加"科普英语"竞赛。负责制订授课计划;每日辅导三小时;在十天内成功教会逾1000单词
	2001年9月~2002年9月 ××大学外国语学院院刊专栏编辑。负责约稿,统稿,供稿

表15-2 碧琪的个人简历

姓名	碧琪	性别	女	籍贯	山东	政治面貌	中共党员
健康状况	良好	求职意向	企事业单位从事行政助理、策划助理等相关工作				
联系方式	×××			邮箱	lisi@ouc.edu.cn		
通讯地址	××市××区××路××号 邮编:266100						
外语水平	CET 4,具备熟练的英语读、说、译能力			计算机水平	熟练掌握电脑的中英文打字及Word、Excel、PowerPoint等电脑操作技术,通过全国计算机Visual FoxPro二级考试,能适应现代化办公的工作需要		
教育背景	2006年9月~2010年7月 ××大学管理学院市场营销(本科)专业 2010年7月毕业 经济管理学士						
个人特点	具有强烈的责任心,真诚勤奋,严谨自律,沟通能力、学习能力较强,有良好的语言表达能力; 擅长跳舞、书法,曾多次参加大型文艺演出,获××大学首届啦啦队比赛第二名						
获奖情况	2006~2009年 ××大学一、二等奖学金 2006~2007年 ××大学"优秀团员" 2006~2009年 ××大学"优秀学生" 2006~2007年 ××大学"优秀学生会干部"						
实践活动	2006年参加立白集团洗衣粉市场调研实习,熟悉问卷设计、数据统计 2006年在××办公环境设计有限公司任助理,熟悉日常行政工作 2007年在××市经济开发区工商局任企业登记股助理,熟悉企业登记程序						

续表

实践活动	2006年任××大学管理学院学生党支部负责人、办公室助理
	2006～2007年任××大学管理学院学生会学习部部长,组织策划过讲座、辩论赛、知识竞赛大型活动
	2006～2007年加入××大学管理学院学生会组织部、青年艺术团
	2006年、2009年任班学习委员

案例分析

通过皓轩和碧琪两份简历的比较,我们能够发现:皓轩简历逻辑清楚,简明扼要,层次分明,简历中提到的信息点都是围绕着应聘职位的要求展开的,并且做了层次上的分明处理,相似信息点都很好地合并同类项。细节处理出众,如获奖情况里"国家奖学金(奖励全校前1%学生)"等。这样用心制作的优秀简历,会令招聘人力资源(HR)部门在最短的时间内获得最多有用的信息,提高他们的效率,深得其欢心。

而反观碧琪简历,首先是对应聘职位不够了解,行政助理、策划助理虽然同属助理职位,但是要求却有很大差别;简历第一页的黄金位置几乎全部被"个人信息"给占据了,实属不明智之举;"社会实践"使用长长的完整句子给招聘经理带来阅读难度,平添反感;通过英语四级和具备熟练的读说译能力其实是不能建立必然关联的;简历中自相矛盾的措辞,也会让敏锐的招聘经理对其语言表达能力产生怀疑;在校"所获奖励"没有必要按照年限逐条列出,进行合并同类项处理即可。此外,不必每个奖项前面都加上学校的名字,除非是名牌学校的,否则显得重复赘余。总之,她的简历不足在于:定位不明确,没有重点,逻辑模糊,细节粗糙,是典型的流水账。

众所周知,一种产品如果市场定位不合理,没有切中消费者的需求点,自然就不会畅销。简历如同你这个"产品"的广告,其内容如果没有合理定位,一样会"滞销"。因此,你的简历只有切中用人单位和职位需求,切中招聘经理的需求,才会获得面试机会。

15.1 好简历的必备要素

诚然,一份好的简历未必能使你获得心仪的岗位,但是它会在用人单位做出招聘决策时产生积极的正面影响。制作一份好的简历并不是一件简单轻松的事情,需要你精益求精,深入思考,独具特色。

15.1.1 个人简历的主要要素

个人简历可以是表格的形式,也可以是其他形式。个人简历应包括以下几个方面内容。

（1）个人求职目标:应聘的岗位或者求职希望。

（2）个人基本信息:姓名、性别、年龄、联系方式(最好留下手机并保持手机畅通)、兴趣、爱好、性格等。

（3）教育背景:毕业院校、所学专业、学历、学位等。

（4）工作经验:入学以来的简单经历,主要是参与的社会工作或参加的社会实践等。

（5）技能特长:与应聘岗位相关的能力和业绩,如计算机、外语、驾驶、文艺、体育等方面。

（6）所获荣誉:三好学生、优秀团员、优秀学生干部、专项奖学金等(如果需要,可以考虑附上有关证明材料的复印件)。

15.1.2 撰写简历的注意事项

（1）内容突出。内容好坏表现在是否有实质性的东西呈现给用人单位,即是否在简历中体现了自己能够胜任这个职位。这方面你可以通过展示你的三大技能,即专业知识技能、可迁移技能和自我管理技能来实现。

（2）真实客观。简历的资料要真实客观,不要夸张或者造假。有的求职者认为简历写得越夸张越好,把自己描述成无所不知、无所不通,这是非常错误的。其实,脱离自身能力实际的表述往往适得其反,HR一看就容易留下不诚实、不放心的印象。如果发现你在撒谎,那你就和所应聘的工作说声"再见"吧。

（3）简洁明了。个人简历应浓缩你的大学生活的精华,简洁精练,切忌拖泥带水,200~300字即可。简历上的资料不要密密麻麻堆在一起,项与项间应有一定空位相隔,适当合并同类项,在细节上多做雕琢。简历可以根据自身情况选择适合自己行业和职业的简历模板(如附录 8)。

15.1.3 打造完美简历的秘诀

简历的好坏,关键在于是否表现出了你的最佳形象。此外,一份好的简历,应该特点鲜明,条理清晰,富有吸引力。

(1)重点突出,内容醒目。制作简历时你需要站在招聘经理的视角思考问题,把握好招聘经理一些想要阅读的、感兴趣的信息,然后选择和突出自己的关键信息。关键信息就是敲门砖,它们告诉企业,你就是完全满足他们招聘要求的那个人。关键信息还需要用量化的可测的形式表现出来。就像案例中皓轩的简历一样,设计一个醒目的部分,用数字说话,将个人能力凸显出来,让诸如此类的重要信息能够抓住招聘经理的眼球,这样你就充分利用了 10~20 秒的给人留下深刻印象的关键时间,吸引他们能给你面试机会。

(2)目标明确,针对性强。针对性在这里有两层含义:一是简历要针对你所应聘的公司和职位;二是你的简历要针对你自己,写出自己的亮点与特长。写简历前首先需要找出自己的与众不同之处,找出能反映自身良好素质的证据。然后根据所应聘岗位和部门公司进行筛选修改。比如说,如果应聘技术型工作岗位,那么就需要重点突出你的专业成绩、实践水平、团队意识等。如果是应聘销售岗位,则应将重点放在突出表达能力、沟通能力等方面。在简历上要体现你的社会活动成绩,如曾经做过的兼职和所取得成绩等。

(3)精益求精,整洁美观。简历可以多种多样、不拘一格,但要注意做到整洁美观、精益求精。简历一般不需要太长,内容最多只能写两页 A4 纸,关键要突出重点。有没有封面也没有关系,其实很多 HR 并不希望有封面和塑封的简历,因为这样要抽出其中的简历比较费时间。一般岗位的简历不需要太花哨,对于一些特殊的岗位,如设计类,其简历形式你可以做得别出心裁,突出特色。如果需要突出自己的个性,可以通过简单的文字编排、字体变化和格式做到亮眼的效果,不要使用夸张的图片。简历不要挤得太满,或者用五种以上的字体,招聘 HR 一看就会头疼,结局可想而知。

(4)避免千篇一律,富含个性元素。招聘 HR 都希望招到有优良个性的员工,简历可以帮助我们传达自身的个性特点,所以要特别重视简历中的语言描述。简历中的语言虽简,但要避免千篇一律和苍白平淡,需要精心润色和权衡所有词汇，不妨用一些华丽的词汇丰富个人的能力，比如用"精通×××技术"而不是"用过×××软件"，用"将业绩升级到×××水平"而不是"增加了×××客流量"。

每一个老板都希望应聘者专门为他们的公司和职位准备一份简历。他们期望你能够明确无误地展现：为什么你适合他们招聘的职位以及你将如何去适应这个职位。将千篇一律的万能简历投递给所有雇主，其结果肯定不妙。

（5）突出可迁移技能。用人单位最为看重的是求职者的可迁移技能。这些技能反映出你处理问题和组织管理的能力，都是在以前的接受教育、工作和与人相处的过程中积累起来的。在许多管理岗位上，专业知识不是最重要的，领导能力、协调能力、沟通能力才是更重要的。

15.1.4 扬长避短——好简历需要绕过暗礁

（1）没有工作经验。你可以强调自己的教育背景，包括学过的特别课程和所参加的一切与应聘职位相关的活动。同时，可以将学业看成工作经历，强调学业中需要自学能力，以完成不同的任务；也可以在自己以往的经历中寻找并强调一切可以称为经历的事情，比如义工、教育培训、军训、兼职等，并在其中突出强调自己的可迁移技能来弥补经验方面的短缺。

（2）没有明确的工作目标。虽然工作目标不一定非得写入我们的简历中，但如果实在不能确定一个长期目标，可以先定一个短期目标写进简历，或者可以写几份不同的简历，分别写不同的工作目标。这样做可以很有效地让自己选择相关的信息来支持工作目标，并且不易被限制住。一旦在简历中提及工作目标，语言表述要明确。你要把焦点聚集在自己和他们的需求上面，多一些像这样的表述："寻求一份具有挑战性的市场职位，能让我在为非营利组织的筹款中贡献我的经验和技能。"

（3）缺乏学历或低于要求的学历。比如我们是本科生，但是相信自己有经验和技能来做一份有更高学历要求的工作，这种情况下，简历的制作应该特别注意教育背景和经历部分。比如说，可以提到曾自修过哪些课程，或接受过哪些培训，但不要提及是否已经完成，只展示职位需要具备的技能。这样就不会过早被淘汰，有机会获得额外的面试机会。

（4）一着不慎，满盘皆输。简历中不要出现打字或者语法错误，不要出现任何可能引起歧义的地方。否则，招聘经理很可能会误解，或者将简历干脆丢在一边。

（5）简历通过网络投递时，一定要跟招聘方电话联系清楚，问一问发简历的时候是以附件的形式发送，还是以正文的形式发送。因为企业设置的防火墙不一样，有的企业只收正文形式的简历，凡是附件它都屏蔽掉了；有的不收正文，只收附件，正文里的内容他们一概不看。如果简历被要求以正文的形式发送，那邮件的主题可以采取下面的形式："××大学××专业××真诚应聘贵公司××职位"。如果简历被要求以附件的形式发送，按要求发送相关的简历及证明。这个时候你邮件的正文一定不能空着，可写求职信。

15.2 求职信

简历有个"双胞胎"——求职信，又称"自荐信"或"自荐书"，是求职人向用人单位介绍自己情况以求录用的专用性文书。它与简历形式不同，重要性相近。在日常生活中，求职信使用频率极高，重要作用愈加明显，能起到毛遂自荐的作用。一份好的求职信，可以拉近求职者与招聘主管之间的距离，获得更多的面试机会。如何才能写好求职信呢？

15.2.1 求职信的要素构成

求职信属于书信范畴，所以其基本格式也应符合书信的一般要求，包括称呼、引言、正文、结尾、落款等。

（1）称呼：顶格写在第一行，用冒号，另起一行写问候语"您好"。称呼一定要恰当，要比一般书信正规，视不同单位要有所区别。对于那些不甚明确的部门，你可以写"组织人事部门负责人""尊敬的领导"等；对于负责人非常明确的，你可以写出他的职务、职称，如"尊敬的张经理"等。

（2）引言：包括你的姓名、所在单位（就读学校）、所学专业、预计毕业时间等基本信息。该部分要引人注目，说明应聘原因和目的。主要是要引起招聘主管的兴趣，使其看完求职材料。

（3）正文：这是求职信的中心部分，形式可以多种多样，一般你需要说明求职信息来源、应聘岗位、个人的基本情况和特点等。简历中已存在的具体内容和细节最好不要在求职信中重复出现。

（4）结尾：留下你自己的有效联系方式，并表明希望对方给予答复，盼望有机会进入面试。后面应写上简短的表示祝愿、敬意之类的话语,如"祝贵公司兴旺发达""顺候安康"等。

(5)落款:署名和日期。署名一般写在结尾祝词的下一行的右后方。日期(×年×月×日)应写在名字下面。

15.2.2 求职信的注意事项

语气自然:写信就像说话一样,语气可以正式但不能僵硬。

通俗易懂:写作要考虑读者对象的知识背景,语言直截了当,不要依靠词典,不要使用生僻词语、专业术语。

言简意赅:在确保重点突出、内容完整的前提下,尽可能简明扼要,切忌面面俱到。

具体明确:不要使用模糊、笼统的字眼;多使用实例、数字等具体的说明。

15.2.3 求职信要避免的四个误区

不够自信,过于谦虚:求职者应当在信中强调自己的强项,即使不可避免地要说明自己的弱项,也没有必要那么坦率。

主观意愿,推理不当:许多求职者为了取悦于招聘单位,再三强调自己的成绩,而不知经验与能力对职位的重要性。

语气过于主观:对于招聘单位来讲,他们大都喜欢待人处世比较客观与实际的人,因而求职者在信中需要避免使用"我认为""我觉得""我看""我想"等字眼。

措辞不当,造成反感:写求职信最忌用词不当,例如,"有我这样的人才前来应聘,你们定会大喜过望"。对方看到这样的词语,怎么会不反感呢?

● 示例

求职信

尊敬的贵单位领导:

您好!

感谢您在百忙之中拨冗阅读我的求职信。扬帆远航,赖您东风助力!我是××大学××届××学院××专业应届本科毕业生,即将面临就业的选择,我十分想到贵单位供职。希望与贵单位的同事们携手并肩,共扬希望之帆,共创事业辉煌。

"宝剑锋从磨砺出,梅花香自苦寒来。"经过四年多的专业学习和大学生活的磨炼,进校时天真、幼稚的我现已变得沉着和冷静。为了立足社会,为了拥有自己的事业,四年中我不断努力学习,不论是基础课还是专业课,都取得了较好的成绩。大学期间获得年度院单项奖学金,英语达到四级水平,通过了计算机国家一级考试和全国普通话测试二级甲等考试。在课余,我还注意不断扩大知识面,辅修了教师职业技能(中学数学教育),熟练掌握了教师的基本技能。利用课余时间自学了计算机的基本操作,熟悉 Windows 操作系统,熟练掌握 Office 办公软件,能熟练运用软件 AuthorWare、PowerPoint 等制作课件,进行多媒体教学。

学习固然重要,但能力培养也必不可少。三年多来,为提高自己的授课能力,积累教育经验,从大二开始,我在学好各门专业课的同时,还利用课余时间积极参加家教实践活动,为多名初中和小学学生进行数学补习,使他们的数学成绩都有较大程度的提高,我的工作也得到了学生家长的肯定和好评。为进一步积累系统的数学教育经验,我到××中学进行了长达两个月的初中数学教育实习工作。实习过程中,我积极向有经验的老师请教,注意学习他们的教学艺术,提高自身的业务水平和授课表达技巧,力争使自己的教学风格做到知识性和趣味性并举。通过不断的努力和教学实践,我已具备一名优秀教师的基本素质,过硬的工作作风,扎实的教学基本功,较强的自学和适应能力,良好的沟通和协调能力,这些素质使我对未来的教育工作充满了信心和期望。

十多年的寒窗苦读,现在的我已豪情满怀、信心十足。事业上的成功需要知识、毅力、汗水、机会的完美结合。同样,一个单位的荣誉需要承载她的载体——人的无私奉献。我恳请贵单位给一个机会,让我有幸成为你们中的一员,我将以百倍的热情和勤奋踏实的工作来回报您的知遇之恩。

期盼能得到您的回音!

感谢您在百忙之中抽暇审阅这份求职信。

此致

敬礼

求职人:×××

×× 年 ×× 月 ×× 日

✅ **小测试**

写一封求职信,再根据所学内容完善它。

Chapter 15 小结 SUMMARY

简历和求职信是择业中最重要的广告,是面试的敲门砖。简历和求职信一定要精心打造,紧密围绕用人单位和职位的需求来展示自己能够胜任的能力。在撰写时要换位思考,从招聘HR的视角来看待自己的简历,要懂得层次分明、逻辑清晰、合并同类项,突出自己的专业知识技能、自我管理技能和可迁移技能,特别是可迁移技能,这是单位最为看重的。还要牢记"细节决定成败",在细节上多下功夫。成功的求职信和简历多种多样,但有一点是共同的,那就是都会在精炼的文字里面成功地"推销自己"。

16 面试:用形象开始职场第一步

前文中的碧琪通过精心制作的求职简历获得了面试机会。可是面试来临该怎样着手准备?面试官会问什么问题?面试时自己会不会因为紧张而影响发挥?面试时,该围绕着什么来展示自己的能力?这些问题久久萦绕在碧琪的心里。

可能大部分面临面试的同学,特别是第一次参加面试之前,都会感受到像碧琪一样的紧张。其实面试就是一种经过精心设计,在特定场景下,以面试官对考生的面对面交谈与观察为主要手段,由表及里测评考生的知识、能力、经验等有关素质的一种考试活动。面对面地观察、交谈等双向沟通方式,不但突出了面试问、听、察、析、判的综合性特色,而且使面试与一般的口试、笔试、操作演示、背景调查等人员素质测评的形式也区别开来。简历帮助我们获得了面试的机会,而面试则直接决定我们能否获得心仪的工作,实现理想的就业愿望。所以说,面试成功与否,是我们能否成功走向职场施展才华的决定因素。

面试究竟有多么神秘莫测,如何才能打好面试这一仗,用自己的素质和魅力征服考官呢？先看一个榜样是怎么做的，那就是凤凰卫视著名主播曾子墨成功面试华尔街投资银行。

16.1 面试三部曲

✓ 案例

大三那年，我决定结束自己每逢假期便溜回北京的懒散生活，利用最后一个暑假，让自己的简历尽善尽美。然而十多年前，在投资银行找工作难，找暑期工更难，找提供给本科生的暑期工则是难上加难。但我始终相信，有的机会是从天而降的，有的机会则是需要亲手创造的。

于是，不论关系远近，也不论职位高低和资历深浅，我那些屈指可数的在华尔街工作的朋友，都受到了我执着的"骚扰"。那段时间，华尔街的人都知道有个中国女孩要找投资银行的工作。终于，我把几家主要投资银行的中国业务主管和人力资源主管姓名、电话、地址都了解得清清楚楚。

结果，一切都在意料之中，发出去的求职信绝大部分石沉大海，在他们语音信箱里的留言，也都杳无音信。然而，两个月以后，柳暗花明：我竟然接到来自美林的电话，请我到纽约去面试。我即将面对的是生平第一个面试，期待，兴奋，可想而知。我前所未有地严阵以待，将大家的经验之谈悉数记在心中：

千万不能紧张，要落落大方，侃侃而谈。

为什么选择达特茅斯，为什么愿意来到美林证券，答案一定要事先准备。

面试前几天的《华尔街日报》必须仔细阅读，道琼斯、纳斯达克、恒生指数和主要的外汇汇率也都要熟记在心。

握手的力度要适中，太轻了显得不自信，太重了会招致反感。

手中最好拿一个可以放笔记本的皮夹，这样显得比较职业。眼睛是心灵的窗户，所以目光不能飘忽游移，只有进行眼神的交流，才会显得充满信心。假如不敢直视对方的眼睛，那就盯着他的鼻梁，这样既不会感到对方目光的咄咄逼人，而又让对方看来，你仍然在保持目光接触。

套装应该是深色的，最好是黑色和深蓝色，丝袜要随身多备一双，以防面试前突然脱丝……

后来，我知道了投资银行的确有些以貌取人，得体的服饰着装可以在面试中加分不少。到了纽约,我便直奔百货商店。第二天,穿着深蓝色套装,我镇定自若、胸有成竹地走进了美林的会议室。面对来自香港的两位银行家,半个小时里,我学着美国人的方式,滔滔不绝地自我推销,把自己说得像爱因斯坦一样聪明,像老黄牛一样勤奋,又像老鼠爱大米那样深深地热爱投资银行。

握手告别时,在他们的脸上,我找到了自己要的答案:这个女孩,天生就属于投资银行。在美林度过的那个夏天,让我立下志愿:我要真正成为华尔街的一分子。

——摘自曾子墨《墨迹》

● 案例分析

曾子墨大三时应聘实习生,精心准备简历,向一切人脉资源获取面试前信息,置办服装,讲求礼仪,紧密跟踪行业信息,面试前的准备非常充分。面试时又将她之前的准备良好地发挥出来,充分展示出投资银行所看中的员工素质:聪明、勤奋、忠诚,所以其实习生岗位的面试成功了。

面试并不简单,需要做好面试的前期准备、面试中的过关斩将、面试后的跟进。三部曲都圆满,最后的结果才完满。

16.1.1 前奏——面试的前期准备

机会只光临有准备的大脑。面试的时候需要做哪些准备呢?

1. 素质方面

(1)仪表风度。要注意个人言谈举止、穿衣打扮、精神状态的适应和调整。研究表明,仪表端庄、衣着整洁、举止文明的人,一般做事有规律、注意自我约束、责任心强。

(2)专业知识。作为对笔试的补充,面试前你需要进一步巩固专业知识,以更好地符合所要录用职位的要求。

(3)工作实践经验。面试官根据查阅应试者的个人简历或求职登记表,查询应试者有关背景及过去工作的情况,以补充、证实其所具有的实践经验,同时考察应试者的责任感、主动性、思维力、口头表达能力及遇事的理智状况等。

（4）口头表达能力。你需要加强锻炼，以便在面试时将自己的思想、观点、意见或建议顺畅地用语言表达出来。

（5）综合分析能力和应变能力。加强学习锻炼，不断提高自己通过分析抓住本质、说理透彻、分析全面、条理清晰的能力，提高自身反应能力和应变能力。

（6）求职动机。面试时经常会被问到你为何希望来本单位工作，对哪类工作最感兴趣，在工作中追求什么，以判断本单位所能提供的职位或工作条件等能否满足来面试者的工作要求和期望。这些都需要提前做好相应准备。

上述的考察点，其实考察的是应试者的三大技能：即专业知识技能、自我管理技能和可迁移技能。如果我们紧密围绕彰显自己的三大技能，让其与所应聘的岗位紧密对接，那么就可以让面试顺利进行并收获不错的结果。

2. 材料方面

在双向选择过程中，大部分用人单位安排面试的依据是有关反映毕业生情况的书面材料，通过这些书面材料来判断和评价毕业生的学习成绩、工作潜力。毕业生要成功地向用人单位推销自己，拟定具有说服力和吸引力的求职面试材料是成功的第一步。

（1）面试材料包括毕业生就业推荐表、简历、自荐信、成绩单及各种证书（获奖证书，英语、计算机等各类技能等级证书）、已发表的文章、论文、取得的成果等。

（2）毕业生就业推荐表是反映毕业生综合情况并附有学校书面意见的推荐表。一般包括毕业生基本资料、照片、学历、社会工作、获奖情况、科研情况、个人特长等，还应附有教务部门出具的成绩单。

（3）简历主要是针对应聘的工作，将相关经验、业绩、能力、性格等简要地列举出来，以达到推荐自己的目的。由于毕业生就业推荐表栏目和篇幅限制，多数毕业生更希望有一份个性突出、设计精美、能给用人单位留下深刻印象的简历。

3. 细节方面

面试前一晚一定要睡个好觉，以保证以一个好的精神状态面对考官。

要早到15分钟，这样可以提前整理自己的思路，并用这些时间熟悉公司的环境，特别是很热的夏天，可以整理一下自己的仪容。

对于女生来说，如果去一个陌生的遥远的地方面试，最好结伴而去，不要一个人去。

早到等待的时候要留意看看周围有没有一些企业的宣传资料,或者企业的广告、海报、简介等,充分掌握单位的信息。

4.心态方面

面试是招聘主管和应聘者之间的一个双向沟通过程。面试的目的在于我们对工作世界的真实信息的探索,包括公司的直观感觉、文化环境、具体要求、工作氛围等。有好的心态才会有好的精神面貌、清晰的自我展示、良好的沟通结果。面试中招聘主管可以通过观察和谈话来评价你,你也可以通过招聘主管的言谈举止和所关注的焦点来判断其价值判断标准、偏好倾向,从而调节自己在面试中的具体表现。面试前,我们在重视各项准备工作的同时,要抱着学习的心态来看待面试这件事。心态上不要有不成功则成仁的夸张想法,这样不利于面试时的思路运转和水平的良好发挥。可见,调整好面试时的心态是很重要的。

16.1.2 交响曲——面试中的过关斩将

面试时各个应试者八仙过海,各显其能,恨不得把十八般武艺全部用上,拿下这一城。那究竟考官会问哪些问题?该怎样回答这些问题来征服考官呢?

面试常见问题有:
请你做一分钟自我介绍。
请问你有无做过一件让你最有成就感的事情,如果有,简单讲述。
请用一分钟时间评价工作过的前一家公司及老板。
你为什么选择我们公司?
请你讲述一下自己最大的竞争优势是什么?
假如现在没有找到工作,你能维持多久的生活?
目前你找一份工作,最希望得到什么,是经济回报,能力提升还是未来发展空间?
你未来的目标和理想是什么?
在我们公司,你最希望得到什么?

你的短期目标是什么？两年后或者五年后你的目标是什么？

你最满意的经历是什么？

不满意的经历是什么？

你的长处是什么呢？

你为什么适合这份工作？

你怎样缓解压力？

你过去的上司有什么共同点？

你最喜欢的课程是什么？

从业余生活、社会实践、实习经历中你学到了什么？

你给别人的影响是什么？

为什么你现在还没有找到工作呢？

看上去你好像对某个领域没有经验，是这样吗？

……

回答这些问题，依然要紧紧围绕着自己具备与该职位相关的专业知识、自我管理和可迁移技能，从这个角度去阐释答案，万变不离其宗。

在面试前应提前预设好可能问的问题和理想的答案，把答案流利地念出来至少需要重复三遍以上，这样才能把对问题的理解内化到心中，做到自然流畅，否则就会被招聘 HR 的火眼金睛看作做作。

面试时要真诚。"知之为知之，不知为不知。"但一定要强调虽然目前还不太了解，但一定会尽快学习和熟悉。

一般面试时开场都要自我介绍，那就是我们的简历的有声浓缩精华版。建议针对应聘的公司和职位的区别，至少准备三个不同版本的自我介绍并且将之烂熟于心，力争在面试过程中赢得头彩。

在回答面试问题的时候，如果我们不太确定也可以提问，与考官进行双向交流和有益探讨。很多考官也不喜欢每天听相似的答案，机械化、刻板化地进行枯燥的面试。如果应试者与考官进行良好的沟通，也会给考官的工作增添一抹亮色。在与考官的互动中我们会收获很多有益的回馈。考官面试的关键不是得到正确的答案，而是看到我们给出答案的分析过程。用清晰的思路来展示答案，表现出积极而真诚地解决问题的态度，这是比较重要的一点。

✅ **案例**

——我参加了万海航运的多对多面试。首先是自我介绍,然后是面试官问一个问题,我们四个求职者依次回答。我基本上都是最后一个回答,这样容易借鉴前面人的观点,更能拓展自己的思路。第一个问题是比较公司两个职位,哪个更重要。这个问题我没想好,回答得很仓促,直接说了哪一个更好。之后有个求职者就说无所谓哪个更重要,这两个职位相辅相成,互相支持。第二个问题是海运市场发展前景,其他三个人都说贸易发展很快,海运市场发展前景很好,我则说虽然很好,但是海运市场之间的竞争很激烈,"大鱼吃小鱼"的现象时有发生,就像当年第一大海运公司马士基并购第三大海运公司铁行渣华,小规模的海运公司更应该发挥优势提高竞争力。面试官点头补充说,现在油价的上涨对海运公司的压力非常大,这也是不容忽视的。最后一个问题是用英语问的:"If you meet some problems you don't know in work, how do you deal with them?"其他的求职者说了什么我没有听清楚,反正又被面试官追问了几句,结果磕磕绊绊没回答出来。我最后发言:"I think the direct way is asking my colleagues and leaders, and I'm sure they will give me an answer."面试官微笑点头以示同意。面试结束,我成功通过。

——我觉得要准备一套中英文自我介绍,背得滚瓜烂熟。大部分面试的开场白就是自我介绍。在回答面试官问题的时候思路要清晰,也就是考虑问题要有逻辑性。比如面试官问:"你为什么认为自己会在这份工作中做得很出色?"那你的回答应该至少包括三个方面:这份工作适合什么样的人做,自身的优点与特点适合这份工作,自己会投入到这份工作中去。还有,总结自己的优缺点、最大的成功、最大的失败等,并且要有一个亲身经历的事实来说明这些问题。一定要做到一点:诚实,这也是最基本的做人原则。保证简历中的内容是真实的,保证回答问题时是真诚的。既然你说的话都是真实的,就没有紧张的理由,就足以用事实来解释你的观点,不至于在面试官的追问下回答得漏洞百出。

16.1.3 尾声——面试后的跟进

面试结束后,我们不能挥一挥衣袖,不带走一片云彩,而是需要有礼节地跟进面试结果。这里有一个非常重要的跟进工具——感谢信。感谢信作为一种礼仪文书,是一方受惠于另一方后及时表达谢意的一种方式和工具。

1. 感谢信表达的内容

(1) 对考官给予面试机会表示感谢。

(2) 对考官在面试过程中回答自己的一些关于职位信息的提问,让自己对工作世界有了进一步的探索表示感谢。

(3) 请考官告知自己面试的结果以便为下一轮的面试做准备,并请他对下一轮面试给予一些建议。

2. 感谢信的不同功用

(1) 面试后三天内发感谢信,目的是:加深印象,拉近距离。

(2) 收到进一步面试的通知之后发感谢信,目的是:获得下轮面试的建议。

(3) 面试完之后不太想去那家单位,要在恰当的时间给人家一个答复。这既是基本的礼节问题,也是对单位负责任的态度体现。

(4) 被拒绝进入下轮面试之后发感谢信,目的是进一步获得作为业内人士的建议,而且有可能被感谢的业内人士会提供其他工作机会。

所以,感谢信是面试后不可或缺的跟进步骤,使用好感谢信有时可以为你带来意想不到的惊喜。

要想打一个面试的漂亮仗,就要做好以上的三个环节。

16.2　面试的形式与类型

下面将向同学们介绍面试的不同类型,以及公务员、大企业等不同的用人单位对面试的独特考量标准。

16.2.1　公务员面试

每年的10月以后,以国家公务员考试领衔的各类公务员、选调生考试就陆续开始了。准备面试时,总的来说有三方面的问题要注意:

第一是补充内容和素材,做到有话可说。可以通过看新闻和观察生活来补充:要通过"看现象(个别或特殊)——找问题(一般或普遍)——想原因

(现实或思想根源)——做界定(利弊权衡)——提对策(解决问题)"这样一个思维流程进行。这样思考过的素材就是自己的东西了。

第二是研究内容与形式的结合。多观察身边领导人的说话风格特点和公文语言格式,多思考新闻联播的播音语言结构,把社交心理和形式逻辑掌握好,提高自己的表达水平。

第三是追求内容和形式"神行统一"的境界。面试不是简单的方法交流,更是思想观念的碰撞。一个有思想的人,说话是含蓄而富有哲理性的。

这三个阶段准备是需要反复训练、点评纠错来实现的。当达到一定水准后,进入面试考场时心中不会再有很多"一定要怎样、一定不能怎样"的想法,轻松才能获得满意的结果。下面我们通过案例来具体看一下。

✅ 案例

近几年,考研升温了,考公务员更热。看到身边的不少同学都在跃跃欲试,晨曦决定把大家组织起来,一起来聊聊关于大学生考公务员的感受以及在复习和面试时需要注意的问题。

——面试是重新洗牌的过程。国家公务员面试分值的比重等同于笔试分值,而有些地方只看面试成绩名次或者面试分值的比重是笔试分值的两倍,如浙江(综合成绩=笔试成绩/4+面试成绩/2)。笔试成绩差距微乎其微,而面试成绩差距却非常大,有时达到三四十分。因此,一切皆有可能,要高度关注面试环节。

面试的准备要注意两点:一是通过教材与论坛网站收集完整的资料,对面试的基本情况与知识进行深入理解与掌握;二是重视练习,经常练习,克服羞怯心理,逐渐理顺思路,清楚表达。

面试采取的是结构化面试,每种题型都有固定模式,在掌握模式与基础知识的基础上,把自己的语言与掌握的知识融合于其中即可。答题时要注意以下几个细节:一是答题层次分明,逻辑性强。每道题都按顺序作答,并且有序语与总结。二是有头有尾。在考官允许答题后,要以"各位考官,现在开始回答第××题"开始回答,以"报告考官,第××题回答完毕"结尾。三是思考时间不要太长,控制在30秒内,还没考虑清楚时就在回答问题的过程中思考,如果考虑问题太长会给考官留下反应迟钝的印象。四是回答问题要响亮、顺畅。要精神饱满地、清楚地回答考官的问题,尽量避免卡壳现象,一旦卡壳立即转入下一点回答。五是回答要精练简洁。除掉考官介绍、问问题和考生思考的时间，每道题回答的时间只有三分钟左右，这就要求考生尽量凝练语言，准确作答，并且使考官听得明白。

——面试的参考书很多，但不需要都买，一两本足矣。我们可以充分利用学校图书馆和网络的功能，很多书中的题目都是重复的，买的时候尽量选择题目分类细致、时间较为贴近的参考书，一方面有助于我们了解各个类型的题目，另一方面可把握近几年的题目形式、出题思路和趋势。另外，尽量多与面试成功的同学、朋友交流，汲取他们的成功经验，对照自己，及时改进。不能寄希望于面试的那十几分钟超常表现，人们通常在紧张的情况下无法正常思考，一些习惯性的动作和语言都会不自觉地流露出来，这些细枝末节的东西往往会暴露我们的缺点，给主考官留下不好的印象，所以要提前做好准备工作。

——语言简明扼要，思路清晰流畅。在回答问题时一定要分清层次，表达准确得体，注意保持语音语调有一定的起伏，不能一个音调下来，以免把考官催眠了。可以在面试前请同学担任考官，提前演练几次，或者对着镜子大声回答假定的问题。这种方式可以让我们发现很多自己未曾发现的潜在的问题和缺点。另外，一定不要出现过多的口头语，如"这个""那个""嗯""啊"之类的，这都会让人感觉你思维很混乱。

——态度端正，实事求是。在面试过程中一定要实事求是，根据自己的真实情况回答问题，不要夸大。比如，在上海边检的面试过程中，有位女生笔试成绩也非常好，身高1.55米，距离边检身高要求1.60米还差5厘米，于是她穿了较高的高跟鞋。面试开始，考官问她身高，她回答1.60米，但是她没有想到的是，考官听后会当场让她脱下鞋子测量身高，结果可想而知，一次非常好的机会就因为她的不诚信而丧失了，如果她能够诚实地回答，考官至少会给他一个完成面试的机会。还有一位女生面试时考官问她有没有什么特长，她说会跳舞、游泳等，考官当场便让她跳一段。这个女生曾是Balabala的领舞，这些自然不在话下。所以，如果你说有什么特长一定要是真实的，不要被考官当场揭穿，以免影响自己的成绩。

16.2.2 外企面试

外企因其跨国文化背景、规范的管理和文明的环境,一直是毕业生实现理想就业愿望的重要选择。那么,外企面试时要注意什么呢?碧琪曾经在择业前听过很多师兄、师姐的择业分享报告会,她把外企面试的注意事项都记了下来。

(1) 树立时间观念。迟到不仅会影响自身的形象,而且大公司的面试往往一次要安排很多人,迟到几分钟,就很可能永远与这家公司失之交臂了。最好提前10~15分钟到,熟悉一下环境。但是早到后不宜提早进入办公室,否则聘用者很可能因为手头的事情没处理完而觉得很不方便。当然,如果早到者可提早面试或是在空闲的会议室等候,那就另当别论。

如果你守时但是招聘人员不守时,面对这种情况最好的方式是宽容。面试无外乎是一种对人际磨合能力的考查,得体周到的表现自是有百利而无一害。

(2) 把握进屋时机。对我们来说,如果面试的时间到了,就应该按点敲门。如果招聘人员让在门外等,就按要求做。如果得到允许进屋后,发现招聘人员正在填写上一个人的评估表,不要打扰,要表现得理解与合作。不要东张西望、动手动脚、闭目养神或中间插话。一般填这种评估表时间都不会太长,不必利用这个时间看点儿什么或干点儿什么。有经验的招聘人员会妥善处理这种尴尬的局面。比如,他觉得你等的时间长了,就会建议你先看一下桌面上的杂志。这时即使不想看,也别拒绝,看不看是另外一回事,但礼貌上要友善地接受。

(3) 对所有人一视同仁,大方得体。许多人对秘书很不礼貌,觉得秘书级别低,不重要。其实在外企文化中,级别只代表工作分工的不同,平时大家都是平等的。不要虽与招聘人员很谈得来,但却让秘书反感。负面的评语传到招聘人员的耳朵里,也会对面试结果产生不利影响。

大方得体。怎么称得上大方得体?比如就座时要客气。进了房间之后,所有的行动要按招聘人员的指示来做,不要拘谨或过于谦让。切记客随主便,恭敬不如从命。再比如进屋后,招聘人员问喝什么或提出其他选择时,一定要明确地回答,这样会显得有主见,不要说:"随便,您决定吧。"大公司最不喜欢没有主见的人,这种人在将来的合作中会给大家带来麻烦,浪费时间,降低效率。

（4）讨论下次约见时间及结束语。如果想要约定下一次见面时间,有两种情况要注意:一是不要太随和,说什么时间都行,这样会显得自己很无所事事;二是很快就说出一个时间,不加考虑。较得体的做法是:稍微想一下,然后建议一到两个变通的时间供招聘官选择。

结束语。面试结尾时说:"Thanks for your time." "Thank you very much." 或 "Nice to talk to you." 但不要说得太多,显得啰唆。总之,要恰到好处。

（5）形体语言。检点自己的一言一行,因为这些都可能引起别人的注意,举手投足大方自然。对方的一举一动,虽然无言,却也可能有意。要善于察言观色,明察秋毫。以下几个方面要重点注意:

眼神的交流:目光要注视着对方。国外的礼仪书上往往精确到要看到对方鼻梁上某个位置或眼镜下多少毫米。但注意不要目光呆滞地死盯着别人看,这样会令人感到很不舒服。如果不只有一个人在场,你说话的时候要适当用目光扫视一下其他人,以示尊重。

做一个积极的聆听者:听对方说话时,要时而颔首或微笑,表情要自然。

手势:手势不要太多。太多会过多分散别人的注意力。平时要留意外国人的手势,了解中外手势的不同。比如,中西方比划"一二三"的方式就迥然不同,用错了反而造成误解。

举手投足不要出声响:手上不要玩纸、笔,在正式场合这样会显得很不严肃。手不要乱摸头发、胡子、耳朵,这样显得紧张,不专心交谈。不要用手捂嘴说话,这是一种紧张的表现。

坐姿的学问:坐时身体要略向前倾。面试时,轻易不要靠椅子背坐,也不要坐满,但也不宜坐得太少,一般以坐满椅子的 2/3 为宜,女士要并拢双腿。

如果招聘人员跷脚,不要觉得这是他不礼貌。这里可能有三种原因。一是招聘人员挺累,想休息一下;二是他觉得招聘工作不太重要,因此很放松;三是对你的心理考验,想看看你的表现。这时如果您显出不满的神情,就会给人留下不好相处的印象。

 ✓ 案例

大三的嘉仪,看见大四的学长们为了寻找一份理想的工作,每天来去匆匆,穿梭于不同的招聘现场,不断地参加不同岗位的面试,猛然间意识到自己很快也要踏入求职的大军中了,一丝丝伤感和紧张油然而生。为了前程,为了班级,作为班长的她觉得有必要组织同学们思考讨论一下:面对即将到来的求职,应该如何面对?学长的面试的体会和感受又是什么呢?

围绕上述问题,经过精心准备,嘉仪所在的班级召开了主题班会,同时也邀请了几位公司人事经理、已经工作的校友和部分正在求职的学长。围绕面试,他们站在不同的角度谈了自己的看法……

——要着装得体,举止大方。在整个面试过程中一定要诚实,不要过度修饰自己,不要戴假发,女生也不要化过于夸张的浓妆。选择一身合适的套装,看上去简洁大方就可以了。不要穿得花枝招展,尽量不要佩戴过多的饰物。举止大方得体,在行、走、坐、言的过程中,不要附带过多的手势和动作,跷二郎腿、抠指甲、托腮、抖腿等都是不能出现在面试过程中的。另外,要注意面试过程中的礼仪,按照最高标准要求,做到谦虚谨慎、不卑不亢,尊重所有的工作人员而不只是主考官,进门问好,出门道谢,正视考官,仔细聆听,认真对待。在面试中,你距离考官只有一两米的距离,任何细节都会被考官收入眼底,所以,一定不要试图挑战考官的眼力,因为在这样的对抗中吃亏的总是我们自己。对于女生,能够在激烈竞争中胜出十分不易,所以更应当抓住机会,不要让它因为一些无谓的失误而溜走。

——参加面试的人都坐在一间屋子里等待。我是我们那个小组的第三个。当被叫到名字后,我整理了一下领带,便跟在导路员身后进入了面试考场。进门以后,先微笑环顾一周,然后鞠躬问好,便泰然地坐在椅子上。每个考官都很和蔼,尤其主考官更是满脸含笑。看到这些,我的心情放松了许多。首先是自我介绍,我便将背诵了很多遍的文字又重复了一遍。接下来是五个问题,记得有两个是对名人名言的理解,一个是考查解决问题的能力的:"假如你是一个小区的物业管理人员,你的小区突然断水断电,你将怎么处理?"我将问题写在纸上,考虑了半分钟,便开始作答。回答时一边用目光扫视着各位考官,看到有的考官在默默点头,我心里暗暗高兴,也许这次真的就要成功了。面试结束离场时,我站起来,再次对各位考官鞠躬一次并道谢,同时也没有忘记感谢那位导路员。大家都说每一个细节都会影响你的面试的成绩,我认为面试真正考察的还是你的修养和礼节。

对面试经验不足的同学来说，还需要特别注意避免一些负面的行为，具体有以下几方面：

不善于打破沉默：面试开始时，应试者不善于"破冰"，而等待面试官打开话匣。面试中，应试者又出于种种顾虑，不愿主动说话，结果使面试出现冷场。即便能勉强打破沉默，语音语调亦极其生硬，使场面更显尴尬。实际上，无论是面试前或面试中，面试者主动致意与交谈，会留给面试官热情和擅长沟通的良好印象。

与面试官"套近乎"：具备一定专业素养的面试官是忌讳与应试者套近乎的，因为面试中双方关系过于随便或过于紧张都会影响面试官的评判。过分"套近乎"亦会在客观上妨碍应试者在短短的面试时间内，做好专业经验与技能的陈述。聪明的应试者可以列举一两件有根有据的事情来赞扬招聘单位，从而表现出对这个单位的兴趣。

为偏见或成见所左右：有时候，参加面试前自己所了解的有关面试官或该招聘单位的负面评价，会左右自己面试中的思维。例如，误认为貌似冷淡的面试官或是严厉或是对应试者不满意，因此十分紧张，或者当面试官是一位看上去比自己年轻许多的小姐，心中便开始嘀咕："她怎么能有资格面试我呢？"其实，在招聘面试这种特殊的采购关系中，应试者作为供方，需要积极面对不同风格的面试官即客户。一个真正的销售员在面对客户的时候，他的态度是无法选择的。

慷慨陈词，却举不出例子：应试者大谈个人成就、特长、技能时，面试官一旦反问"能举一两个例子吗？"应试者便无言以对。而面试官恰恰认为：事实胜于雄辩。在面试中，应试者要想以其所谓的沟通能力、解决问题的能力、团队合作能力、领导能力等取信于人，唯有举例。

缺乏积极态势：面试官常常会提出或触及一些让应试者难为情的事情。很多人对此面红耳赤，或躲躲闪闪，或撒谎敷衍，而不是诚实地回答、进行正面解释。比方，面试官问："为什么五年中换了三次工作？"有人可能会大谈工作如何困难、上级不支持等，而不是告诉面试官：虽然工作很艰难，自己却因此学到了很多，也成熟了很多。

丧失专业风采：有些应试者面试时各方面表现良好，可一旦被问及现所在公司或以前公司时，就会愤怒地抨击该公司或老板，甚至大肆谩骂。在众多国际化的大企业中,或是在具备专业素养的面试官面前,这种行为是非常忌讳的。

不善于提问:有些人在不该提问时提问,如面试中打断面试官谈话而提问。也有些人面试前对提问没有足够准备,轮到有提问机会时不知说什么好。而事实上,一个好的提问,胜过简历中的无数笔墨,会让面试官刮目相看。

对个人职业发展计划模糊:对个人职业发展计划,很多人只有目标,没有思路。比如当问及"您未来五年事业发展计划如何"时,很多人都会回答说"我希望五年之内做到全国销售总监一职"。如果面试官接着问"为什么",应试者常常会觉得莫名其妙。其实,任何一个具体的职业发展目标都离不开对个人目前技能的评估以及为胜任职业目标所需拟订的粗线条的技能发展计划。

假扮完美:面试官常常会问:"您性格上有什么弱点?您在事业上受过挫折吗?"有人会毫不犹豫地回答:"没有。"其实这种回答常常是对自己不负责任的。没有人没有弱点,没有人没有受过挫折。只有充分地认识到自己的弱点,也只有正确地认识自己所受的挫折,才能造就真正成熟的人格。

主动打探薪酬福利:有些应试者会在面试快要结束时主动向面试官打听该职位的薪酬福利等情况,结果是欲速则不达。具备人力资源专业素养的面试者是忌讳这种行为的。其实,如果招聘单位对某一位应试者感兴趣的话,自然会问及其想要的薪酬情况。

不知如何收场:很多求职者面试结束时,因成功的兴奋或失败的无助,会语无伦次,手足无措。其实,面试结束时,作为应试者不妨表达对应聘职位的理解;充满热情地告诉面试者对此职位感兴趣,并询问下一步是什么;面带微笑和面试官握手并谢谢面试官的接待。

当你获得一个面试机会时,不妨找几位同学陪你进行一次模拟面试。五人组成一个小组,一人进行面试,其他四人做考官,轮流对一名成员的面试礼仪进行点评和给出参考性意见。这样就可以给自己一次模拟实战的机会,以消除部分紧张情绪。

Chapter 16 小结 SUMMARY

如果说简历是人生中最重要的广告,那么面试就是人生中最重要的一场真人秀。要把我们的魅力释放到最大化,让面试官像录用曾子墨那样"不惜一切代价"。那么,怎样才能奏好这支人生的乐曲呢?面试的准备好似前奏,要从素质、材料、细节、心态等方面精心准备;面试的过程就像澎湃激情的交响乐,要精心回答好面试问题,并积极汲取前人的面试经验;面试后及时跟进也很重要。熟悉面试的类型,掌握面试的规律,注重思维和语言,都是能否奏好面试乐曲的重要技艺。

通过面试的学习,我们要熟练掌握面试前、面试中、面试后的各个环节,打好面试这一仗,用自己的魅力赢得理想的工作。

How to Find a Good Job
for College Students

College Students Career Planning

第六编

再评估：职业生涯无尽头

读到这一章的时候，恭喜你，你的职业生涯探索之路已经基本完成了。你通过兴趣、性格、价值观和技能的探索，对自己的求职资本有了一个初步的认识，让你从一个全新的角度来观察自己，认识自己。

这一编，就是要让你为职业生涯发展的转变做好心理准备。职业生涯不是一成不变的，也不是一蹴而就的，而是需要终生去维护的。为什么呢？第一，你的兴趣随着你的能力的不断提高会不断地变化。第二，性格随着你年龄的增长也会不断地完善。第三，你的技能会随着学习和练习的次数增加，会变得越来越得心应手。你的价值观会怎么变化呢？你内在需求层面不同，你的价值观就会不断地往上走，而外面世界里的就业形势、工作要求也会不断地变化，所以，你的职业生涯不得不改变。

所以,为了科学地规划你的职业生涯,再评估这个环节是必不可少的。它就像你的指南针,带着它上路,经常拿出来看看方向有没有偏。它指的不是绝对的方向,而是跟随你的状态随时调整的,但永远都是指向成功。有了它,你不会被小路吸引,也不会错过风景,永远都能找到最适合你的道路,大踏步前进!

17 再评估——不断修正我的职场之路

在职业生涯规划过程中,最后一个步骤是再评估。所谓再评估就是对自己所采取的一切行动进行检查、审视和调整。由于现实社会中不确定因素的存在,会使我们与原来制定的职业生涯目标有所偏差,这就要求我们不断地反省并对规划的目标和行动方案做出修正或调整,从而保证最终实现人生理想。

✓ 案例

在 MBTI 性格类型系统理论中,有一种类型的人被称为"经验主义者"。他们机智多谋,令人兴奋,而且很有趣。他们崇尚自由和主动。他们一想到某件事情就有立即去做的冲动,而且喜欢一气呵成,一口气把事情做完;但又不喜欢太长时间做同一件事情,只有很少的事情(如自己很喜欢的事情)能够长期坚持,多数情况下难以做到坚持不懈。他们适应能力强,随遇而安而且注重实际。他们常常被认为是喜欢冒险、喜欢寻找刺激的人。

很多"经验主义者"在从事与文字或数字打交道的工作一段时间后,会感到很困扰:"在别人眼中令人羡慕的工作,自己却感到很郁闷。我要不要放弃这样的工作?"

来就业指导中心咨询的马丽和王军也曾陷入这样的困绕。

准会计师马丽

马丽的专业是会计,虽然这个专业在她所在的大学里属于师资力量比较雄厚的专业,就业出路也很好,但其实她不太喜欢这个专业,也没有想过要换专业,觉得能掌握会计的本领,将来怎么也能有一份收入还算体面的工作。所以她坚持着学了下去,并且在老师的鼓励下,找到了一份实习工作,在一家美资企业做会计助理。

可是实习了一段时间后,马丽发现:"我容易把数字弄错。有时错在什么地方我怎么也查不出来,可别人一下就查出来了""我也不喜欢财务工作中不可以这样做、不可以那样做的条条框框,不喜欢这样被约束。"

准环保工程师王军

王军现在已经大三下学期了,他学的是环境科学专业,这个专业在他所在的大学里,一直属于高考热门、就业冷门的专业。师兄师姐们的工作似乎很不好找,到大四的时候基本都考研了。他也不例外,开始准备考研复习了。但是通过职业生涯规划课的学习,他觉得在踏入工作世界之前,对其进行有效探索是十分必要的。所以在专业老师的推荐下,他在学校里找到了一份兼职。目前他的主要工作就是为一些治理环境污染的项目进行环境分析、规划,写环境评估报告。王军说最不喜欢的就是整天待在办公室里,成天对着电脑写报告,他想从事更有挑战性的工作。

"你写环境评估报告不需要动脑筋,深入地分析问题吗?"职业规划师问。

"要,但还是不喜欢,没有挑战性,主要是比较闷。"

"你读书时是不是喜欢玩,不喜欢待在屋里看书?"

"是的,我特别喜欢玩!"

"那你为什么还考研究生?"

"因为有特殊原因吧。我们专业本科找工作压力比较大,我也有逃避心理。家里人希望我提高学历,都建议我去读书,所以才决定报考研究生。"

经过MBTI测试,发现马丽和王军都属于"经验主义者"类型。"经验主义者"对人/事物观察敏锐,能够清楚地看到正在发生的事情,而且能够及时地抓住机会。他们的思维及行动反应敏捷、活跃,擅长随机应变;需要解决问题的时候,不会害怕冒险而是立即采取应急行动。

"经验主义者"对抽象的理论和概念性的东西不敏感,所以不擅长从事主要与信息或数字打交道的工作。他们对看得见摸得着的东西更敏感,更擅长处理具体实际的问题,更适应自由度比较高、不需要一直遵循既定的程序和需要立即采取行动的工作。

通过性格测试报告的解读,两位同学也基本认可了分析结果。结合他们两人的兴趣,可以看出会计师和环保工程师都不是他们的理想职业。那么这两位同学该怎么办呢?现在他们已经走到了探索工作世界的环节,也已经经历了求职,如果不是有职业生涯规划课的启发,他们或许也就已经决定要这样顺其自然地走下去了。职业规划师会给出什么样的建议呢?

[作者:成功职业指导中心　出处:职业规划中国网(www.ienjoyjob.com)]

17.1　循环似乎是注定的

当我们对自己的生涯规划进行了再评估以后,一般会有两种情况。

(1)现在的职业发展完全符合我的预期,各种满意。那好,你可以继续前行,因为你的目标是没有问题的。可是细节之处或许还是有待完善的,比如你的技能是否还需进一步提升?你的行动是否应该再强化一下?在某些关键时刻你的决策是否理性且果断?这其实也是一种评估。

(2)你的职业生涯目标发生变化了,之前的规划已经不能满足你的要求了,怎么办?你必然想要重新规划一条职业发展之路。好的,请遵循图17-1的流程,开始你的职业生涯之再规划。哪个环节变了,哪个环节就需要重新探索。

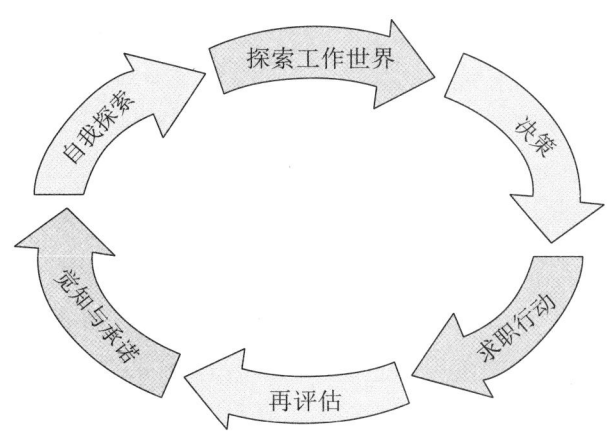

图17-1　职业生涯规划全流程图

从这个意义上来看，我们的职业生涯规划的循环似乎是注定的。也只有循环起来，才能保证我们的职业生涯规划之树常青。

我们看看案例里的马丽和王军，他们的问题出在哪儿了？首先，马丽发现她的技能达不到会计师的要求，做起来有些困难。当技能无法胜任的时候，这份工作带给我们的就是不安感——始终会担心是不是犯错误了，自信心也要开始减弱。同时，工作没有带给她快乐。她认为自己在工作的时候受到条条框框的束缚，似乎没有给她足够的自我发挥的空间。可是会计师的工作本来就是要"丁是丁""卯是卯"的，很多章法要遵循。那么在实习过程中，马丽就不得不压制自己性格中那种向往自由、天马行空的部分，取而代之的是循规蹈矩、认真细致。所以马丽在性格这一环节，消耗了能量。那她还应不应该坚持走会计师这条路呢？关键要看她的核心价值观。会计师的工作中有没有能够和她的核心价值观相吻合的？

其实很少有人会觉得第一份工作十全十美、称心如意。总会有那么多的不适应，不舒心。可因为做得不快乐就要跳槽吗？别慌，看看核心价值观，这份工作能否符合你的核心价值观。因为兴趣是可以在业余时间平衡的，性格是可以通过完善来适应工作的。价值观似乎也是可以随着时间的延续而发生变化的。当了解了这些可变因素后，我们就将问题又抛给了马丽，因为最终做决定的是她本人。

审视这个过程中，是不是每一个环节都有了"再评估"的辅助呢？

同样的问题也出现在王军身上。他决定了要考研，但是现在仍有机会决定今后的专业方向。这个时候的实习对于将来的决定是有着很重要的参考的。对王军来说，做环评最大的吸引力应该是收入。那和对马丽的建议一样，如果这个工作能够满足你的核心价值观，那么可以继续坚持下去。如果不是，就需要从探索工作世界的结果里再找出一个和它相匹配的职业，进行再一轮的探索、求职行动和决策。

所以，职业生涯规划的六个步骤就开始了循环。那么，再评估都可以通过哪些途径呢？

（1）正式评估。正式评估通过程序化的、有组织的过程进行。大学的正式评估通常使用大学生的综合素质反馈登记表，从教育学的角度来界定，可划分为思想道德素质、智育素质、体育素质、文化素质和心理素质五个部分。一般认为不同大学、不同专业对学生素质结构的要求不同，但在进行必要的单位换算和加权处理后这五部分的分值可形成一个综合素质评价值。该方法分为自评、互评、班评及综评四个评价阶段,满足了大学对学生综合素质评价科学性的需求。可以让大学生知道自己的哪些能力需要发展提高,从而改进学习、工作表现和行为。

（2）非正式评估。非正式评估即由大学生在日常学习工作交流中互相提供反馈信息。这种方式非常简单,由老师或同学（朋友）对我们所存在的缺点或错误提出意见。还可以通过写感谢信、当众表扬或老师当面赞许等方式来传递正面的反馈信息。例如,学习上相互帮助；上课前、寝室卧床会的交流等以便取长补短；在实训课结束后马上进行总结。通过日常交流和非正式评估,学生可建立起重要的人际交流渠道,为职业生涯规划进行正式反馈铺平道路。

（3）绩效考评。绩效考评可采用多种形式,有的同学把考研当作自己近期最主要的目标；有的同学想节省时间,辅修第二学位成了他们的最好选择；还有的同学准备毕业后踏入社会,因此为了给自己积累资本,各种职业证书就成了他们要攻克的难关,如英语四六级、国家计算机二级等专业证书；有的同学选择加入学生会,并把学生会锻炼当作大学阶段必不可少的一门实践课。我们可以根据自己的不同职业生涯目标,找到正确的信息反馈,发现合格的大学毕业生标准和条件,采取不同的管理方式,提高自身素质。

17.2 职场道路的反复是正常的

✓ 案例分析

职业经理人的困惑

英杰32岁时,已是一家中型民营企业的副总经理。一年后,她被一家外商独资企业挖走,任副总经理,全权负责公司的营销工作。第一年,市场业绩比以前提升了近三成；第二年,业绩上升近一成。总的来说已取得了不错的业绩,但她对以后的市场不太看好。"市场竞争越来越激烈,公司的技术投入少,产品更新换代慢,跟不上快速变化的市场需要,市场业绩也很难再提升；同时,外籍总经理在有些方面不太信任别人,包括我,这些都促使我想走。但走到哪去呢？还是做职业经理人？这几年的职业经理人生涯,总感觉在原地踏步，没有大的发展。自己创业开公司——我行不行？"

她就是在这种迟疑不定的情况下来找职业规划师咨询的。

英杰大学毕业后，通过公务员考试来到了机关，两年后一个偶然的机会她跳槽了，接下来在几家公司做过总经理助理、副总经理，一直到一家中型外商独资企业的副总经理。总的来说职业发展不错。她与职业规划师侃侃而谈，从形象到谈吐，都表现出很高的素养。

这样一个优秀的职业经理人，她的职业会遇到什么难解的结呢？我们又怎样为她解开呢？

首先，我们要帮助英杰理清职业发展的主要障碍。通过性格测试，发现英杰是主导型性格，习惯主导别人；有自己的主见和对事物独特的见解。英杰职业问题的症结很简单，就是她一直是做助理、做副职，感觉很受制约，自己对事关全局的大事情、关键问题没有发言权。这种状况和感觉也影响了她工作的积极性和干劲儿，同时也经常在处理事情时与上司产生分歧甚至冲突，影响与上司的关系。而作为一个主导型性格的人，习惯自己主导事情，习惯发挥自己的主观能动性，而不是被别人主导；加上她很有主见和有自己处理事情的一套方法，所以很渴望能按照自己的想法处理事情，能充分发挥自己的智慧和才干。

与英杰的问题相类似，许多人一直想不通——明明自己的能力比别人强，为什么领导不提拔我、不重用我，却把一个能力一般的人放在很重要的岗位？其实，老板不重用你，有时不是看不到你的能力，也不是没有看到你的成绩，而是觉得你不好管，"不好用"。

主导型性格的人，职业发展的一个最大的障碍就是——缺乏服从性，潜意识里有一种抗拒别人指挥自己的倾向。他们很有自己的想法和主见，所以容易与上司产生意见的分歧，经常难以做到完全地服从上司的决定。难以服从，就难以提升，难以得到上司的提拔和重用。这就是有人感叹"英雄无用武之地"的主要原因之一。

结合英杰的自身条件，职业规划师给出了创业的建议。因为英杰职业发展的关键是要做正职，有较大的决策权，做公司的第一把手或一个集团的事业部总经理，也可以自己开公司做老板。

一个月后的一次跟踪服务中，她告诉职业规划师："你说得对！我的主要问题是一直做副职，我现在打算自己开公司，目前正在谈一个项目。"三个月后,英杰拿下了一个日用品品牌的地区代理。现在她已是这个著名品牌的全省代理了。

从职业经理人英杰的故事里我们可以看出,作为一个职业经理人,她的工作之路也是一直在变化,在达到她的职业目标之前,道路是也是复杂和曲折的。

龟兔赛跑是我们耳熟能详的寓言故事,如果把职业发展比喻成一场龟兔赛跑,在职场中,什么样的兔子更容易输掉比赛呢?

第一类:爱睡觉。这个爱睡觉不是说他上班爱睡觉,而是指偷懒,见事就躲,能推就推。还有如上班卡着点来,下班卡着点走。曾经有个毕业生,下午5点下班他4点58分就站在考勤机前等着打卡,后来他不到半年就被辞退了,因为他有好几次下班打卡时遇见老板,老板很不满意。

第二类:跑错路的,即个人的目标和单位的目标不一致的。比方说这段时间大家集中精力在搞职业规划,然后你说"我出去学点别的吧",然后领导就会觉得很不能理解你。

第三类:被既得的萝卜田吸引的,也就是因现在所取得成果而懈怠的。比如觉得"我已经做得很好了,不用再学习了"。但是我们知道,培训和教育是一个终身的事情。

第四类:不把裁判员放在眼里的,即进单位后会误认为"我只要跟老总搞好关系就行了,顶头的这个主管冲突一点没有问题"。但其实老总会发现什么? 比方说这是老总,他下面管着几个总监,总监下面是主管,主管下面是你。老总对下面的你都很和蔼,为什么? 跟他没有直接的关系啊,所以刚入职的学生都有误会:"老总都对我这么客气、这么好,你这个主管居然不把我放在眼里!"所以,就误认为只要跟这个上司很好就行了,跟你直接主管没关系。后来你会发现,老总对总监脾气都很坏,像换了个人一样,经常会把总监叫过去劈头盖脸骂一顿,为什么? 他只需要总监对他负责,总监只需要主管对他负责,主管需要谁对他负责啊? 需要你对他负责! 老总跟你一点关系都没有,所以他对你挺好的。在这里,大家一定要知道自己的位置。"县官不如现管",决定你去留的不一定是老总,很可能是你的主管。因为一般企业都是上级对下级负责,你如果完成不了主管布置的任务,那这个环节就不需要你了。

当你还没有意识到这些问题的时候,你的职业道路也有可能是曲折的,当你想要继续前进的时候,总会有小障碍一个一个地出现。这时候你不得不绕过去,甚至倒回来,重新走。这时,你需要看看你的指南针,让那个再评估来帮你指引方向。

Chapter 17
小结
SUMMARY

再评估就是一个再认识、再发现的过程。这就要求我们时时注意内外环境的变化,不断地审视自我,不断地调整自我,不断地修正策略和目标,它可以确保我们每个人职业生涯规划的有效性。

18 结果——"我要的结果"

当我们对职业生涯规划进行再评估的时候,发现方向偏离了目标,那我们必须适时地进行调整。所谓调整,即是重新调配和安排,使之适合新的情况和要求。

那职业规划调整的依据是什么呢?是我们的兴趣发生变化,我突然发现性格不适合,所掌握的技能驾驭不了,现在的工作给不了我想要的,还是其他原因呢?

生涯发展的过程中会出现这样或那样的问题,如当与社会发展发生冲突时、当与职业发展发生冲突时、当与个人兴趣爱好发生冲突时,职业生涯规划本身就要在发展中不断调整。所以,当我们在学习工作中出现以下问题时,生涯规划就需要调整。

(1)怀疑自己不合格。如果我们在工作、学习中感到痛苦,可能是因为自己表现不佳而又不愿正视问题。因此应该扪心自问:自己到底做得如何?我们可以请老师对自己的表现做一个评定,以确定自己是否符合老师的要求;或是请教一位精明且诚信的同学,让他为自己做一个非正式的评估。

(2)学习或工作过于轻松。如果自己闭着眼睛都能学习、工作时,可能因为我们的能力已远远超越我们的职位而自己却不知道。你可以问自己几个问题：我仍然能够从工作中学习别的东西吗？想进一步发展自己正在使用的技能吗？

（3）与老师不合拍。一种较好的测试方法是：我们在老师身边时感觉如何，是自在放松还是紧张不安？

（4）与同学不合拍。我们可以问问自己：当与同学交往时，是否觉得格格不入？是否对引起他们兴趣的话题感到乏味和无聊？如果是这样的话，那我们可能已陷入一个无法展现自己的环境。

以上这一切都有可能导致我们不能得到我们在职业生涯中想要得到的结果。

18.1 结果取向

其实从我们所推崇的再评估环节来看，一切的评估与调整都是以我们的职业发展结果为导向的。可以思考以下问题：

（1）职业生涯目标评估（是否需要重新选择职业）。假如一直无法找到我们所希望的学习机会和工作，那么将根据现实情况重新选择职业生涯目标；如果一直无法适应或胜任我们设计的职业生涯目标，在学习工作中得不到应有的发展，导致我们长期压抑、不愉快，我们将考虑修正和调整职业生涯规划；如果结婚后，职业给家庭造成极多的不便，或者家人反对所从事的职业，将考虑修正和调整职业生涯规划。

（2）职业生涯路径评估（是否需要调整发展方向）。当出现更适合自身发展和职业生涯发展的机会或选择，而原定发展方向缺少发展前景的时候，就应该尝试调整发展方向。

（3）实施策略评估（是否需要改变行动策略）。如果在其他地方可以找到一份令自己和家人都十分满意的工作，就前往该地；如果家人无法在自己工作的地方定居、工作，在征询父母意见后，将考虑改变原来计划，前往其他地方；如果在已定区域和职业选择上实在得不到发展，也将考虑改变行动策略。

（4）其他因素评估（身体、家庭、经济状况以及机遇、意外情况的及时评估）。如果家庭需要更多的照顾，将把更多的精力放在家庭，甚至暂时放下工作；如果身体条件不允许，将放低对自己的职业要求；如果还有其他意外产生,将不得不调整职业生涯规划。

这里详细介绍几种非正式的评估方法,容易记住也好实施。不妨在业余时间里尝试下,也推荐给你的同学一起做,然后互相交流一下心得。

(1)反思法。对职业生涯规划实践的回顾,职业生涯规划中计划的学习时间达到了没有?学习上有什么收获?还有哪些问题?方法上有何体会?

(2)调查法。大学生生涯规划在每一近期目标实现后,对下一步的主(客)环境、条件做些调查、分析,看看条件是否变化?哪些变好了?哪些变坏了?总体如何?要心中有数。然后,根据变化了的情况,恰如其分地修改下一步拟订的计划。

(3)对比法。每个人都有自己惯用的方法,所以在职业生涯规划时应多比、多思、多学,吸取别人科学的方法。对别人职业生涯规划的分析,往往有助于自己对职业生涯规划进行修改。

(4)求教法。自己应把职业生涯规划、追求公告于知己学友,让他们监督自己,提醒自己。往往自我反思十分困难,但从旁观者角度能清楚地看到自己的弱点。虚心、主动、积极、经常地征求别人对自己计划的看法及修改意见,往往会受益匪浅。

18.2 请给我你的结果

当老师希望我们提交职业生涯规划的评估结果,以便帮助我们规划职业生涯时,我们应该首先自查下,看看自己在评估时是否注意了以下问题。

评估可以参照各类短期、中期预定目标和实际结果比照而行。一般来说,任何形式的评估都可以归结为自我素质和行为对现实环境的适应性判断,分析自己的现值,特别是针对变化的环境,找出偏差所在,并做出修正。

(1)抓住最重要的内容。在职业生涯的某一阶段,总有一个最重要的目标,其他目标都是指向这个核心,我们完全可以通过优先排序,重点评估那些可能达到这个核心目标的主要策略执行的效果。

(2)分离出最新的需求。针对变化了的内外环境,要善于发掘最新的趋势和影响。对于新的变化和需求,怎样的策略才是最有效而且最有新意的。

(3)找到突破方向。有时候,在某一点上取得突破性的进展将对整个局面发生意想不到的改变。想一想先前职业生涯规划中的策略方案,哪一条对于目标的达成应该有突破性的影响？达到了吗？为什么没达到？如何寻求新的突破？

（4）关注弱点。管理学中有个著名的木桶理论，即一只沿口不齐的木桶，其容量的大小，不取决于最长的那块木板，而取决于最短的那块木板。在反馈评估过程中，当然要肯定自己取得的成绩与长处，但更重要的是切合变化的环境，发现自己的素质与策略的短木板，然后想办法修正，或者把这块短木板换掉，或者接补增长，唯有如此，你的职业生涯之桶才能有更大的容量。一般来说，你的短木板可能存在于下列方面：观念差距、知识差距、能力差距、心理素质差距。

什么样的情况下我们该考虑重新设计我们的职业生涯呢？不妨来讨论一下什么样的工作是悲惨的工作。

第一种，默默无闻型，没有人在乎你是不是在那里。其实这时候，对于你的团队来说，你已经可有可无了，这是最可怕的。

第二种，工作绩效不可测量。"我不知道这个工作干得好不好，虽然人人对年底或者学期末的工作汇报都不是很喜欢，但是没有汇报的话，我还真不知道都做了些什么。但是我感到自己的工作不管怎么样都无所谓，我曾经很努力地做一件事情，后来主管说，那个活儿只要有人干就行，只要有一个会劳动的人就成。"这就会让人感觉到很挫败，你没有一点点自我价值得到肯定的感受。

所以一旦你的工作出现以上两种情况的话，你就必须考虑换个工作了。出现一个的话你要考虑是不是要调整一下。

但同时我们也要客观地看待我们对工作的期待与现实之间的协调问题。如果你在三个月的试用期中非常努力地表现，是你的活儿也干，不是你的活儿你也抢着干，结果干了一个多月了你的主管连表扬都没表扬，你会很挫败。这个时候该期待换工作吗？不是，因为你的主管可能不习惯表扬别人。

好了，看到这里，如果你一直都在跟着本书的提问而思考的话，相信你已经有了一定的结果了。请在下面写出你的再评估结果。记住，写下来的思考结果总比你在脑子里空想的效果要好。

我现在正处于＿＿＿＿＿＿＿＿＿学期

我曾经对自己的职业规划是＿＿＿＿＿＿＿＿＿＿＿＿＿＿＿＿＿＿＿＿

经过再评估,我发现:

现在的兴趣(是否变化？是的话,哪些变化？)_____

_____

现在的性格(是否变化？是的话,哪些变化？)_____

_____

现在的价值观(是否变化？是的话,哪些变化？)_____

_____

现在的技能(是否变化？是的话,哪些变化？)_____

_____

现在的目标(是否变化？是的话,哪些变化？)_____

_____

所以我决定采取的求职行动是_____

_____

最终我想达到的结果是_____

_____

Chapter 18
小结
SUMMARY

职业生涯规划需要不断调整,需要具备可行性,有实施计划的具体措施和时间。同时不可做得过细、过严,否则会束缚自己的手脚,丧失随时到来的种种机会。这就需要我们在实践中定时定期地去检验目标完成的情况和评估环境的变化,从而做出正确的调整。

19 职业生涯规划之修正主义

所谓修正,即改正、修改以使其正确。职业生涯规划修正的内容包括职业的重新选择、职业生涯路线的选择、阶段目标的修正、实施措施与行动计划的变更等。通过反馈评估和修正,应该达到下列目的:

(1) 对自己的强项充满自信。
(2) 对自己的发展机会有一个清楚的了解。
(3) 找出关键的有待改进之处。
(4) 为这些有待改进之处制订详细的行为改变计划。
(5) 以合适的方式答复那些给予反馈的人,并表示感谢。
(6) 实施你的行动计划,确保你能取得显著的进步和成就。

修正也要考虑多方面的因素,比如:

(1) 环境因素,包括社会环境、政治环境、经济环境、科技环境、自然环境、法律环境等。从宏观层面认识到职业生涯发展的局限和可能,个人只能适应而不可改变。

(2) 组织因素,包括组织规模、组织结构、组织文化、组织发展状况、人力资源规划、人力资源管理系统类型、晋升政策、人际关系等一切与职业生涯发展有关的组织因素。要改变组织因素非常困难,但个人可以选择到最适合自己发展的组织中工作。

(3) 个人因素,如年龄、性别、学历、工作经历、家庭背景、人格等。一方面你要正确认识自己,另一方面要不断完善自己。

组织和个人只能适应第一因素,应正确认识和分析第二、第三因素,寻求个人发展和组织发展的最佳匹配。

19.1　天下没有一锤子买卖

天下没有一锤子买卖,其实是说人生里没有什么事是一成不变的。职业生涯规划更不是一锤子买卖。特别是对自己的职业生涯的定位,这不仅仅是已在职场中的人的事情,大学生的职业生涯定位更为重要。在职业生涯发展的初期,就应该给自己制定出合理的职业生涯规划以及相应的职业定位,并不断加以评估和调整。

成功的职业生涯需要不断地评估从而调整定位,而一个合理的职业生涯定位则基于对自己有一个清晰的认识、准确的判断和合理的把握。只有讲求实际,合理准确地评估自己,并不断地加以调整,才能合理定位职业生涯方向,每天朝着这个方向努力前进。

随着社会生产力的进步和社会分工的高速发展,职场需要也在迅速发生着变化。大学生要学以致用,学以够用,必须随时关注职场发展,调整职业方向,弄清职场供求变化规律、修正职业生涯发展规划,紧随时代,紧随市场,才会以自己的聪明才智和良好的职业素质,为今后的职业生涯开拓出宽广而又通畅的发展道路,将职业生涯发展机遇牢牢掌握在自己手中。

所谓再评估就是重新调配和安排,使之适合新的情况和要求。职业生涯规划需要不断调整一个好的职业生涯规划,需要具备可行性,需要有实施计划的具体措施和时间。但是,职业生涯规划做得过细、过严,会束缚自己的手脚,可能丧失随时到来的种种机会,又会因为不切合实际而丧失可操作性。在影响职业生涯的许多因素难以预料的情况下,要使职业生涯行之有效,就必须使职业生涯规划具有足够的弹性,在实践中不断进行评估和调整。这就需要我们在实践中定时、定期地去检验目标完成的情况和评估环境的变化,从而做出正确的调整。

19.2 开始生涯规划,抓住变化中的不变

经过职业生涯规划的学习,相信你已经知己知彼,迫不及待地想要在现实生活中试试身手了。那么大学生职业生涯规划报告书,或许可以让你更好地来规划你的职业生涯。

下面是一个计算机专业的学生写的一份生涯规划书,读后或许对你会有一定的启发。

✅ 案例

大学生职业生涯规划

转眼间,我已经在生命历程中走过了二十几载,但我到底是个怎么样的人呢?我适合做点什么呢?我的未来会是怎么样的呢?以往我从未细想过这些问题,只是每天很机械地在重复着做些以为该做的事情,对未来也相对迷茫。但职业生涯规划课给了我一次唤醒自我的机会、一次深刻认识自我的机会,让我意识到机会总是留给有准备的人,所以我要时刻准备着,对自己有个清醒的认识,为自己的未来做一个规划。

一、自我分析

1. 性格方面

我外向开朗,对人和善,也乐于助人,坦率,真诚爱开玩笑,遇事乐观向上,有责任心,做事也有毅力,只要认准的事情我一定能坚持到底,一定要把事情做得完美,并且一向对自己高标准严要求。但是缺点也较为明显,脾气急躁,缺乏耐心,不够细心,且有时候太追求完美,太过感性,不懂得控制自己的情绪,遇事不够沉稳,对人有什么说什么,往往有负面的效果产生。

2. 兴趣方面

喜欢流行音乐,喜欢体育,喜欢关注世界动态、周边动态。

3. 能力方面

从小到大都任班级班长,使我有较好的组织管理能力,也有较强的与人交流的能力,善于交流,语言表达能力强。我是理工科学生,有较强的逻辑思维能力以及学习领悟能力,大学前三年均获得专业一等奖学金,已被保送硕士研究生。但我独立生活的能力不足;由于从小到大都比较顺利,所以承受挫折的能力不够。

二、专业就业方向及前景分析

我现在所学的是计算机专业,自己也比较喜欢这个专业,所以以后仍然想从事这个方向的工作。虽然受到了金融危机的一定影响,但计算机专业还是具有良好的就业前景。计算机专业在就业方面有三大特点:一是就业空间大,二是就业工资高,三是高就业。

"网络泡沫"破灭后,全球IT人才需求缩水,但世界IT产业的生产基地和研发中心已陆续在我国设立。全球新一轮的产业转移正推动我国由IT大国向IT强国转变,这将进一步刺激国内对计算机专业人才的需求。

计算机人才需求总量持续增加。"十五"期间,我国IT产业迅速发展成为第一大产业,从业人员增加了300万。"十一五"期间,我国计算机人才需求将由快速增长时期逐步进入平稳发展时期。通信、交通、航空等领域对计算机人才需求总体平稳,但需求层次明显提高;水利、能源、建筑、医疗、新闻、出版、广告、旅游等行业对计算机人才需求总量有所增加;化工、冶金、石油、电力、轻工、纺织、制药、物流等行业对计算机人才的需求量持续增长;部队的现代化建设和国防科技工业急需计算机人才;税务、工商、财政、公安、海关、外贸、金融等系统对计算机人才的需求不减;五年内,电子政务和电子金融专业的人才缺口将达到30万;中小学预计需要新增现代信息技术课师资20万人。

企业是计算机人才需求的主体。近年来,计算机专业毕业生到企业从事计算机应用和技术开发的比例逐年增加,在经济发达地区已成为就业的主渠道。在全国约3000家大型企业中,只有5%的企业信息化建设进入成熟阶段,国有企业吸纳毕业生潜力巨大。高新技术企业发展迅速和要求员工素质高的特点,使其成为吸收计算机专业大学生的主要企业单位。外国公司涌入我国,需要招聘大批高素质的计算机人才,毕业生的就业选择和人才流动会更偏向外资企业。

IT产业成为接收计算机专业毕业生的生力军。IT人才是我国四大紧缺性人才之一。未来十年,我国的电子商务人才、游戏开发人才、移动通信人才、IC技术人才、信息安全人才将严重短缺。我国软件人才总量不足,结构也不合理,软件测试专业人员缺口高达20万,嵌入式软件工程师每年的缺口为15万左右。随着软件外包业的蓬勃发展,日、韩等小语种软件工程师也十分紧缺,仅对日软件开发的人才缺口就达30万人。全球IT业重心正转向服务。

2007年,我国软件和服务市场总值分别达到69亿美元和144亿美元,巨大的服务市场需要吸纳大量的计算机应用人才。

总之,IT行业具有良好的就业前景。

三、理想职业

我为未来设想了两个职业:第一职业目标是大学教师,而后是网络工程师,下面将是对这两个职业的详细分析。

1. 大学教师

(1) 选择路径。

根据现在的社会环境,大部分高校要求教师具有博士学历,所以我必须读完博士研究生。我现在已经被保送至北京邮电大学计算机学院攻读硕士研究生,到时可根据具体情况在国内继续攻读博士或出国深造。

(2) 选择理由。

自我分析见表19-1。

表19-1 计算机专业学生选择做大学教师的SWOT分析

	优势	劣势
内部个人因素	1. 对计算机专业热爱,喜欢科学研究; 2. 语言表达能力较强,有较好的交流能力; 3. 逻辑思维能力强; 4. 责任心较强; 5. 为人坦率真诚; 6. 组织协调能力强	1. 耐心不够; 2. 脾气急躁; 3. 遇事过于感性
	机会	威胁
外部环境因素	1. 一级城市高校教师较为饱和,但二级以下城市高校计算机及相关专业需要一批高技术型的专业教师。 2. 由于现在计算机的广泛运用性,计算机专业毕业可以教授多个专业	1. 现在高校教师竞争越来越激烈,门槛越来越高,以后发展将会更加严峻。 2. 博士研究生人数上升,形势严峻

SWOT总结:IT业女性就业存在着很大的一个劣势,对于女性来说要面临的困难很多,我结合自身特点,选择取得高学历进入高校从事教师行业。

(3) 工作内容以及胜任条件。

政治素质：忠于人民的教育事业，热爱本职工作，认真完成党和人民交给自己的各项任务。

制订计划：根据学校统一规定的教学计划，制订本学科具体的教学计划。按照教学大纲、教学进度表和学生的实际情况进行教学。按时完成教学计划。

教好功课：钻研教材，认真备课，写好教案，做好课件、实验实习及演示准备。教授课程时必须把教材内容讲得清楚，切实加强基础知识的教学及基本技能的培养和训练。

搞好辅导：面向全体学生，认真加强辅导，因材施教，及时批改和检查作业，辅导学生阅读课外书籍。

教学改革：积极进行教学改革。改革教学方法，发展学生智力，培养学生能力。鼓励学生创新，积极开展活动。

了解学生，指导学生：教师要认真了解所教学生。培养学生的学习兴趣，指导学习方法，提高学生的自学能力，促进学生养成良好的学习习惯。

教书育人：关心学生德、智、体、美、劳全面发展，坚持以人为本，耐心教育，严格要求。

为人师表：努力学习，在思想行为方面成为学生的表率。关心政治，认真参加政治学习。钻研业务，力求精通所任学科的专业知识。

科研：在做好日常教学的同时积极进行科研实践探索。

(4) 与职业选择目标的差距。

经过三年多对计算机专业的学习，我发现自己对计算机专业非常感兴趣，并且取得了较好的学业成绩，被成功保送研究生。我一直对科学研究比较感兴趣，所以我想从事计算机方向的科研工作，继续深造，一直读到博士，然后毕业后进入高校。但如今离这个职业目标实现还较远，社会压力越来越大，博士越来越多，高校教师职位需求处于饱和状态，想进入高等教育行业并不是易事，过几年之后形势将更加严峻。并且我现在的科研素质还远远不够，离目标还相当遥远。

2. 网络工程师

(1) 选择路径。

根据现在的社会工作就业环境，如果有理想的网络工程师的职位，我选择读完研究生后直接工作。

(2) 选择理由。

自我分析见表 19-2。

表 19-2　计算机专业学生选择做网络工程师的 SWOT 分析

	优势	劣势
内部 个人 因素	1. 对计算机专业热爱，尤其是网络方向； 2. 我的研究生方向是网络方向； 3. 逻辑思维能力强； 4. 责任心较强； 5. 开发实践能力强	1. 耐心不够； 2. 脾气急躁； 3. 遇事过于感性； 4. 开发体力不行
	机会	威胁
外部 环境 因素	1. 现在社会需要大批计算机高级人才尤其是随着网络技术的发展，国内发展形势一片大好； 2. 我的研究生生活将在北京邮电大学度过。北京邮电大学有相当好的计算机网络的学习环境，被誉为电信网络通信类的"黄埔军校"	1. 女性在 IT 行业处于劣势； 2. 市场逐渐趋于饱和，大量企业需要的是真正的高技术 IT 人才

SWOT 总结：IT 业女性就业存在着很大的一个劣势，并且说得实在一点 IT 就是一个吃青春饭的行业，所以我选择读研究生为以后的工作增加砝码，另外我选择网络这个稍微适合女生的方向。

四、未来的职业规划

我马上就要毕业了，关于未来三年的职业规划也就是研究生阶段的计划，大致有如下想法：

(1) 在研究生阶段进一步扎实自己的专业课知识，争取每年都拿二等奖学金以上，以减轻研究生阶段的学费负担。

(2) 在研二的时候做一份真正意义上的与专业有关的实习，最好是去与专业有关的研发公司。

(3) 在本科的最后半个学期将本科期间落下的英语补上，具体是通过 GRE 考试的训练提高英语能力，特别是提高英语口语能力。研二之前通过 GRE 考试，不管出国还是在国内读博都要先做好相关准备。

（4）锻炼意志力及耐心，修身养性，多读此方面的好的课外书籍，研究生期间至少精读此方面的书达10本以上。

（5）积极参加导师的科研项目，争取做到研一到研二期间每半年参加一个科研项目，培养科研素养。

（6）每月定期看国外英文原版科研论文资料。

（7）把握就业形势，从研一下学期开始关注学校就业信息网，到研二下学期的时候争取开始实习，提前进入工作世界。

（8）不断完善自己的职业生涯规划，每个学期末对自己的职业发展规划做一个评估，以便自己的职业目标能一直保持与自身状态和就业形势协调。

机会是留给有准备的人的，做什么事情之前一定要有准备，必须时刻都准备着。转眼间我的大学生活就快结束，这几年的时光让我更加坚信了这一点，所以早早地制定自己的职业规划是非常有必要的。而做职业规划就必须了解自我、从事的行业等情况。我现在是一名计算机专业大四的学生了，但在学习这门课之前我对自我、对未来想得很少。如今我已经被保送了研究生了，明年即将要去新的环境攻读硕士学位，最终我还是要走出校门，进入社会工作，所以我必须早早想好应该去干什么，让我对以后的就业方向有一个更加清晰的了解，从而朝着目标更加高效地努力，避免走弯路。未来充满着各种机遇和挑战，机会是留给有准备的人的，所以我要时刻准备着、努力着！

✓ 结语

看了这份生涯规划书，我们可以发现，作者对自己的职业生涯有着较为清晰的认识和规划，通过写下来，也进一步理清了她的发展思路。可以说，这是一篇比较规范的生涯规划书，涉及了知己知彼等方方面面，并能够为自己的职业生涯再评估做保障。这位作者因为要继续读研究生，所以还有三年的时间来学习和成长。在这期间，或许她的兴趣和价值观、技能，外部世界的就业形势等都会发生变化，所以对她来说，这三年中不断进行再评估是非常有必要的。

Chapter 19 小结 SUMMARY

古语有云:"流水不腐,户枢不蠹。"用在我们职业生涯规划中也是一样的——如果我们在某一次职业指导课后,通过思考就决定了自己的职业生涯发展方向,然后做了一份很满意的规划书,从此就按照这个规划书按部就班前进,那么,可能会有问题。为什么?因为你没有带上再评估这个指南针。要让你的职业规划这个转盘转起来,你才能够有一个良好的发展。因为你的规划应该是一个动态的、不断循环的过程。

常常审视自己的状态,看看自己处在职业发展的哪个阶段,看看外部世界有没有发生重大变化。这对于我们能够在职业道路上大踏步前进是非常有必要的。睡觉了的兔子是不能赢得龟兔赛跑的,同样,蒙着眼跑的兔子也容易变成"迷兔"。

再评估和调整、修正结合起来,才能让我们职业发展的转盘飞速旋转,最终带领我们达到成功的彼岸。

附录1 中国大学生职业成熟度量表

职业成熟度指个人掌握与其职业发展阶段相适应的专业发展目标的程度,包括知识和态度成分。大学生大都没有真正就业,需要探寻适合自己的职业并努力做相应的准备。中国大学生职业成熟度量表可以较好地判断或评定出大学生的职业成熟情况。

所有答案没有对错之分,请你如实填写(请在对应的选项上打"√")。

基本信息:

性别:①男　②女

年级:1　2　3　4

专业:①人文　②理工

独生子女:①是　②否

来自:①城市　②农村

家庭情况:①富裕　②一般,生活费和学费不愁　③较差,家里还为学费和生活费发愁

中国大学生职业成熟度量表

陈述	非常不符合	比较不符合	难以确定	比较符合	非常符合
1. 对于将来做什么工作,我已经做了决定	1	2	3	4	5
2. 对于职业,我已经做了明确的决定	1	2	3	4	5
3. 尽管以后我可能会改变想法,但现在,我已经选定了一个吸引我的职业	1	2	3	4	5
4. 尽管现在我还是个学生,但是我能想象出将来自己的工作状况	1	2	3	4	5

续表

陈述	非常不符合	比较不符合	难以确定	比较符合	非常符合
5. 我对很多职业感兴趣,但是,如果从中选出一个的话,我就会觉得为难	1	2	3	4	5
6. 我已经选定了我的职业,所以,现在我不用担心职业选择的问题	1	2	3	4	5
7. 我经常考虑可能从事的职业,但是,我还没有确定一个特定的目标	1	2	3	4	5
8. 对于职业,我还没有做出明确的决定	1	2	3	4	5
9. 我担心找不到自己想要的工作	1	2	3	4	5
10. 我不确定我是否能够在自己选择的职业上取得成功	1	2	3	4	5
11. 因为对自己没有太多信心,我怀疑即使在我选择的职业中取得成功也不能帮助我成为想成为的那个人	1	2	3	4	5
12. 我担心我选择的职业不能帮助我成为想成为的那个人	1	2	3	4	5
13. 我对自己和自己的能力缺少信心	1	2	3	4	5
14. 不论多努力地尝试,我或许得不到我想选择的职业	1	2	3	4	5
15. 选择职业最重要的考虑因素是钱	1	2	3	4	5
16. 只要能赚到很多钱,我不在乎选择什么样的职业	1	2	3	4	5
17. 当选择一个职业的时候,我考虑的是晋升的机会,而不是工作的性质	1	2	3	4	5
18. 对于别人羡慕的职业和适合我的职业,我会选择前者	1	2	3	4	5
19. 我希望选择一个有声望的职业,不论我的兴趣和能力怎样	1	2	3	4	5
20. 对于能获得满足感的工作和能赚很多钱的舒适的工作,我宁愿选择后者	1	2	3	4	5
21. 不管其他人怎么说,我想我会选择一个我喜欢的职业	1	2	3	4	5
22. 我会根据我自己的标准来选择职业	1	2	3	4	5

续表

陈述	非常不符合	比较不符合	难以确定	比较符合	非常符合
23. 为了过我自己的生活,我会基于自己的信念来选择职业	1	2	3	4	5
24. 不论其他人怎么说,我需要选择一个符合我兴趣的职业	1	2	3	4	5
25. 如果父母不赞成我想要从事的职业,要不要选择它我会感到为难	1	2	3	4	5
26. 我会按照父母的希望选择职业	1	2	3	4	5
27. 我会按照父母和朋友的希望选择职业	1	2	3	4	5
28. 如果我选择了一个父母不赞同的职业,我想我将来会后悔的	1	2	3	4	5
29. 看报纸的时候,我喜欢读那些在我感兴趣的领域里取得成功的人的文章	1	2	3	4	5
30. 在选择一个职业的时候,其他人的支持对我极其重要	1	2	3	4	5
31. 对于我感兴趣的职业领域的人,我想和他们交流	1	2	3	4	5
32. 我喜欢和校友讨论学业和未来职业	1	2	3	4	5
33. 当我看到一些人在他们感兴趣的职业领域取得成功的时候,我倾向于模仿他们以使自己和他们一样	1	2	3	4	5
34. 我希望能得到咨询,来帮助我更加了解自己的兴趣和人格特点	1	2	3	4	5

计分方法:

因素1:职业目标。包含8个项目,反映将来的职业有没有一个清楚的目标。具体题目:1~8。

因素2:职业自信。包含6个项目,反映出大学生对于职业发展的自信心问题。具体题目:9~14。

因素3:职业价值。包含6个项目,反映的是影响职业目标选择的因素。具体题目:15~20。

因素 4：职业自主。包含 4 个项目，反映是否以自己的标准来选择职业。具体题目：21～24。

因素 5：亲友依赖。包含 4 个项目，反映职业选择中是否依赖亲友的意见。具体题目：25～28。

因素 6：职业参照。包含 6 个项目，反映个体选择职业时对比参照他人的行为或意向。具体题目：29～34。

其中：5、7、8、9、10、11、12、13、14 题，反向计分。即 1 分变成 5 分，2 分变成 4 分，3 分还是 3 分，4 分变成 2 分，5 分变成 1 分。

你的结果：把各个题目得分加起来，就是本因素得分。

结果解释：

总体上，总分分数越高，职业成熟度越强。

附录2 职业兴趣测验(简版)

现代生活中,某些职业可以带来声望;有些职业可以带来丰厚的收入;有些职业可以给自己带来空前的满足和成就感。同样,有些职业可能很清贫;有些职业可能带来危险;有些职业可能很劳累。有的职业人们趋之若鹜,有的职业人们牢骚满腹。可是选择什么样的职业,不仅跟个人的性格、能力有关,更与自己的兴趣、职业的性质有关。下面这个小测验可以帮助你更好地了解自己的职业兴趣所在,帮助你更好地选择职业!

请你仔细阅读下面的问题,对于每项活动,如果你回答是肯定的话,则在"是"一栏中打"√"。最后把"是"一栏的回答次数相加,添入"总计次数"的"是"一栏中。这套测试题适用于在校学生。

第一组   是   否

你想学会使用钳子、扳手、钢锯等器具,或是学会使用工具制作工艺品、装饰品或衣服吗?　　　　　　　　　　　　　　　　　　( )( )

你对收音机、缝纫机、钟表、电线开关等器具的构造和性能感兴趣吗?

( )( )

你想动手做小型的模型(诸如滑翔机、汽车、轮船、建筑模型等)吗?

( )( )

你喜欢在校办工厂参加劳动吗?　　　　　　　　　　　　( )( )

你喜欢自己动手修理收音机、自行车、缝纫机、电线开关、钟表一类的器具吗?　　　　　　　　　　　　　　　　　　　　　　　　( )( )

你喜欢中学开设的劳动技术课吗?　　　　　　　　　　　( )( )

第一组　总计次数　　　　　　　　　　　　　　　　　( )( )

第二组   是   否
你喜欢学校组织的各种社会服务活动吗?   ( )( )
你喜欢帮别人买东西吗?   ( )( )
你喜欢接触不同类型的人吗?   ( )( )
你喜欢与人谈论各种问题吗?   ( )( )
你热衷于参加集体活动吗?   ( )( )
你喜欢与人交往吗?   ( )( )
第二组　总计次数   ( )( )

第三组   是   否
你喜欢处理统计数据吗?   ( )( )
你愿意做班级的收发工作吗?   ( )( )
你善于查对细节(如发现别人不易察觉的文字或数字错误)吗?
                                                                       ( )( )
你愿意长时间做单调的计算、账目、表格类的工作吗?   ( )( )
你喜欢做事井井有条(如整理书刊等),并善于做琐碎的事吗?
                                                                       ( )( )
你能细致而不厌其烦地校对长篇材料吗?   ( )( )
第三组　总计次数   ( )( )

第四组   是   否
如果学校组织地理考察小组,你会积极报名参加吗?   ( )( )
你喜欢搜集矿物,积累矿物方面的知识吗?   ( )( )
你在外出旅行中,喜欢观察地形地貌吗?   ( )( )
你喜欢地理吗?   ( )( )
你喜欢阅读地质勘探方面的文艺作品或科普读物吗?   ( )( )
你希望学校组织地形测查小组吗?   ( )( )
第四组　总计次数   ( )( )

第五组   是   否
你很喜欢做化学实验吗?   ( )( )

你喜欢通过实验培育农作物新品种吗？　　　　　　　　（　）（　）
你喜欢观察花、农作物的生长变化吗？　　　　　　　　（　）（　）
你喜欢搜集植物或生物标本吗？　　　　　　　　　　　（　）（　）
你喜欢参加学校的生物小组或化学小组吗？　　　　　　（　）（　）
你喜欢饲养并精心照料小动物吗？　　　　　　　　　　（　）（　）
　　第五组　总计次数　　　　　　　　　　　　　　　（　）（　）

第六组　　　　　　　　　　　　　　　　　　　　　是　　否
你喜欢倾听别人的难处并乐于帮助别人解决困难吗？　　（　）（　）
你喜欢讨论教育问题吗？　　　　　　　　　　　　　　（　）（　）
你喜欢阅读有关医生生活或教师生活方面的文章吗？　　（　）（　）
你想了解关于疾病的起因、治疗和病人护理方面的知识吗？（　）（　）
在日常生活中，你乐于给别人提供各种帮助吗？　　　　（　）（　）
你愿意为残疾人服务吗？　　　　　　　　　　　　　　（　）（　）
　　第六组　总计次数　　　　　　　　　　　　　　　（　）（　）

第七组　　　　　　　　　　　　　　　　　　　　　是　　否
你喜欢主持班级集体活动吗？　　　　　　　　　　　　（　）（　）
你喜欢接近领导和教师，又能团结吗？　　　　　　　　（　）（　）
你喜欢在人多时当众发表自己的观点和意见吗？　　　　（　）（　）
如果老师不在时，你能主动维持班级里学习的正常秩序吗？（　）（　）
你具有强烈的工作责任感和工作魄力吗？　　　　　　　（　）（　）
你喜欢并善于担任班级或学生会的干部工作吗？　　　　（　）（　）
　　第七组　总计次数　　　　　　　　　　　　　　　（　）（　）

第八组　　　　　　　　　　　　　　　　　　　　　是　　否
你特别爱读文学著作中对人内心世界的细致的描写吗？　（　）（　）
你喜欢听人们谈论他们的活动和想法吗？　　　　　　　（　）（　）
你喜欢观察和研究人的心理和行为吗？　　　　　　　　（　）（　）
你善于理解别人的观点和思想方法吗？　　　　　　　　（　）（　）

你喜欢阅读有关领导人物、科学家等名人传记吗？　　　（　）（　）

你喜欢在日记中分析自己生活中的事件，并详细阐述自己当时的心情吗？　　　　　　　　　　　　　　　　　　　　　　　（　）（　）

第八组　总计次数　　　　　　　　　　　　　　　　（　）（　）

第九组　　　　　　　　　　　　　　　　　　　　　是　　否

你喜欢参观技术展览会或收听（收看）有关技术新消息的节目吗？
　　　　　　　　　　　　　　　　　　　　　　　（　）（　）

你喜欢阅读科技杂志吗？　　　　　　　　　　　　　（　）（　）

你喜欢使用科学精密仪器和电子仪器的工作吗？　　　（　）（　）

你喜欢复杂的绘画和设计工作吗？　　　　　　　　　（　）（　）

你特别喜欢上物理课吗？　　　　　　　　　　　　　（　）（　）

你喜欢介绍牛顿、爱因斯坦、普朗克、薛定谔等科学家的文章和书籍吗？
　　　　　　　　　　　　　　　　　　　　　　　（　）（　）

第九组　总计次数　　　　　　　　　　　　　　　　（　）（　）

第十组　　　　　　　　　　　　　　　　　　　　　是　　否

你对美术、舞蹈、戏剧、写作等活动很感兴趣吗？　　（　）（　）

你喜欢做一些需要机智和小聪明的习题吗？　　　　　（　）（　）

你很想设计一种新的发型或服装吗？　　　　　　　　（　）（　）

你喜欢绘画和欣赏吗？　　　　　　　　　　　　　　（　）（　）

你喜欢一些需要想象力和创造力的课外活动吗？　　　（　）（　）

你喜欢设计房间，并善于布置得别具一格吗？　　　　（　）（　）

第十组　总计次数　　　　　　　　　　　　　　　　（　）（　）

第十一组　　　　　　　　　　　　　　　　　　　　是　　否

你很羡慕机械类工程师的工作吗？　　　　　　　　　（　）（　）

人喜欢操作机器吗？　　　　　　　　　　　　　　　（　）（　）

你喜欢长途汽车司机工作吗？　　　　　　　　　　　（　）（　）

你喜欢参观和研究新的机器设备吗？　　　　　　　　（　）（　）

你喜欢了解机器的构造和工作性能吗？　　　　　　　　（　）（　）

你很想了解海员和飞行员的生活和工作情况吗？　　　（　）（　）

第十一组　总计次数　　　　　　　　　　　　　　　（　）（　）

第十二组　　　　　　　　　　　　　　　　　　　是　　否

你喜欢烧饭或纺织等一类的活动吗？　　　　　　　　（　）（　）

你喜欢做很快就看到产品的工作吗？　　　　　　　　（　）（　）

你喜欢帮助料理家务吗？　　　　　　　　　　　　　（　）（　）

你喜欢做别人看到效果的工作吗？　　　　　　　　　（　）（　）

你喜欢做非常具体的工作吗？　　　　　　　　　　　（　）（　）

你喜欢种花或在果园里劳动吗？　　　　　　　　　　（　）（　）

第十二组　总计次数　　　　　　　　　　　　　　　（　）（　）

统计和确定你的职业兴趣类型

根据每组问题回答"是"的总次数，填入下表：

组别	回答"是"的次数	相应的职业兴趣
第一组	（　）	兴趣类型1
第二组	（　）	兴趣类型2
第三组	（　）	兴趣类型3
第四组	（　）	兴趣类型4
第五组	（　）	兴趣类型5
第六组	（　）	兴趣类型6
第七组	（　）	兴趣类型7
第八组	（　）	兴趣类型8
第九组	（　）	兴趣类型9
第十组	（　）	兴趣类型10
第十一组	（　）	兴趣类型11
第十二组	（　）	兴趣类型12

每组"是"的次数越高的，则相应的兴趣类型与你的兴趣更为一致。

各种兴趣类型的特点与相应的职业：

兴趣类型 1——喜欢与工具打交道

这类人喜欢使用工作、器具进行劳动的活动,而不喜欢从事与人或动物打交道的职业。相应的职业如修理工、建筑工、木匠、裁缝等。

兴趣类型 2——喜欢与人相接触

这类人喜欢与他人接触的工作,他们喜欢销售、采访、传递信息一类的活动。相应的职业如记者、营业员、邮递员、推销员等。

兴趣类型 3——喜欢从事文字符号类工作

这类人喜欢与文字、数字、表格等打交道的工作。相应的职业如会计、出纳、校对员、打字员、档案管理员、图书管理员等。

兴趣类型 4——喜欢地理地质类职业

这类人喜欢在野外工作,如地质考察、地质勘探等活动。相应的职业如勘探工、钻井工、地质勘探人员等。

兴趣类型 5——喜欢生物、化学和农业类职业

这类人喜欢实验性的工作。相应的职业如农技员、化验员、饲养员等。

兴趣类型 6——喜欢从事社会福利和助人工作

这类人乐意帮助别人,他们试图改善他人的状况,喜欢独自与人接触。相应的职业如医生、律师、护士、咨询人员等。

兴趣类型 7——喜欢领导和管理的工作

这类人喜欢管理人员的工作,爱做别人的思想工作,他们在各行业中起重要的作用。相应的职业如辅导员、行政人员等。

兴趣类型 8——喜欢研究人的行为

这类人喜欢谈论涉及人的主题,他们喜欢研究人的行为举止和心理状态。相应的职业如心理学工作者,哲学、人文科学、人类学研究者。

兴趣类型 9——喜欢从事科学技术事业

这类人喜欢科学、技术、机械、工程类活动。相应的职业如建筑师、工术人员。

兴趣类型 10——喜欢从事抽象的创造性的工作

这类人喜欢需要有想象力和创造力的工作,爱创造新的式样和概念。相应的职业如演员、作家、创作人员、设计人员、画家等。

兴趣类型 11——喜欢做操作机器的技术工作

这类人喜欢运用一定的技术,操纵各种机器,制造产品或完成其他任务。

相应的职业如驾驶员、飞行员、海员、机床工等。

兴趣类型 12——喜欢从事具体的工作

这类人喜欢制作能看得见、摸得着的产品；希望很快看到自己的成果，他们从完成的产品中得到自我满足。相应的职业如厨师、园林工、农民、理发师等。

附录3　智力倾向测验

	弱	较弱	一般	较强	强
一、言语—语言智力					
1. 善于表达自己的观点					
2. 阅读速度和理解能力					
3. 掌握词汇量的速度					
4. 你的语文成绩					
5. 你的文学创作能力					
二、逻辑—数理智力					
6. 做出精确的测量					
7. 能全面准确分析问题					
8. 做事情的条理性					
9. 对事件的详细描述					
10. 数学运算能力					
三、视觉—空间智力					
11. 看几何图形的立体感					
12. 画三维度的立体图形					
13. 识别物体的形状差异					
14. 观察物体的细节部分					
15. 想象三维度的物体					
四、音乐—节奏智力					
16. 合唱时,精确把握节拍					
17. 很容易辨别不同乐器					
18. 听到音乐,产生相应联想					

续表

	弱	较弱	一般	较强	强
19. 手与脚在同时间打出两个节拍					
20. 跳舞时很容易合上点					
五、身体—动觉智力					
21. 打字能力					
22. 灵巧地使用很小的工具					
23. 灵活地使用手工工具					
24. 篮球、排球、足球类活动					
25. 使用计算器的灵巧程度					
六、交往—交流智力					
26. 善于倾听					
27. 通过文字等准确捕捉对方信息					
28. 与别人交谈过程中,从不重复讲话					
29. 通过讨论容易产生新想法					
30. 总是能找到合适词汇表达想法					
七、自知—自省智力					
31. 准确发现自身缺点与不足的能力					
32. 真心愿意别人提出自己不足的能力					
33. 自我评价与外界评价的一致性强					
34. 发现别人优势的能力					
35. 听到别人建议后,经过思考及时改进的能力					

附录4 职业技能测验

以下有60道题目。如果你认为自己是属于这一类人,便在序号上画个圈,反之,便不必做记号。答题时不需要做反复思考,要根据第一反应真实作答。

1. 我喜欢自己动手干一些具体的能直接看到效果的活儿。
2. 我喜欢弄清楚有关做一件事情的具体要求,以明确如何去做。
3. 我认为追求的目标应尽量高些,这样才可能在实践中多获成功。
4. 我很看重人与人之间的友情。
5. 我常常想寻找独特的方式来表现自己的创造力。
6. 我喜欢阅读比较理性的书籍。
7. 我喜欢将生活与工作场所布置得朴实些、实用些。
8. 在开始做一件事情以前,我喜欢有条不紊地做好所有准备工作。
9. 我善于带动他人、影响他人。
10. 为了帮助他人,我愿意做些自我牺牲。
11. 当我进入创造性工作时,我会忘却一切。
12. 在我找到解决困难的办法之前,通常我不会罢手。
13. 我喜欢直截了当,不喜欢说话婉转。
14. 我比较善于注意和检查细节。
15. 我乐于在所从事的工作中承担主要负责人。
16. 在解决我个人问题时,我喜欢找他人商量。
17. 我的情绪容易激动。
18. 一接触到有关新发明、新发现的信息,我就会感到兴奋。
19. 我喜欢在户外工作与活动。

20. 我喜欢有规律、干净整洁。

21. 每当我要做重大决定之前,总觉得异常兴奋。

22. 当别人叙述个人烦恼时,我能做一个很好的倾听者。

23. 我喜欢观赏艺术展和好的戏剧与电影。

24. 我喜欢先研究所有的细节,然后再做出合乎逻辑的决定。

25. 我认为手工操作和体力劳动永远不会过时。

26. 我不大喜欢由我一个人负责来做重大决定。

27. 我善于和能为我提供好处的人交往。

28. 我善于调节他人相互之间的矛盾。

29. 我喜欢比较别致的着装,喜欢新颖的色彩与风格。

30. 我对大自然的奥秘充满好奇。

31. 我不怕干体力活儿,通常还知道如何巧干体力活儿。

32. 在做决定时,我喜欢保险系数比较高的方案,不喜欢冒险。

33. 我喜欢竞争与挑战。

34. 我喜欢与人交往,以丰富自己的阅历。

35. 我善于用自己的工作来体现自己的感情。

36. 在动手做一件事情之前,我喜欢先在脑中仔细思索几遍。

37. 我不喜欢购买现存的物品,希望能购买到材料自做。

38. 只要我按照规则做了,心理就会踏实。

39. 只要成果大,我愿意冒险。

40. 我通常能比较敏感地察觉到他人的需求。

41. 音乐、绘画、文字,任何优美的东西都特别容易给我带来好心情。

42. 我把受教育看成不断提高自我的一辈子的过程。

43. 我喜欢把东西拆开,然后再使之复原。

44. 我喜欢每一分钟都花得要有名堂。

45. 我喜欢启动一项工作,具体的细节让其他人去负责。

46. 我喜欢帮助他人,提高他人的学习能力。

47. 我很善于想象。

48. 有时候我能独坐很长时间来阅读、思考,或者做一件难对付的事情。

49. 我不怎么在乎干活儿时弄脏自己。

50. 只要能仔细地完整地做完一件事情,我就感到十分满足。

51. 我喜欢在团体中担当主角。

52. 如果我与他人有了矛盾,我喜欢采取平和的方式加以解决。

53. 我对环境布置比较讲究,哪怕是一般的色彩、图案都希望能赏心悦目。

54. 哪怕我明知结果会与我的期盼相悖,我也要探究到底。

55. 我很看重有健壮的灵活的身体。

56. 如果我说了我来干,我就会把这件事情彻底干好。

57. 我喜欢谈判,喜欢讨价还价。

58. 人们喜欢向我倾诉他们的烦恼。

59. 我喜欢尝试有创意的新主意。

60. 凡是我都喜欢问一个"为什么"。

然后请根据你在上面自测过程中划圈的序号,在下表中相同的数字上同样画圈。

R	C	E	S	A	I
1	2	3	4	5	6
7	8	9	10	11	12
13	14	15	16	17	18
19	20	21	22	23	24
25	26	27	28	29	30
31	32	33	34	35	36
37	38	39	40	41	42
43	44	45	46	47	48
49	50	51	52	53	54
55	56	57	58	59	60

接着,根据每一栏所画圈的多少将排在前三位的栏目顶上的字母填在下面。

第一:_____ 第二:_____ 第三:_____

这个职业技能测验结果与第三章中表3-1的六种职业兴趣类型相对应。

附录5 尤金创造力测验

试验时,只需在每一句话后面,用一个字母表示同意或不同意。
同意的用 A,不同意的用 C,不清楚或拿不准的用 B。
回答必须准确、忠实。

1. 我不做盲目的事,也就是我总是有的放矢,用正确的步骤来解决每一个具体问题。
2. 我认为,只提出问题而不想获得答案,无疑是浪费时间。
3. 无论什么事情,要使我发生兴趣,总比别人困难。
4. 我认为合乎逻辑的、循序渐进的方法,是解决问题的最好方法。
5. 有时,我在小组里发表的意见,似乎使一些人感到厌烦。
6. 我花大量时间来考虑别人是怎样看我的。
7. 我自认为是正确的事情,比力求博得别人的赞同要重要得多。
8. 我不尊重那些做事似乎没有把握的人。
9. 我需要的刺激和兴趣比别人多。
10. 我知道如何在考验面前,保持自己的内心镇静。
11. 我能坚持很长一段时间来解决难题。
12. 有时我对事情过于热心。
13. 在特别无事可做时,我倒常常想出好主意。
14. 解决问题时,我常常凭直觉来判断"正确"或"错误"。
15. 解决问题时,我分析问题较快,而综合所收集资料的速度较慢。
16. 有时我打破常规去做我原来并未想到要做的事。
17. 我有搜集东西的嗜好。

18. 幻想促进了我许多重要计划的提出。

19. 我喜欢客观而有理性的人。

20. 如果要在本职工作之外的两种职业中选择一种,我宁愿做一个实际工作者,而不做探索者。

21. 我能与我的同事或同行们很好地相处。

22. 我有较高的审美感。

23. 在我一生中,我一直在追求着名利和地位。

24. 我喜欢那些坚信自己结论的人。

25. 灵感与成功无关。

26. 争论时使我感到最高兴的是,原来与我观点不一致的人变成了我的朋友,即使牺牲我原先的观点也没关系。

27. 我更大的兴趣在于提出新建议,而不在于设法说服别人接受建议。

28. 我乐意自己一个人整日"深思熟虑"。

29. 我往往避免做那种使我感到"低下"的工作。

30. 在评价资料时,我觉得资料的来源比其内容更为重要。

31. 我不满意那些不确定和不可预计的事。

32. 我喜欢一味苦干的人。

33. 一个人的自尊比得到别人敬慕更为重要。

34. 我觉得力求完美的人是不明智的。

35. 我宁愿和大家一起工作,而不愿意单独工作。

36. 我喜欢那种对别人产生影响的工作。

37. 在生活中,我常碰到不能用"正确"或"错误"来加以判断的问题。

38. 对我来说,"各得其所""各在其位",是很重要的。

39. 那些使用古怪和不常用语词的作家,纯粹是为了炫耀自己。

40. 许多人之所以感到苦恼,是因为他们对待事情太认真了。

41. 即使遭到不幸、挫折和反对,我仍能对我的工作保持原来的精神状态和热情。

42. 想入非非的人是不切实际的。

43. 我对"我不知道的事"比"我知道的事"印象更深刻。

44. 我对"这可能是什么"比"这是什么"更感兴趣。

45. 我经常为自己在无意中说话伤人而闷闷不乐。

46. 纵使没有报答,我也乐意为新颖的想法花费大量时间。

47. 我认为"出主意没什么了不起"这种说法是中肯的。

48. 我不喜欢提出那种显得无知的问题。

49. 一旦任务在肩,即使受到挫折,我也要坚决完成。

50. 从下面描述人物性格的形容词中,挑选出10个你认为最能说明你性格的词。

精神饱满的	有说服力的	实事求是的	虚心的	观察敏锐的
谨慎的	束手无策的	足智多谋的	自高自大的	有主见的
有献身精神的	有独创性的	性急的	高效的	乐意助人的
坚强的	老练的	有克制力的	热情的	时髦的
自信的	不屈不挠的	有远见的	机灵的	好奇的
有组织力的	铁石心肠的	思路清晰的	脾气温顺的	爱预言的
拘泥形式的	不拘礼节的	有理解力的	有朝气的	严于律己的
精干的	讲实惠的	感觉灵敏的	无畏的	严格的
一丝不苟的	谦逊的	复杂的	漫不经心的	柔顺的
创新的	泰然自若的	渴求知识的	实干的	好交际的
善良的	孤独的	不满足的	易动感情的	

附录6　职业分析清单

职业分析清单

你选择的职业	
一、工作性质	
1. 此工作为什么会存在，此工作的目的	
2. 工作职能：工作中主要的职责和责任、生产的产品或提供的服务	
3. 该职业中的专业细分	
4. 该职业中所使用设备、工具、机器和其他辅助物品	
5. 该职业的定义	
二、所需的教育、培训和经验	
6. 准备进入该职业所要求的大学课程	
7. 进入该职业所需的工作经验	
8. 教育、培训	
9. 获得教育背景所需的时间和经费	
10. 由雇主所提供的在职培训	
三、要求的个人资历、技能和能力	
11. 一个人要进入该职业所需的能力、技能或能力倾向	
12. 职业所要求的体力	
13. 其他身体要求、个人兴趣	
14. 特殊的品质或气质	
15. 执照、证书或其他法律上的要求	
16. 必须或有益的特殊要求	
四、收入、薪酬范围或福利	
17. 所赚的钱（起薪、平均工资和最高工资，由于所在地区不同而有所不同）	

续表

你选择的职业	
18. 所提供的福利（退休金、保险、假期、病假）	

五、工作条件

19. 物质条件和安全（办公室、户外、噪音、温度）

20. 工作时间安排（小时、白天或夜晚、加班、季节性工作）

21. 发挥主动性、创造性、自我管理的机会

22. 需要工作者自备的设备、物品和工具

23. 作为参加工作的条件之一，要求具备职业资格

24. 该职业的监督和管理类型

25. 雇主对着装的要求和偏好

26. 出差方面的要求

27. 在该职业中工作者可能受到的歧视

六、工作地点

28. 工作组织的类型（公司、社会公共机构、代理机构、企业、雇用此类工作者的行业；自我雇用的机会）

29. 职业存在的地理位置（全国性的或只存在某个特定的区域或城市）

七、该职业中典型人群的人格特征

30. 支配该职业环境的人或该行业中大多数人的人格特征

31. 年龄范围、男性和女性的比例、少数民族工作者的数量

八、就业和发展前景

32. 进入该行业的通常方法

33. 在地方、省市和全国的就业趋势

34. 提升机会，职业阶梯

35. 在完成培训和教育之后得到雇用所需的平均时间

36. 被提升到较高职位所需的平均时间

37. 该行业中工作的稳定性

九、个人满意度

38. 该职业所体现的价值（高收入、成就、安全感、独立性、休闲和家庭生活的时间、变化性、帮助他人、社会声望、认可）。这些工作价值中哪些符合你的价值观？

39. 他人和社会对于该职业的地位的看法，关于该职业他们喜欢什么、不喜欢什么？

附录7 四类人员的生涯访谈结果

✓ 生涯人物访谈问卷之一——教师

一、访谈目的：

了解一些有关普通教师的工作信息，更好地了解本专业即英语专业毕业后的工作方向，以便更好地进行职业规划。

二、被访人基本情况：

姓名：<u>贾雨琪</u>　　性别：<u>女</u>　　联系方式：<u>13914290000</u>

毕业时间：<u>2005</u>　　毕业院校：<u>南京晓庄学院</u>　　所学专业：<u>英语教育</u>

现工作单位：<u>丁蜀高级中学</u>　　现任职务：<u>教师</u>

三、访谈内容：

1. 您是如何找到这份工作的？主要职责是什么？

参加市教育局招考，面试应聘。

教书育人。

2. 对于这份工作，您最喜欢的是什么？最不喜欢的又是什么？对生活有怎样的影响？

工作环境相对单纯，离家近。

晚自习。

工作不可避免地占据了生活的部分时间。

3. 在这份工作中，您通常每天都做些什么？

批改作业、辅导学生、备课、反思。

4. 这种职业需要什么样的技能和其他能力？有什么样的要求？

专业知识和交流能力。

主动性较强，积极带动他人。

5. 目前这一行业同类岗位的薪酬水平如何？

偏低。

6. 您目前的职位是什么？您是如何获得这个职位的？

教师。

应聘。

7. 您通过什么渠道提升自己？至今为止,您参加过哪些培训和继续教育？

进修。

教育局相关培训。心理咨询师及心理学在职研究生在读。

8. 您对现在所在的行业有什么看法？

社会期待过高,孩子的成功分很多方面,现在过多地强调了成绩分数,忽略了能力。

9. 您在从事这一工作之前,在哪些单位干过哪些工作？

第一份工作。

10. 我现在可以通过什么方式提高哪些技能或素质,以便日后能进入这一行业呢？

家教以及专业知识,还有交流沟通能力。

11. 就您知道的情况而言,我所学的专业可以进入哪些领域工作？

教育、外贸、外交。

12. 您对目前的工作是否满意？

满意。

13. 您能给我一些学习或就业方面的建议吗？

有效利用时间,进修。

14. 您能帮我推荐采访一下其他的业内人士吗？

As you like.

四、访谈总结：

访谈人：夏雨荷同学　　专业班级：08英语

学号：090112008000　　访谈时间：2010.11.30

贾老师是我高中时最欣赏的英语老师之一,工作认真负责,为人亲切和蔼。当听到要访谈时,她是第一批涌现到我脑海中的合适的被访谈人之一。于是下了课以后,我就发了短信给她。她得知我要采访她,也相当配合,而且相当高效率（尽管她很忙）。现在考教师证的人越来越多，特别是学英语、语文之类的大学生群体，都倾向于去初、高中任教。不可否认的，这个对我来说是一条首选之路。而随时置身于知识之中也是教师的一大优点。最令我感到心动的是，对于教师们来说，攻读在职研究生相当方便。当然这也是对自身要求严格的表现。这也代表了这份工作有一定潜在的发展性。并且这份工作比较稳定，待遇好，假期也比较合理。贾老师告诉我，做什么工作首要的就是认真对待。她对自己总是很严格，因为现在的学生越来越有自己的想法，所以老师们也要与时俱进。如果她一天不反思，就会觉得很不踏实。当然，高中是一个工作高强度的地方，学生压力大，老师又何尝不是如此呢。不过，我倒是很期待换一个教师的身份待在高中会是什么感觉。

总之，教师是一个不错的选择，不过现今阶段，这却是不太可能付诸实践的方向。但是，一定的了解还是必要的。

（附：此问卷采用网上聊天的方式进行）

生涯人物访谈问卷之二——白领

一、访谈目的：

了解一些白领工作信息，更好地了解本专业即英语专业毕业后的工作方向，以便更好地进行职业规划。

二、被访人基本情况：

姓名：<u>吴籽萱</u>　　性别：<u>女</u>　　联系方式：<u>不便透露</u>

毕业时间：<u>1999</u>　　毕业院校：<u>上海外国语大学</u>　　所学专业：<u>英语</u>

现工作单位：<u>CAMERON INDUSTRY INC.</u>　　现任职务：<u>不便透露</u>

三、访谈内容：

1. 您是如何找到这份工作的？主要职责是什么？

朋友介绍。

国外公司在中国办事处。

2. 对于这份工作，您最喜欢的是什么？最不喜欢的又是什么？对生活有怎样的影响？

工作时间相对自由。

工作是生活的一部分。

3. 在这份工作中，您通常每天都做些什么？

对外交流沟通,处理公司日常事务。

4. 这种职业需要什么样的技能和其他能力？有什么样的要求？

英语要好,对产品要深入了解。

语言只是工具,职业生涯还需要很多对口的专业知识。

5. 目前这一行业同类岗位的薪酬水平如何？

具体不便透露。

6. 您目前的职位是什么,是如何获得这个职位的？

办事处的工作人员,靠自己的实力获得。

7. 您通过什么渠道提升自己？至今为止,您参加过哪些培训和继续教育？

看书。

8. 您对现在所在的行业有什么看法？

每个行业都有起有落。贵在坚持,把握新的发展方向。

9. 您在从事这一工作之前,在哪些单位干过哪些工作？

具体不便透露。

10. 我现在可以通过什么方式、提高哪些技能或素质,以便日后能进入这一行业呢？

高要求,多看书。

11. 就您知道的情况而言,我所学的专业可以进入哪些领域工作？

进入一般的外企做普通工作人员。

12. 您对目前的工作是否满意？

一般。

13. 您能给我一些学习或就业方面的建议吗？

脚踏实地。

14. 您能帮我推荐采访一下其他的业内人士吗？

如有需要,可以。

四、访谈总结：

访谈人:王菊同学　　专业班级:08英语

学号:090112008000　　访谈时间:2010.12.2

吴小姐是上海某外企的白领高层。通过一些私人关系,我找到了她。白领几乎是每个女孩子的梦想职业。尽管听起来很俗套,但也算是现实。吴小姐今天的工作是自己努力得来的。她那超人的毅力和不服输的精神就连成功在她面前都不得不低头。关于自己的职位,吴小姐不愿多透露。即使在预约时,吴小姐在电话中也不愿多谈自己。我不禁怀疑,难道这就是真正的社会——把真实的自己藏在一隅,每天戴着面具生活?不过还好,吴小姐百忙中接受了邮件采访,让我总算了解到一些白领的内心世界。其实不管是考研还是直接工作,我最终的目标都是找到一份感兴趣的工作,翻译方向的工作。然而,通过和吴小姐的访谈,我却对白领这个工作产生了一点点的害怕,同时也有惊喜和期待。明争暗斗的世界想想就觉得毛骨悚然,不过也相当的刺激。成王败寇,似乎自古至今始终是一条定律。另外,吴小姐的镇定也着实让我感到佩服。吴小姐看来是相当理性的人,也许,这也是成功的秘诀?

尽管此次访谈没有得出一些白领工作方面的建设性的结论,但是我起码知道了我们要成为多面手才能在职场中占据有利地位,特别是对于我们语言类专业的学生来说,更告诉了我看书、看什么书和怎样看书的重要性。希望未来我也能成为吴小姐那样明确自己方向的人!

(附:此访谈通过发邮件的方式进行)

✓ 生涯人物访谈问卷之三——自主创业

一、访谈目的:

了解大学生自主创业的相关信息,更好地了解本专业即英语专业毕业后的工作方向,以便更好地进行职业规划。

二、被访人基本情况:

姓名:<u>缪明坤</u>　　性别:<u>男</u>　　联系方式:<u>不便透露</u>

毕业时间:<u>2008</u>　　毕业院校:<u>上海财经大学</u>　　所学专业:<u>市场营销,英语</u>

现工作单位:<u>屈臣氏(中国),蒂凡化妆</u>　　现任职务:<u>品牌代理,营销主管,股东</u>

三、访谈内容:

1. 您是如何找到这份工作的?主要职责是什么?

怀着创业的理想,大学在读期间就做起了化妆品营销生意,积累了一定的资金并且获得宝贵的社会以及经营经验,再加上家庭从事化妆品行业的关系,这份工作自然水到渠成。

由于英语系出身,主要负责进口化妆品谈判及负责世界各地供货商业务。分管财务。

2. 对于这份工作,您最喜欢的是什么?最不喜欢的又是什么?对生活有怎样的影响?

这份工作类似于自主创业的性质,当然是喜欢它的自由。

最不喜欢的就是协调无理客户的售后问题。

对生活影响不大,主要会影响自己心情,主要看运营状况了。

3. 在这份工作中,您通常每天都做些什么?

打电话,发邮件,记账报账,并且会去店面。

4. 这种职业需要什么样的技能和其他能力?有什么样的要求?

主要要有良好的经济头脑,比较理智的心态,差不多的英语知识,敢于冒险的精神。

要求敢于面对风险,良好的心态使自己不被失败打倒,不能一蹶不振。

5. 目前这一行业同类岗位的薪酬水平如何?

薪水主要来自于屈臣氏公司的额定工资提成和自己经营的化妆品公司带来的利润,具体数目不好确定,根据行情有一条弹性曲线。

6. 您目前的职位是什么,是如何获得这个职位的?

屈臣氏某城市副主管,缔凡副董事,小股东。

主要靠自己积累的营销经验以及独创的营销理念,并且依靠家庭这一靠山,通过代理下某地屈臣氏,利用之前赚取的一笔资金加上向父母的贷款作为启动资金,积极参股投资,并且通过努力已经把这品牌做大做强。

7. 您通过什么渠道提升自己?至今为止,您参加过哪些培训和继续教育?

主要是靠自学以及家庭的影响。

没有参加过任何培训。

8. 您对现在所在的行业有什么看法?

这一行业鱼龙混杂,山寨大军充斥市场,对相对高价的正品行货带来巨大的冲击。消费定位不平均,通过单一店面无法兼顾所有消费群体。

9. 您在从事这一工作之前,在哪些单位干过哪些工作?

主要还是自己做化妆品生意,属于自己创业。

10. 我现在可以通过什么方式、提高哪些技能或素质,以便日后能进入这一行业呢？

创业不是每个人都能成功的，成功的概率小之又小。要有过人的胆识与卓越的眼光，把握市场的潮流，善于琢磨消费心理。

11. 就您知道的情况而言，我所学的专业可以进入哪些领域工作？

很多很多的，从外交部到外企到各级机关。

12. 您对目前的工作是否满意？

不是很满意，比较累比较烦，但是很充实，而且承担的风险大，心理压力比较大。

13. 您能给我一些学习或就业方面的建议吗？

多接触社会。

14. 您能帮我推荐采访一下其他的业内人士吗？

可以。

四、访谈总结：

访谈人：<u>张剑桥同学</u>　　专业班级：<u>08英语</u>

学号：<u>090112008000</u>　　访谈时间：<u>2010.12.3</u>

缪先生是某城市屈臣氏的副主管。他从大学期间就开始独立经营化妆品生意，当然货源来自自家的店铺。大学四年期间基本没有向家里要过生活费。他是一个很有生意头脑的人。他知道怎样招揽生意，当时很多同校同学都是他的老客户。大学期间，他从一般的洗发水到高档香水都有一批忠实的顾客。他是我堂姐的同学，一次去拜访堂姐的时候凑巧认识的。此次采访考虑到他也是英语专业的毕业生，就对他进行了一个采访，同时也了解到了大学生自主创业的一些信息。

尽管缪先生现在主要精力还是放在家族企业上，但是他告诉我，他现在所做的均是为了未来自己创业做经验和人脉的积累。他希望未来能有自己的一片天地。他的这种积极向上的精神深深地影响了我，当他在滔滔不绝地讲述自己的理想时，我觉得自己也充满了斗志，觉得自己似乎已经看到了这位年轻人辉煌的未来。当然，他并不是凭空捏造的一切，他现在在准备MBA考试。他希望在逐渐积累经验的同时，提升自身素质。最后，他还建议我，大学生创业精神可歌可泣，但是最好是有广阔的人脉和丰富的经验，还要有超强的承受能力，否则将会遇到非常大的困难。

我想，如果我够格的话，我会加入他的团队，和他一起奋斗！

（附：此访谈是通过网络视频聊天进行的）

生涯人物访谈问卷之四——研究生

一、访谈目的：

了解研究生生活，更好地了解本专业即英语专业毕业后的工作方向，以便更好地进行职业规划。

二、被访人基本情况：

姓名：<u>王笑笑</u>　　　性别：<u>女</u>　　　联系方式：<u>15253280000</u>

毕业时间：<u>2009</u>　　毕业院校：<u>泰山医学院</u>　　所学专业：<u>英语</u>

现工作单位：<u>中国海洋大学外语学院团总支</u>　　现任职务：<u>研究生兼职</u>

三、访谈内容：

1. 您是如何找到这份工作的？主要职责是什么？

班级通知。

负责本科学生日常管理。

2. 对于这份工作，您最喜欢的是什么？最不喜欢的又是什么？对生活有怎样的影响？

有利于提升个人能力。

3. 在这份工作中，您通常每天都做些什么？

制作、整理表格，辅助专职老师工作。

4. 这种职业需要什么样的技能和其他能力？有什么样的要求？

基本办公软件应用。

要求认真负责。

5. 目前这一行业同类岗位的薪酬水平如何？

一般。

6. 您目前的职位是什么，是如何获得这个职位的？

兼辅。

面试应聘。

7. 您通过什么渠道提升自己？至今为止，您参加过哪些培训和继续教育？

参加讲座，看书，实践。

8. 您对现在所在的行业有什么看法？

最欣赏的一点就是工作稳定。

9. 您在从事这一工作之前,在哪些单位干过哪些工作?

无。

10. 我现在可以通过什么方式、提高哪些技能或素质,以便日后能进入这一行业呢?

认真学习专业知识,考研。

11. 就您知道的情况而言,我所学的专业可以进入哪些领域工作?

学校,外企。

12. 您对目前的工作是否满意?

满意。

13. 您能给我一些学习或就业方面的建议吗?

关注社会需要,全面提升自己。

14. 您能帮我推荐采访一下其他的业内人士吗?

可以推荐团总支老师。

四、访谈总结:

访谈人:吴同学　　专业班级:08英语

学号:090112008000　　访谈时间:2010.12.6

除了在职人员的访谈,我决定做一个研究生的访谈。目的是为了通过对研究生的访谈来得知研究生的真实生活,给我一个有关未来发展方向道路的参考。

通过此次访谈,我发现研究生的生活与我们本科生并无两样,同样是个人的选择问题:兴趣与学习,责任感与学习依然是如此的息息相关。从谈话中,我发现如果本身考研就是为了使自己所学更精更专业的话,那么考研是一个不错的选择;然而,如果只是为了推迟工作竞争而盲目地考研的话,那么不光浪费了自己的生命,还一定程度上无情地剥夺了真正追求知识的某些人的机会。我想,这个结论也在一定程度上够我想清楚未来一年半的走向。

从一开始,我就有从事翻译工作的意向。但是因为我从多方面打听到,英语方面的研究生专业中的英语语言学和翻译硕士(M.T.I)虽然在名义上是一样的地位,但是实际上M.T.I却比语言学低一档,所以就此我也咨询了王笑。她告诉我,她现在在上研一并且她所学的是英语语言学,她们目前为止上的有关翻译方向的课只有翻译理论,对翻译实践来说,帮助并不大。所以此次访谈最大的成果就是我排除了语言学这一个选项。不管我以后的走向如何,我起码迈出了第一步,离我的理想又进了一步。

至于对王笑在团总支做兼职老师的访谈,我觉得用一句话总结会更好:抓住一切身边的机会!王笑希望她以后正式的工作第一要考虑的就是"稳",从访谈中,我也能看出王老师真的是一个很有恒心很细致的人。正是由于这样脚踏实地的态度,我相信她一定会有一个美好前程!

(附:此访谈通过面谈方式进行)

附录8 个人简历

×××（姓名）

地址:×××　　　　　　　邮编:×××
电话:×××　　　　　　　手机:×××
电子邮箱:×××

教育背景:

某院某专业本科　　　　　　时间:×××—×××

1. 成绩:平均分×××（分数接近90分）　专业GPA＝
2. 20××年××奖学金,××学院××人唯一获奖者

实习经历:

××顾问公关公司　　职务:××　地点:××　时间:××～××

1. 媒体与外事部门的助理,负责项目策划及实施、媒体跟踪、信息调查以及新闻分析,主要客户包括××（列出,都是世界五百强）等
2. 帮助××在上海成功进行市场投放活动
3. 培养了敏锐的新闻视角,锻炼和提高了媒体沟通及信息收集分析能力

某世界五百强公司　　职务:××　地点:××　时间:××～××

1. 负责全球大客户部每日销售报表统计与分析,销售人员绩效评估
2. 成功策划、组织并完成办公室"×××"项目
3. 提高了领导力、数据分析以及市场分析判断能力

课外活动:

某大学"××杯"辩论赛最佳辩手　　　　　地点,时间
学术刊物《××》主编　　　　　　　　　地点,时间

1. 国家××学基础人才培养基地刊物,连续三年全国××个基地班评比第一名

　　××大学生文化交流使者　　　　　　　　某外国,时间:

2. 两千名申请者中的两名入选者之一

3. 关于××的主题演讲入选大会优秀论文集

　　北京××俱乐部主席　　　　　　　　　地点,时间

4. 以学生创业形式获得风险投资

5. 针对在京留学生提供文化交流活动与信息服务,最高会员数××人(这个人数非常有说服力)

　　第××届亚洲经济国际研讨会会议某组组长　地点,时间

6. 通过媒体沟通与网络支持成功实现新闻强度与深度双重效应,获组织荣誉奖

　　××暑期社会实践领队　　　　　　　　地点和时间

7. 策划,组织并带队参加"民营企业二次创业"主题实践

8. 关于融资、技术及品牌的实践报告获得经济学院优秀实践成果奖

英语水平:

1. 通过国家英语四六级考试　GRE:××(很高)　GMAT:××(很高)

2. TOPE(ETS美国教育测试服务中心职业英语考试)成绩:××(很高)(听说读全优,写作良)

奖励:

1. ××学院科研成果二等奖,仅有的两名一年级获奖本科生之一　　时间

2. ××大学英语演讲十佳、十佳歌手之一、游泳接力第二名　　　时间

3. 所参与团队获××大学学生创业大赛第一名　　　　　时间

　　××学院科研组织奖,本年度全院唯一获奖者　　　　　　时间

(赏析:字里行间,时刻不忘看简历的HR的心。"唯一、第一、仅有的……之一",这样的词达到冲击力的效果,教育背景挑选重要的写;实习经历的感受为点睛之笔;课外活动用数字彰显自身的成绩;英语水平的表述很有特色;奖励情况时刻凸显自身的不可多得。语言干练优美,布局有技巧。)

参考文献

[1] 钟谷兰,杨开.大学生职业生涯发展与规划[M].上海:华东师范大学出版社,2008.

[2] 彭贤,马恩.大学生职业生涯规划活动教程[M].北京:清华大学出版社,2010.

[3] 黄天中.生涯规划——体验式学习[M].北京:高等教育出版社,2010.

[4] 〔美〕雷恩·吉尔森.选对池塘钓大鱼[M].彭书淮,编译.北京:机械工业出版社,2004.

[5] 陆红.大学生职业生涯规划与职业素质培养[M].大连:东北财经大学出版社,2009.

[6] 林永和.大学生职业生涯辅导[M].北京:经济管理出版社,2008.

[7] 陈敏.大学生职业生涯发展与管理[M].上海:复旦大学出版社,2008.

[8] 钱建国.大学生职业规划与就业指导[M].北京:人民出版社,2007.

[9] 〔美〕理查德·尼尔森·鲍利斯.你的降落伞是什么颜色?[M].陈玮,等,译.北京:中信出版社,2002.

[10] 〔美〕马库斯·白金汉.现在,发现你的职业优势[M].苏鸿雁,谢京秀,译.北京:中国青年出版社,2007.

[11] 沈云慈.大学生职业生涯规划[M].北京:现代教育出版社,2009.

[12] 赵麟斌.大学生职业生涯规划与就业指导[M].北京:北京大学出版社,2009.

[13] 杨明,高静.成功走向职场——职业发展与就业指导[M].济南:山东人民出版社,2009.

[14] 曲振国.大学生就业指导与职业生涯规划[M].北京:清华大学出版社,2008.

[15] 陈采霞.大学生就业指导[M].北京:中国广播电视出版社,2007.

[16] 王剑,郑春雨,张蔚.高职院校大学生职业生涯规划教程[M].大连:大连海事大学出版社,2009.

[17] 胡茂林,戴红,李枝泉.职业生涯规划[M].西安:西北工业大学出版社,2009.

[18] 刘海春.高校辅导员职业生涯发展教程[M].北京:人民出版社,2009.

[19] 黄芳.求职与应聘胜经[M].广州:广东人民出版社,2001.

[20] 刘帆,李如岚.职业生涯策划[M].武汉:湖北人民出版社,2008.

[21] 周利兴,韦明体.旅游职业道德专题讲座[M].昆明:云南大学出版社,2005.

[22] 孙郡锴.做人做事做生意[M].北京:中国华侨出版社,2010.

"明职顾问"
职业发展教育丛书

《大学生,凭什么找份好工作——大学生职业生涯规划》

《创行——大学生创新创业实务》

《职熵——大学生职业素养与能力拓展》

《求职 OMG——大学生就业指导与技能提升》

《做好专业选择题——高中生涯规划》